真账超简单
建筑施工会计

代义国 编著

中国宇航出版社
·北京·

真账超简单建筑施工会计 / 代义国编著 . -- 北京：中国宇航出版社，2014.6

ISBN 978-7-5159-0662-1

Ⅰ. ①真… Ⅱ. ①代… Ⅲ. ①建筑企业—工业会计 Ⅳ. ① F407.967.2

中国版本图书馆 CIP 数据核字 (2014) 第 082597 号

策划编辑	董　琳	封面设计	文道思
责任编辑	董　琳	责任校对	许　磊

出版发行　中国宇航出版社

社　址　北京市阜成路 8 号　邮　编　100830

(010)68768548

网　址　www.caphbook.com

发行部　新华书店

发行部　(010)68371900　(010)88530478(传真)

(010)68768541　(010)68767294(传真)

零售店　读者服务部　北京宇航文苑

(010)68371105　(010)62529336

承　印　北京中新伟业印刷有限公司

版　次　2014 年 6 月第 1 版

2014 年 6 月第 1 次印刷

规　格　787 × 1092

开　本　1/16

印　张　20

字　数　457 千字

书　号　ISBN 978-7-5159-0662-1

定　价　38.00 元

前言

会计是一门实践性和实用性非常强的学科。但会计理论晦涩难懂，初学者往往难以快速入门；会计理论教学的高度浓缩性，使所学与所用存在一定程度的脱节；会计工作的原则性与会计资料的保密性，又使专业学生难以得到真正的实习演练；会计学习的通用性则使学生入职具体行业时，缺乏系统的、针对性的行业会计指导。所以对于会计学习者和会计工作者来说，熟练掌握并灵活运用所学知识、尽快满足岗位要求并非易事。

其实，会计并没有那么可怕。在看似烦琐的细枝末节背后是一片广阔的天地，只要你能够端正心态，正确学习，就会发现会计学习和会计实操其实很简单。本书编写的目的就是为了抽丝剥茧、条分缕析、化繁为简，给初学者和实操者营造一个轻松学习、快速学习、即学即会、熟练掌握、学以致用的氛围和路径。

眼过千遍，不如手过一遍。读再多书、做再多题，都是为了能够把账做好。真账实操和演练是提高实践技能的有效捷径。本书以实账操练为核心，结合建筑施工会计的具体特点，精心挑选建筑施工会计典型经济业务，系统地介绍经济业务的处理，会计分录的编制，原始凭证的填写，记账凭证的填制，明细账、总账的登记，会计报表的编制等各个环节，真实再现会计工作全流程，且各个环节一脉相承，前后关联。旨在为读者提供一本实用的会计实务范本，保证读者能够看得懂、用得上。希望读者通过阅读本书，可以从容掌握建筑施工会计账务处理方法，遇到难题亦可随时查阅得到解决之道。精读此书，您无需专业人士指点，便可轻松成为建筑施工会计实战高手。

由于时间有限，书中难免会出现不当和疏漏之处，恳请广大读者批评指正。另外，本书为贴近实际，虚构了会计信息中的企业名称、银行账号、纳税人识别号等，如有雷同，纯属巧合，敬请谅解。

编　者

2014 年 6 月

目　录

第四章 工程运营业务的核算

第五章 工程竣工业务的核算

第六章 投资业务的核算

第七章 利润形成与分配业务的核算

第八章 登记会计凭证与账簿

第九章 会计报表

第一章 会计基础

一、会计核算基本前提

会计核算基本前提的内容如表 1–1 所示。

表 1–1 会计核算基本前提

基本前提	定义	具体说明
会计主体	会计主体又称会计实体或会计个体，是指会计信息所反映的特定单位或组织，它明确了会计工作的空间范围	会计工作目的是反映一个单位的财务状况、经营成果和现金流量，并为包括投资者在内的各个方面提供决策服务。会计要反映的总是特定的范围，只有明确规定会计核算的范围，才能保证会计核算的正常开展，实现会计的目标。在会计主体的基本前提下，会计核算应当以企业发生的各项交易或事项为对象，记录和反映企业本身的各项生产经营活动
		会计主体的作用在于界定不同会计主体会计核算的范围。从企业来说，它要求会计核算区分自身的经济活动与其他企业单位的经济活动；区分企业的经济活动与企业投资者的经济活动。企业的会计记录和财务报表涉及的只是企业主体范围内的经济活动，而不核算反映企业投资者或所有者的经济活动，也不核算反映其他企业或其他经济主体的经济活动
		会计主体与法律主体的概念不同，通常的情况是，法律主体都是会计主体，而会计主体并不一定是法律主体。常见的“非独立法人企业”就是会计主体，因为它在会计上是独立核算，但不具备法人资格，所以不是法律主体
持续经营	持续经营是指企业或会计主体的生产经营活动将无限期地延续下去，也就是说，在可预见的未来，不会进行清算	会计核算上所使用的一系列的会计处理方法都是建立在持续经营的前提基础上，从而解决了很多常见的财产计价和收益确认问题。例如，由于假定企业是持续不断地经营下去，企业的资产价值将以历史成本计价，而不是采取现行市价或清算价格

（续表）

基本前提	定义	具体说明
持续经营	持续经营是指企业或会计主体的生产经营活动将无限期地延续下去，也就是说，在可预见的未来，不会进行清算	由于企业以持续经营为前提，企业才可以采用权责发生制作为确认收入或费用的标志，而不以是否收或付货币资金为依据。由于企业持续经营前提的存在，才产生企业资本保全的问题，从而产生了会计核算中正确区分资本性支出与收益性支出的必要
会计分期	会计分期是指将会计主体持续不断的经营活动划分为一个个连续的、长短相同的期间。会计分期假设是在持续经营假设基础上产生的	会计分期的目的是据以结算盈亏，按期编制财务会计报告。由于有了会计分期，才产生了本期和其他期间的区别，产生了权责发生制和收付实现制的会计确认基础，产生了预收、预付、应收、应付等会计处理方法
		会计分期可以以一年为标准，也可以采用其他标准。为和计划年度、财政年度一致，我国会计期间以公历年度（1月1日至12月31日）作为会计年度，具体再划分半年度、季度和月度。半年度、季度和月度均称为会计中期
货币计量	货币计量是指企业在会计核算过程中采用货币为计量单位，记录、反映企业的经营情况。企业在日常的经营活动中，有大量的错综复杂的经济业务	会计计量是会计记录的前提。单位可能发生各种各样的经济活动，不同特点的经济活动可以用不同的计量单位进行计量，如企业发生的生产经营活动具体表现为商品的购销、各种原材料和劳务的耗费等
		由于会计以货币作为基本计量单位，这就决定了会计核算的对象只限于那些能够用货币计量的经济活动。而对于有关企业产品质量、企业在市场中的竞争能力等情况的变化，虽然也是企业的经济活动，但因为不能用货币单位来计量，也就不成为企业会计核算的对象
		货币计量是以货币币值稳定为条件的，对于货币购买力的波动不予考虑。因为只有在币值稳定或相对稳定的情况下，不同时点的资产的价值才具有可比性，不同时间的收入和费用才能进行比较，才能计算确定其经营成果，会计核算提供的会计信息才能客观、可靠地反映企业的经营状况
		在我国，一般企业和行政事业单位以人民币作为记账本位币，业务收支以人民币以外的货币为主的企业可以选定相应货币作为记账本位币，但是编报的财务报告应当折算为人民币

二、会计信息质量要求

会计信息质量要求是对企业财务报告所提供会计信息质量核算的基本要求，是使财务报告中所提供会计信息对投资者等使用者决策有用应具备的基本特征，包括可靠性、相关性、可理解性、可比性、实质重于形式、重要性、谨慎性和及时性。其中可靠性、相关性、可理解性、可比性是会计信息的首要质量要求，是企业财务报告中会计信息应具备的基本质量特征；实质重于形式、重要性、谨慎性、及时性是会计信息的次要质量要求，是对首要质量要求的补充和完善。

会计信息质量要求如表 1–2 所示。

表 1–2 会计信息质量要求

要求	定义	具体说明
可靠性	可靠性是指对于实际发生的经济业务的确认、记录和报告应当做到不偏不倚，以客观事实为依据	企业以实际发生的交易或者事项为依据进行确认、计量和报告，将符合会计要素定义及其确认条件的资产、负债、所有者权益、收入、费用和利润等如实反映在财务报告中，不得根据虚构的、没有发生的或者尚未发生的交易或者事项进行确认、计量和报告
		企业在符合重要性和成本效益原则的前提下，保证会计信息的完整性，其中包括应当编报的报表及其附注内容等应当保持完整，不能随意遗漏或者减少应予披露的信息，即凡与使用者决策相关的有用信息都应当充分披露
相关性	相关性是指企业提供的会计信息应当与财务报告使用者的决策需要相关，有助于财务报告使用者对企业过去、现在或未来的情况做出评价或预测	相关的会计信息还应当具有预测价值，有助于使用者根据财务报告所提供的会计信息预测企业未来的财务状况、经营成果和现金流量
		会计信息是否有用，是否具有价值，关键是看其与使用者的决策需要是否相关，是否有助于决策或者提高决策水平
可理解性	可理解性要求企业提供的会计信息应当清晰明了，便于投资者等财务报告使用者理解和使用	为了提高会计信息的有用性，实现财务报告的目标，满足向投资者等财务报告使用者提供决策有用信息，这就要求会计记录准确、清晰，会计凭证的填制与会计账簿的登记依据合法，账户对应关系清楚、文字摘要完整，报表中项目完整、数字准确、勾稽关系清楚
		会计信息是一种专业性较强的信息产品，作为会计信息使用者应具备一定的有关企业经营活动和会计核算方面的知识，并愿意付出努力去研究这些信息。对于某些较为复杂、且与使用者经济决策相关的信息，应在财务报告中予以披露

（续表）

要求	定义	具体内容
可比性	可比性是指企业的会计核算应当按照规定的会计处理方法进行，会计指标应当口径一致，相互可比	纵向可比，指同一企业不同时期可比。即同一企业不同时期发生的相同或者相似的交易或者事项，应当采用一致的会计政策，不得随意变更。确需变更的，应当在附注中说明。其目的是为了便于投资者等财务报告使用者了解企业财务状况、经营成果和现金流量的变化趋势，比较企业在不同时期的财务报告信息，全面、客观地评价过去，预测未来，做出决策
		横向可比，指不同企业相同会计期间可比。即不同企业发生的相同或者相似的交易或事项，应当采用规定的会计政策，确保会计信息口径一致，相互可比，以使不同企业按照一致的确认、计量和报告要求提供有关会计信息。其目的是为了便于投资者等财务报告使用者评价不同企业的财务状况、经营成果和现金流量及其变动情况
实质重于形式	实质重于形式是指企业在进行会计核算时，应当按照交易或事项的经济实质进行，而不应当仅仅按照它们的法律形式作为会计核算的依据	在实务中，交易或事项的法律形式并不总能完全真实地反映其实质内容。所以，要想反映会计信息所应反映的交易或事项，就必须根据交易或事项的实质和经济现实来进行判断，而不能仅仅根据它们的法律形式
重要性	重要性是指企业提供的会计信息应当反映与企业财务状况、经营成果和现金流量等有关的所有重要交易或者事项	重要性原则强调的是成本效益关系，坚持重要性原则，就能以较小的核算成本获取会计信息的最大效用。对交易或事项应当区别其重要程度，依赖职业判断，按其所处环境和实际情况，从项目的情况和金额大小两方面加以判断，并在财务会计报告中予以充分、准确地披露；对于次要的会计事项，在不影响会计信息真实性和不至于误导财务报告使用者做出正确判断的前提下，可适当简化处理
谨慎性	谨慎性是指企业对交易或者事项进行会计确认、计量和报告应当保持应有的谨慎，不应高估资产或者收益、低估负债或者费用	谨慎性原则是针对经济活动中的不确定性和风险提出的。企业的经营活动充满着风险和不确定性，在会计核算工作中坚持谨慎性原则，要求企业在面临不确定因素的情况下做出职业判断时，应当保持必要的谨慎，充分估计到各种风险和损失，既不高估资产或收益，也不低估负债或费用

（续表）

要求	定 义	具体内容
谨慎性	谨慎性是指企业对交易或者事项进行会计确认、计量和报告应当保持应有的谨慎，不应高估资产或者收益、低估负债或者费用	谨慎性原则并不意味着企业可以任意设置秘密准备，否则，就属于滥用谨慎性原则，也不符合会计信息的可靠性、相关性要求，影响会计信息质量，不能真实反映企业的财务状况和经营成果，对财务报告使用者造成误导
及时性	及时性是指企业对于已经发生的交易或者事项，应当及时进行会计确认、计量和报告，不得提前或延后	及时性原则要求会计核算及时进行，讲求时效。会计信息与决策的相关性不仅表现在会计信息的真实可靠上，而且还体现在会计信息的时效性上，过时的会计信息将大大降低其使用价值
		在会计确认、计量和报告过程中坚持及时性原则，一是要求及时收集会计信息，即在经济交易和事项发生后，及时收集整理各种原始单据或凭证；二是及时处理会计信息，按照会计准则的规定及时对经济交易或事项进行确认、计量，并编制出财务报告；三是及时传递会计信息，即按规定的时限，及时将编制出的财务报告传递给财务报告使用者，便于其及时使用和决策

三、会计要素

会计要素是为实现会计目标，在会计基本前提的基础上科学地组织对企业资金运动中的各项经济业务进行核算与监督，系统地向有关各方提供会计信息，对会计对象所做的基本分类，是会计核算对象的具体化，是会计用于反映会计主体财务状况、确定经营成果的基本单位，从而构成会计信息的基本框架。

我国的会计要素有资产、负债、所有者权益、收入、费用和利润六大会计要素。这六大会计要素划分为反映财务状况的会计要素和反映经营成果的会计要素两大类。反映财务状况的会计要素包括资产、负债和所有者权益；反映经营成果的会计要素包括收入、费用和利润。

（一）资产

资产的基本内容如表 1-3 所示。

表 1-3 资产的基本内容

要素	定义	特征	分类
资产	资产是指企业过去的交易或者事项形成的、由企业拥有或者控制的、预期会给企业带来经济利益的资源	资产预期会给企业带来经济利益。是指资产具有直接或者间接导致现金和现金等价物流入企业的潜力。这种潜力可以来自企业日常的生产经营活动，也可以来自非日常生产经营活动；带来的经济利益可以是现金或者现金等价物，也可以是可以转化为现金或者现金等价物的其他资产，或表现为减少现金或现金等价物流出	流动资产。流动资产是指可以在一年或者超过一年的一个营业周期内变现或耗用的资产。流动资产按其变现能力分为库存现金、银行存款、其他货币资金、交易性金融资产、应收款项、预付款项及存货等
		资产是为企业拥有或控制的资源。具体是指企业享有某项资源的所有权，或虽然不享有某项资源的所有权，但能够控制该资源。企业享有资产的所有权，通常表明企业能够排他性地从资产中获取经济利益。即使企业并不享有资产的所有权，但是企业控制了这些资产，同样表明企业能够从资产中获取经济利益。反之，如果企业既不拥有也不控制资产，就不能从资产中获取经济利益，那么就不能将其作为企业的资产在会计上予以确认	非流动资产。非流动资产是流动资产以外的资产，包括：长期股权投资、固定资产、在建工程、工程物资、投资性房地产、无形资产、开发支出、长期待摊费用以及其他非流动资产等
		资产是由过去的交易或事项形成的。过去的交易或事项包括购买、生产、建造行为或其他交易或事项。即只有过去发生的交易或事项才能产生资产，企业预期在未来发生的交易或事项不形成资产	

（二）负债

负债的基本内容如表 1–4 所示。

表 1–4 负债的基本内容

要素	定义	特征	分类
负债	负债是指企业过去的交易或者事项形成的、预期会导致经济利益流出企业的现时义务	负债是由企业过去的交易或者事项形成的。负债应当由企业过去的交易或者事项形成，即只有过去发生的交易或者事项才能形成负债。企业预期在未来要发生的承诺、签订的合同等交易或者事项可能产生的债务不能作为负债	流动负债。流动负债是指预计在一个正常营业周期中清偿、或者主要为交易目的而持有、或者自资产负债表日起一年内（含一年）到期应予以清偿、或者企业无权自主地将清偿推迟至资产负债表日后一年以上的负债。流动负债主要包括短期借款、应付票据、应付账款、预收账款、应付职工薪酬、应交税费、应付股利、应付利息及其他应付款等
		负债是企业承担的现时义务。负债必须是企业承担的现时义务，它是负债的一个基本特征。现时义务是指企业在现行条件下已承担的义务。未来发生的交易或者事项形成的义务，不属于现时义务，不应当确认为负债	
		负债的清偿预期会导致经济利益流出企业。为了清偿债务，企业往往需要在将来转移资产，如用现金偿还或者实物资产清偿，或者通过提供劳务来偿还，或同时转移资产和提供劳务偿还，也有可能将债务转为所有者权益	非流动负债。非流动负债是指流动负债以外的负债。非流动负债主要包括长期借款、应付债券等

（三）所有者权益

所有者权益的基本内容如表 1–5 所示。

表 1-5　所有者权益的基本内容

<table>
<tr><th>要素</th><th>定义</th><th>特征</th><th>来源</th></tr>
<tr><td rowspan="3">所有者权益</td><td rowspan="3">所有者权益是指企业资产扣除负债后所有者享有的剩余权益。公司的所有者权益又称为股东权益</td><td>随投资人的投资行为而产生，其出资在企业依法登记后，不得随意抽回，除非发生减资、清算或分派库存现金股利，企业不需要偿还所有者权益</td><td>所有者投入的资本</td></tr>
<tr><td>企业清算时，只有在清偿所有负债后，所有者权益才能返还</td><td>直接计入所有者权益的利得和损失</td></tr>
<tr><td>所有者凭借出资份额享有相应分配企业利润的权益，同时也以出资份额为限承担企业的经营风险</td><td>留存收益</td></tr>
</table>

（四）收入

收入的基本内容如表 1-6 所示。

表 1-6　收入的基本内容

<table>
<tr><th>要素</th><th>定义</th><th>特征</th><th>分类</th></tr>
<tr><td rowspan="4">收入</td><td rowspan="4">收入是指企业在日常活动中形成的、会导致所有者权益增加的、与所有者投入资本无关的经济利益的总流入</td><td>收入从企业的日常活动中产生，而不是从偶发的交易或事项中产生。收入不包括为第三方或者客户代收的款项</td><td>收入按日常经营活动在企业所处的地位，可分为主营业务收入和其他业务收入</td></tr>
<tr><td>收入可能表现为企业资产的增加，也可能表现为企业负债的减少，或者两者兼而有之</td><td>主营业务收入是企业为完成其经营目标而从事的日常经营活动中的主要活动收入，如建筑企业建造施工取得的收入</td></tr>
<tr><td>收入能导致企业所有者权益的增加</td><td rowspan="2">其他业务收入是主营业务以外的其他日常经营活动所取得的收入，如建筑企业销售材料、提供运输、出租固定资产、包装物等所取得的收入，技术转让费收入等</td></tr>
<tr><td>收入会导致经济利益的流入，而不包括所有者投入的资本</td></tr>
</table>

（五）费用

费用的基本内容如表 1–7 所示。

表 1–7 费用的基本内容

要素	定义	特征	确认
费用	费用是指企业在日常活动中发生的、会导致所有者权益减少的、与向所有者分配利润无关的经济利益的总流出	费用是企业在日常活动中形成的。企业非日常活动所形成的经济利益的流出不能确认为费用，而应当计入损失	企业为生产产品、提供劳务等发生的可归属于产品成本、劳务成本等费用，应当在确认产品销售收入、劳务收入时，将已销售产品、已提供劳务的成本等计入当期损益
		费用是与向所有者分配利润无关的经济利益的总流出	企业发生的支出不产生经济利益的，或者即使能够产生经济利益但不符合或者不再符合资产确认条件的，应当在发生时确认为费用，计入当期损益
		费用会导致所有者权益的减少。与费用相关的经济利益的流出会导致所有者权益的减少	企业发生的交易或者事项导致其承担了一项负债而又不确认为一项资产的，应当在发生时确认为费用，计入当期损益

（六）利润

利润的基本内容如表 1–8 所示。

表 1–8 利润的基本内容

要素	定义	特征	确认
利润	利润是指企业在一定会计期间的经营成果，利润包括收入减去费用后的净额、直接计入当期利润的利得和损失等	利润的实现会相应表现为资产的增加或负债的减少，其结果是所有者权益的增值	利润反映的是收入减去费用、利得减去损失后的净额
			利润的确认主要依赖于收入和费用以及利得和损失的确认，其金额的确认也主要取决于收入、费用、利得、损失金额的计量

四、会计等式

会计等式是指反映各项会计要素之间基本关系的表达式。由于它是用数学方程式来表示各项会计要素之间客观存在的数量恒等关系，因此，也称会计恒等式、会计方程式或会计平衡公式。从形式上看，会计等式反映了会计对象的具体内容即各项会计要素之间的内在联系；从实质上看，会计等式揭示了会计主体的产权关系和基本财务状况。

会计等式的基本内容如表 1-9 所示。

表 1-9 会计等式的基本内容

等式	内容说明
资产 = 负债 + 所有者权益（1）	等式（1）是从静态角度反映某一特定时点企业拥有或者控制的资产都有其一定来源，企业的资产或者是所有者投入或者是举债所形成的。它体现了会计“主体理论”的思想
资产 – 负债 = 所有者权益（2）	等式（2）反映了企业所有者对企业净资产的要求权，揭示了债权人对企业资产的要求权优先于所有者，它体现了会计“所有权理论”的思想
收入 – 费用 = 利润（3）	等式（3）是从动态角度反映某一期间企业的日常经营活动对于所有者权益的增减变动影响，它反映了会计主体在一定期间经营活动的最终成果
资产 – 负债 = 所有者权益 +（收入 – 费用）（4）	等式（4）是等式（1）的扩展，它既从静态反映了企业资产、负债和所有者权益的关系，也从动态反映了企业日常经济活动对企业资产、负债的影响

会计恒等式体现了会计要素所反映会计对象中存在的各种经济关系。

等式（1）“资产 = 负债 + 所有者权益”反映了市场经济中企业最基本的产权关系，是基本的会计等式。对于某一组织，任何时点、任何活动的发生都不会破坏这种等式关系，故称为恒等式。会计恒等式是账户设置、复式记账和编制会计报表的理论基础。

五、会计科目与账户

（一）会计科目的设置

1. 会计科目的概念

会计科目就是按照经济内容对各会计要素的具体内容作进一步分类核算的项目，它是以客观存在会计要素的具体内容为基础、根据核算和管理的需要设置。即根据会计核算的需要，对资产、负债、所有者权益、收入、费用、利润六个会计要素的具体内容进行科学的分类，每一类确定一个合适的名称，这些就是会计科目。

为全面、系统、连续地分类核算反映企业各项经济业务的发生情况，以及由此引起的各会计要素具体内容的增减变化，在进行具体的会计核算之前，各会计主体都要合理地设置会计科目，将所有经济业务的内容按会计要素的要求进行合理分类。合理设置会计科目是正确组织会计核算的前提。

2. 会计科目的分类和设置

会计科目的分类如表 1–10 所示。

表 1–10　会计科目的分类

分类	内容说明
按提供核算指标详细程度分类	总分类科目又称一级科目，是对会计要素具体内容进行总括分类、提供总括信息的会计科目，如：固定资产、原材料、应付账款、应交税费、实收资本等
	明细分类科目又称二级科目，或明细科目，是对总分类科目做进一步分类、提供更详细、更具体会计信息的科目，它是反映会计要素的具体内容的科目
	明细分类科目除会计准则规定设置的以外，可以根据本单位经济管理的需要和经济业务的具体内容自行设置。对于明细科目较多的总账科目，可在总分类科目与明细科目之间设置二级或多级科目
按经济内容性质分类	分为资产类科目、负债类科目、所有者权益类科目、成本类科目和损益类科目等

我国《企业会计准则——应用指南》规定的会计科目如表 1–11 所示。

表 1-11 会计科目表

序号	编码	会计科目名称	序号	编码	会计科目名称
		一、资产类	34	1604	在建工程
1	1001	库存现金	35	1605	在建工程减值准备
2	1002	银行存款	36	1606	固定资产清理
3	1012	其他货币资金	37	1701	无形资产
4	1101	交易性金融资产	38	1702	累计摊销
5	1121	应收票据	39	1703	无形资产减值准备
6	1122	应收账款	40	1711	商誉
7	1123	预付账款	41	1801	长期待摊费用
8	1131	应收股利	42	1811	递延所得税资产
9	1132	应收利息	43	1901	待处理财产损溢
10	1221	其他应收款			二、负债类
11	1231	坏账准备	44	2001	短期借款
12	1321	代理业务资产	45	2101	交易性金融负债
13	1401	物资采购	46	2201	应付票据
14	1402	在途物资	47	2202	应付账款
15	1403	原材料	48	2203	预收账款
16	1404	材料成本差异	49	2211	应付职工薪酬
17	1405	库存商品	50	2221	应交税费
18	1406	发出商品	51	2231	应付利息
19	1407	商品进销差价	52	2232	应付股利
20	1408	委托加工物资	53	2241	其他应付款
21	1411	周转材料	54	2314	代理业务负债
22	1471	存货跌价准备	55	2401	递延收益
23	1501	持有至到期投资	56	2501	长期借款
24	1502	持有至到期投资减值准备	57	2502	应付债券
25	1503	可供出售金融资产	58	2701	长期应付款
26	1511	长期股权投资	59	2702	未确认融资费用
27	1512	长期股权投资减值准备	60	2711	专项应付款
28	1521	投资性房地产	61	2801	预计负债
29	1531	长期应收款	62	2901	递延所得税负债
30	1532	未实现融资收益			三、共同类
31	1601	固定资产	63	3101	衍生工具
32	1602	累计折旧	64	3201	套期工具
33	1603	固定资产减值准备	65	3202	被套期项目

（续表）

序号	编码	会计科目名称	序号	编码	会计科目名称
		四、所有者权益类	77	6051	其他业务收入
66	4001	实收资本	78	6101	公允价值变动损益
67	4002	资本公积	79	6111	投资收益
68	4101	盈余公积	80	6301	营业外收入
69	4103	本年利润	81	6401	主营业务成本
70	4104	利润分配	82	6402	其他业务成本
71	4201	库存股	83	6403	营业税金及附加
		五、成本类	84	6601	销售费用
72	5001	生产成本	85	6602	管理费用
73	5101	制造费用	86	6603	财务费用
74	5201	劳务成本	87	6701	资产减值损失
75	5301	研发支出	88	6711	营业外支出
		六、损益类	89	6801	所得税费用
76	6001	主营业务收入	90	6901	以前年度损益调整

（二）账户及其结构

1. 账户的概念

账户的概念如图 1-1 所示。

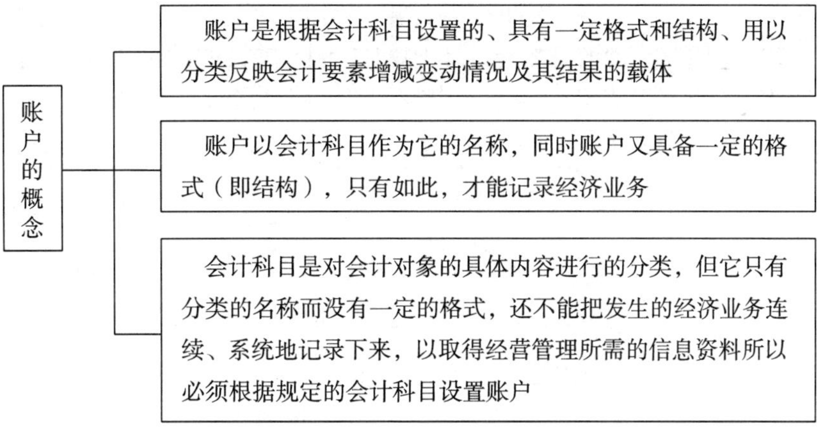

图 1-1　账户的概念

2. 账户的分类

账户的分类如图 1-2 所示。

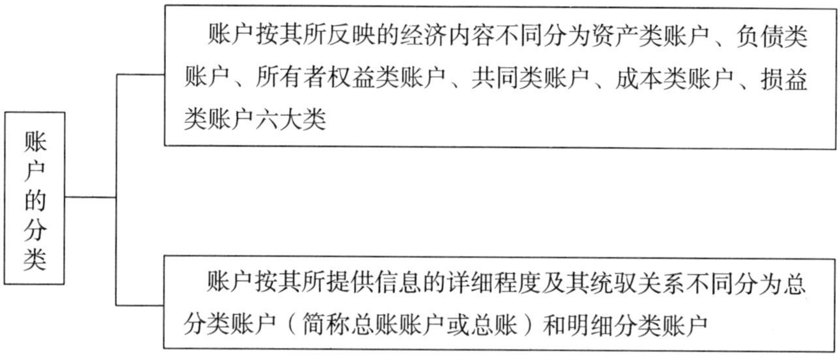

图 1-2　账户的分类

3. 账户的基本结构

账户的基本结构如图 1-3 所示。

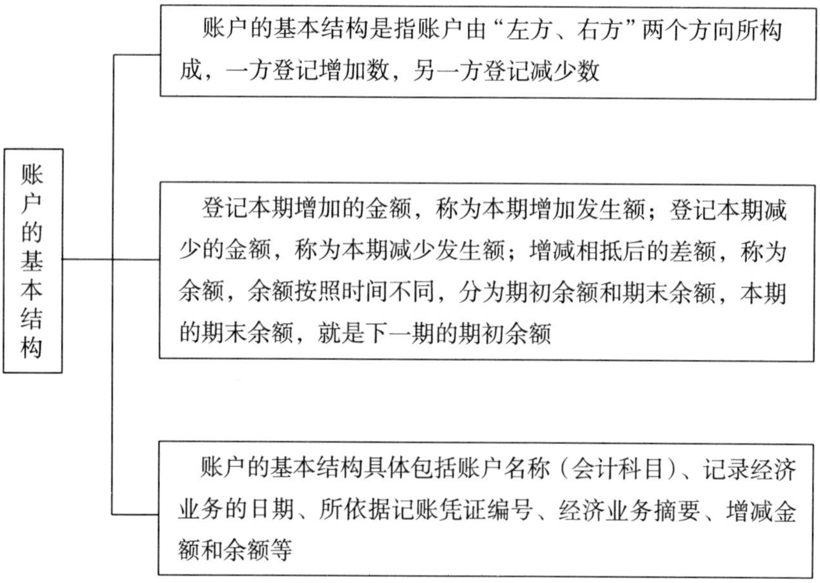

图 1-3　账户的基本结构

六、借贷记账法

（一）借贷记账法的概念

借贷记账法是以“资产 = 负债 + 所有者权益”会计等式为理论依据，以“借”和“贷”作为记账符号，按照“有借必有贷，借贷必相等”的记账规则来记录经济业务的一种复式记账方法。

（二）借贷记账法的记账符号

借贷记账法用“借”和“贷”作为记账符号，把每个账户结构都分为左右两方，左方是借方，右方是贷方，用以反映资金的增减变化情况。如：在资产类账户，“借”表示增加，“贷”表示减少；而在负债及所有者权益类账户，“借”表示减少，“贷”表示增加。费用成本类账户与资产类账户方向相同，收入利润类账户与负债及所有者权益类账户方向相同。具体如图 1-4 所示。

会计科目名称

借方	贷方
资产的增加	资产的减少
负债的减少	负债的增加
使用者权益的减少	所有者权益的增加
收入的减少	收入的增加
费用成本的增加	费用成本的减少

图 1-4 账户结构解析

（三）借贷记账法下的账户结构

在借贷记账法下，所有账户都分为借方和贷方两个部分，通常左方为借方、右方为贷方。记账时，账户的借贷两方必须做相反的记录，即对于每一个账户来讲，如果借方登记增加额，那么贷方必然登记减少额；反之，如借方登记减少额，贷方就登记增加额。我们将六大类账户分为两类，一类是增加额登记在借方的账户，包括资产类和费用类账户；另一类是增加额登记在贷方的账户，包括负债类、所有者权益类、收入类和利润类账户。

（四）借贷记账法的记账规则

借贷记账法是建立在复式记账法的基础之上，具体的记账规则可概括为“有借必有贷，借贷必相等”。利用这一记账规则在对经济业务进行记录时有两个方面的要求。

（1）对于任何一项经济业务必须同时在两个或两个以上的相互联系的账户中以相反的方向进行登记。

（2）以相等的金额同时计入借方账户和贷方账户。由于借贷记账法的理论基础是“资

产 = 负债 + 所有者权益”，因此，反映因经济业务的发生而引起各项目变动时，只有以相等的金额登记，才能保持会计等式的平衡关系。

运用借贷记账法“有借必有贷，借贷必相等”的记账规则记录时，涉及的经济业务的种类是多种多样的，经济业务的发生可能只引起一项要素内各项目的变动，也可能影响到会计恒等式两端要素的变动。

经济业务主要类型如表 1-12 所示。

表 1-12　经济业务主要类型

类型	举例说明
资产类账户和权益类账户同时等额增加	投资者投入现金 20 000 元，这项业务的发生，使资产和所有者权益同时增加 20 000 元。资产增加记借方，所有者权益增加记贷方，有借有贷，借贷金额相等
资产类账户和权益类账户同时等额减少	用银行存款 80 000 元归还短期借款，这项业务的发生，使资产账户和负债账户同时减少 80 000 元。资产减少记贷方，负债减少记借方，有借有贷，借贷金额相等
资产类的一个账户增加，另一个账户等额减少	从银行提取现金 4 000 元，这项业务的发生，使资产内部银行存款账户减少 4 000 元，同时使现金账户增加 4 000 元。资产增加记借方，资产减少记贷方，有借有贷，借贷金额相等
权益类的一个账户增加，另一个账户等额减少	向银行借入短期借款 200 000 元偿还前欠购料款，这项业务的发生，使负债内部短期借款账户增加 200 000 元，同时使应付账款账户减少 200 000 元。负债增加记贷方，负债减少记借方，有借有贷，借贷金额相等

以上论述了借贷记账法的记录方法和记账规则。从以上举例可以看出，运用借贷记账法记账，任何一笔经济业务都至少涉及两个账户，在两个或两个以上账户中登记经济业务数据后，账户之间就具有了相互对照的关系，这种关系被称为“账户对应关系”，存在着对应关系的账户则称为“对应账户”。

（五）借贷记账法的试算平衡

为了检验一定时期内所发生的经济业务在账户中登记的正确性，需要在一定时期终了时，根据会计等式的基本原理和记账规则，对账户记录进行试算平衡。所谓试算平衡是指根据资产与权益的衡等关系以及借贷记账法的记账规则，检查所有账户记录是否正确的过程。

借贷记账法的试算平衡方法如表 1-13 所示。

表 1-13 借贷记账法的试算平衡方法

项目	内容说明
发生额试算平衡法	发生额试算平衡法是根据本期所有账户借方发生额合计与贷方发生额合计的平衡关系，检验本期发生额记录是否正确的方法
	全部账户本期借方发生额合计 = 全部账户本期贷方发生额合计
余额试算平衡法	余额试算平衡法是根据本期所有账户借方余额合计与贷方余额合计的衡等关系，检验本期账户记录是否正确的方法
	全部账户借方期末余额合计 = 全部账户贷方期末余额合计 全部账户借方期初余额合计 = 全部账户贷方期初余额合计
试算平衡表的编制	试算平衡表通常是在期末结出各个账户的本期发生额和期末余额后编制的，一般应在平衡表中设置“期初余额”“本期发生额”和“期末余额”三大栏，每一大栏分设“借方”和“贷方”两小栏，各大栏的借方合计数与贷方合计数应平衡相等
	为了简化表格，试算平衡表也可只根据各个账户的本期发生额编制，不填写各账户的期初余额和期末余额

在实际工作中，我们是通过编制试算平衡表来进行试算平衡的。

下面以北京大有建筑工程有限公司 2013 年 1 月份各账户期初余额、本期发生额，期末余额的资料为例，编制试算平衡表如表 1-14 所示。

表 1-14 总分类账户本期发生额及余额试算平衡表

编制单位：北京大有建筑工程有限公司　　2013 年 1 月 31 日

账户名称	期初余额		本期发生额		期末余额	
	借方	贷方	借方	贷方	借方	贷方
库存现金	12 500		3 250	4 750	11 000	
银行存款	3 125 000		1 234 375	607 500	3 751 875	

（续表）

账户名称	期初余额		本期发生额		期末余额	
	借方	贷方	借方	贷方	借方	贷方
应收账款	1 250 000		937 875	733 125	1 454 750	
其他应收款	4 000		2 500	4 000	2 500	
原材料	4 000 000		237 500	74 500	4 163 000	
生产成本	500 000		62 500		562 500	
库存商品	1 500 000				1 500 000	
固定资产	51 614 750		585 000		52 199 750	
累计折旧		2 000 000				2 000 000
无形资产	1 250 000				1 250 000	
短期借款		1 250 000		75 000		1 325 000
应付账款		625 000	89 625	277 875		813 250
应交税费		12 500	40 375	136 000		108 125
长期借款		2 500 000				2 500 000
实收资本		55 868 750		500 000		56 368 750
盈余公积		250 000				250 000
利润分配		750 000				750 000
主营业务收入				800 000		800 000
管理费用			15 000		15 000	
财务费用			4 750		4 750	
合计	63 256 250	63 256 250	3 212 750	3 212 750	64 915 125	64 915 125

（六）借贷记账法的应用

借贷记账法的应用如图 1–5 所示。

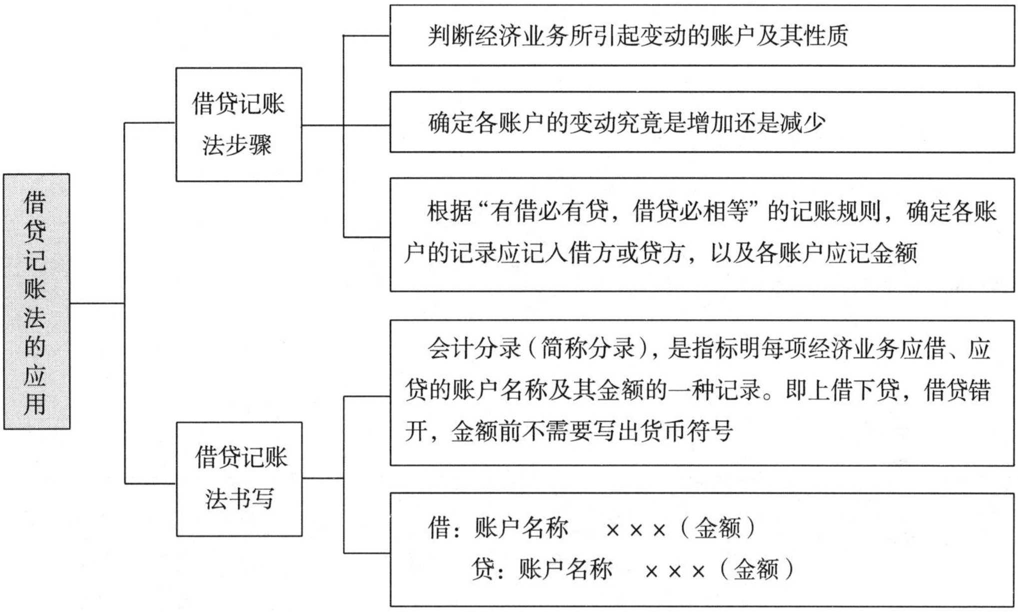

图 1–5 借贷记账法的应用

七、会计凭证

（一）会计凭证的概念

会计凭证，简称凭证，是记录经济业务、明确经济责任的书面证明，是登记账簿的依据。任何单位对所发生的每一项经济业务都必须按照规定的程序和要求，由经办业务的有关人员填制或取得会计凭证，在会计凭证上写明经济业务的内容，并在会计凭证上签名盖章，对会计凭证内容的真实性和正确性负责。所有会计凭证都须经有关人员严格审核，只有经过审核无误的会计凭证，才能作为登记账簿的依据。因此，填制和审核会计凭证是会计核算方法之一，是会计工作的开始，是对经济业务进行核算和监督的重要环节。

（二）填制和审核会计凭证的意义

企业在处理任何一项经济业务时，都必须及时取得或填制真实准确的书面证明，以便反映和监督经济业务的发生和完成的时间、内容、涉及的有关单位和经办人员的签章，为登记账簿提供依据，以保证会计记录真实、正确、合理、合法，也可以明确对此所承担的法律上和经济上的责任。

会计凭证的意义如表 1–15 所示。

表 1-15　会计凭证的意义

意义	内容说明
提供会计信息	会计人员可以根据会计凭证，对日常大量、分散的各种经济业务，进行整理、分类、汇总，并经过会计处理，为经济管理提供有用的会计信息
明确经济责任，强化内部控制	企业所发生的任何一笔经济业务，都必须及时填制或取得会计凭证
	按照规定，有关经办人员都要在会计凭证上签名或盖章，明确经济责任
	这样就促使有关经办人员提高法律意识，在自己的职责范围内按照规定，照章办事，所以在很大程度上保证了会计凭证的真实、合法性
记录经济业务，提供记账依据	企业记录每一笔经济业务的会计凭证真实与否，直接影响到会计信息的质量高低，所以及时、准确、真实地填制和审核会计凭证，是会计核算的基础，是确保会计核算资料的客观性、正确性的前提条件

（三）会计凭证的种类

会计凭证的种类如表 1-16 所示。

表 1-16　会计凭证的种类

项目	类别	内容说明
按照编制的程序和用途不同	原始凭证	原始凭证又称单据，是在经济业务发生或完成时取得或填制的，用以记录或证明经济业务的发生或完成情况的原始凭据。原始凭证是会计核算的原始资料和重要依据
	记账凭证	记账凭证是会计人员根据审核后的原始凭证，按照经济业务的内容加以归类整理，并确定会计分录后所填制的会计凭证，它是登记账簿的直接依据。记账凭证是将原始凭证中的一般数据转化为会计信息，是介于原始凭证与账簿之间的中间环节，是登记明细分类账户和总分类账户的依据

（四）原始凭证的概念和内容

原始凭证的概念和内容如图 1–6 所示。

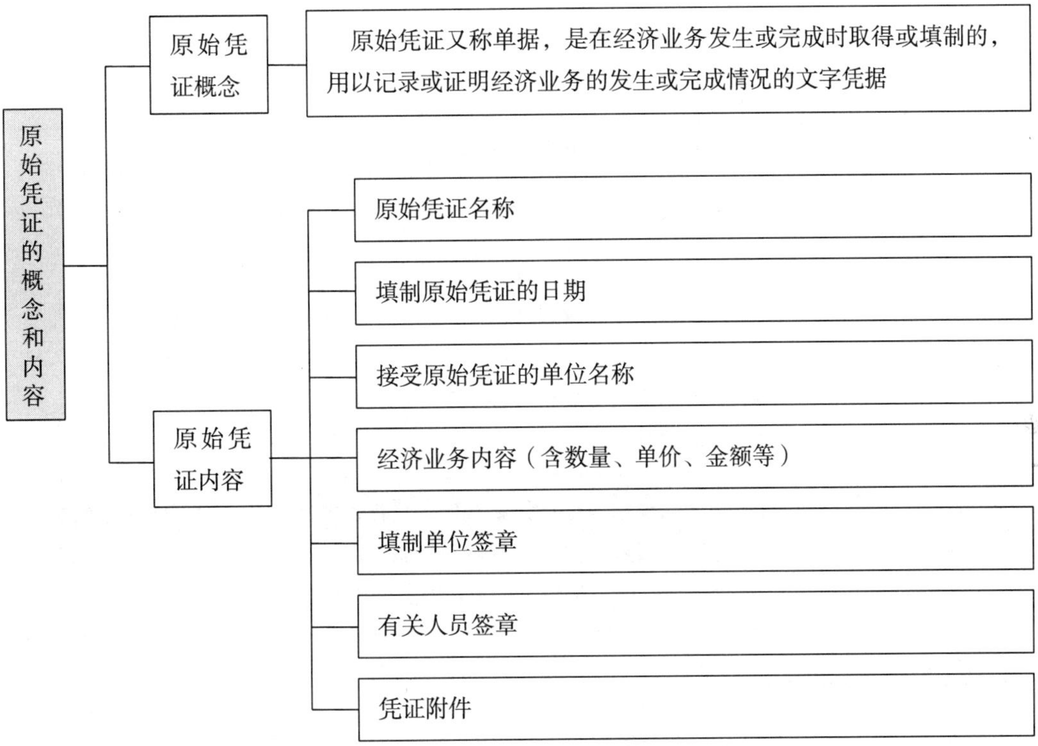

图 1-6　　原始凭证的概念和内容

（五）原始凭证的分类

原始凭证的分类如表 1–17 所示。

表 1-17　原始凭证的分类

类 别	内 容 说 明
外来原始凭证	外来原始凭证是指同外单位发生经济往来关系时，从外单位取得的原始凭证。如乘坐火车购买的火车票；企业购买商品、材料时，从供货单位取得的发货票等
自制原始凭证	自制原始凭证是指本单位内部经办经济业务的部门或人员，在办理经济业务时所填制的凭证。如商品、材料入库时，由仓库保管员填制的入库单。自制凭证按其内容分为一次凭证、累计凭证、汇总原始凭证和记账编制凭证

（续表）

类别	内容说明
自制原始凭证	一次凭证是指只反映一项经济业务或同时记录若干项同类性质经济业务的原始凭证，其填制手续是一次完成的。如收料单、领料单等
	累计凭证是指在一定时期内连续记录若干项同类经济业务的原始凭证，其填制手续是随着经济业务的发生而分次进行的。如限额领料单
	汇总原始凭证是指根据一定时期内反映相同经济业务的多张原始凭证汇总编制一张汇总凭证，以集中反映某项经济业务总括发生情况。如建筑企业工资汇总表、库存现金收入汇总表、工程项目发料凭证汇总表等
	记账编制凭证是指由会计人员根据账簿记录，对已经入账的某些特定事项进行归类、整理而编制的原始凭证。如建筑企业确定完工项目成本时，根据单个项目明细账簿所编制的成本计算表

（六）原始凭证的填制

原始凭证是根据经济业务活动的执行和完成情况来填制的，并且具有法律效力。为了保证原始凭证能够正确、及时、清晰地反映各项经济业务的活动情况，提高会计核算的质量，原始凭证必须严格按照要求进行填制。

原始凭证的填制如表 1–18 所示。

表 1-18 原始凭证的填制

填制要求	具体说明
符合实际情况	要求认真记录各项经济业务实际发生或完成情况，凭证上的日期、经济业务的内容、所有数据都必须真实可靠，不允许有任何歪曲和弄虚作假情况
明确经济责任	经办人员和有关部门的负责人都要在凭证上签字或盖章，对凭证的真实性、正确性负责
	对于从外单位取得的原始凭证，必须有填制单位的公章或发票专用章

（续表）

填制要求	具体说明
明确经济责任	从个人取得的原始凭证，必须有填制人的签名或盖章
	自制的原始凭证，必须有部门负责人和经办人员的签名或盖章
	对外开出的原始凭证，必须加盖本单位的公章或有关部门的专用章
手续完备，填写内容齐全	购买实物的原始凭证，必须有验收证明；需要入库的实物，必须填写入库验收单，由实物保管人员验收后在入库单上如实填写实收数额，并加盖印章；不需要入库的实物，除经办人员在凭证上签章外，必须交给实物保管人员或者使用人员在凭证上签名盖章
	支付款项的原始凭证，必须有收款单位和收款人的收款证明
	发生销货退回的，除填制退货发票外，还必须有退货验收证明，退货时，必须取得对方的收款收据或者汇款银行的凭证，不能以退货发票代替收据
	职工公出借款凭据，必须附在记账凭证之后，收回借款时，应当另开收据或者退还借据副本，不得退还原借款收据
	经上级有关部门批准的经济业务，应当将批准文件作为原始凭证附件，如果批准文件需要单独归档的，应当在凭证上注明批准机关名称、日期和文件字号
	填制原始凭证时，要求严格按照规定的格式和内容逐项填写经济业务的完成情况
	所有的项目必须填写齐全，不得省略或漏填
及时正确填制	所有经办业务的有关部门和人员，在经济业务实际发生或完成时必须及时填制原始凭证，做到不拖延、不积压，按规定的程序及时将原始凭证送交会计部门，以保证会计核算工作得以顺利进行
书写格式要规范	凭证上的文字，字迹要工整、清晰、易于辨认，阿拉伯数字要逐个填写，不得连写

（续表）

填制要求	具体说明
书写格式要规范	金额前要冠以人民币符号“¥”（用外币计价、结算的凭证，金额前应标明外币的符号，如 HK、US 等），中间不留空位，元以后写到角、分，无角、分的要以“0”补位，大写金额最后为元的应加写“整”字断尾，大写金额与小写金额必须保持一致
	一式几联的凭证，必须用双面复写纸套写，单页凭证必须用签字笔或钢笔填写
	凭证填写发生错误，应按规定的方法更正，不得任意涂改或刮挖擦补
	库存现金和银行存款等收付凭证填写错误，不能在凭证上更改，应按规定的手续注销留存，另行重新填写
	各种凭证都必须连续编号，一些事先印好编号的重要凭证作废时，在作废的凭证上加盖“作废”戳记，连同存根一起保存，不得随意撕毁
及时正确填制	所有经办业务的有关部门和人员，在经济业务实际发生或完成时必须及时填制原始凭证，做到不拖延、不积压，按规定的程序及时将原始凭证送交会计部门，以保证会计核算工作得以顺利进行

（七）原始凭证的审核

原始凭证必须经过会计人员审核无误后，才能作为记账的依据。这是保证会计核算资料的真实、正确和合法，充分发挥会计监督作用的重要环节。原始凭证的审核包括真实性审核、完整性审核和合法性审核三个方面的内容。

原始凭证的审核如表 1-19 所示。

表 1-19　原始凭证的审核

审核内容	具体说明
真实性审核	经济业务的双方当事人必须是真实的，包括开出原始凭证的单位、接受原始凭证的单位、填制原始凭证的责任人、取得原始凭证的责任人都要据实填写，不得冒他人、他单位之名，也不得填写假名
	经济业务发生的时间、地点和填制凭证的日期必须是真实的。不得把经济业务发生的真实时间改为以前或以后的时间；不得把在甲地发生的经济业务改为在乙地发生的经济业务

（续表）

<table>
<tr><th>填制要求</th><th>具体说明</th></tr>
<tr><td>完整性审核</td><td>手续是否齐全。包括：双方经办人是否签名或盖章；需要旁证的原始凭证，旁证不齐也视为手续不齐全。例如，需要另外登记的原始凭证，需经登记以后再回到会计部门报销；需经领导签名批准的原始凭证，应有领导人的亲笔签名</td></tr>
<tr><td rowspan="3">合法性审核</td><td>审核原始凭证真伪</td></tr>
<tr><td>虽真实但制度不允许报销的款项。例如，个人非因公外出发生的各种费用都不能用公款报销</td></tr>
<tr><td>虽能报销，但制度对报销的比例或金额有明显限制的款项，超过规定比例和限额的部分不能报销。例如，职工出差乘坐交通工具的种类、等级等，制度有明确规定的，超过标准的应由出差人自己负责</td></tr>
</table>

（八）记账凭证的概念和内容

记账凭证是会计人员根据审核无误后的原始凭证进行归类、整理，并确定会计分录而编制的凭证，是据以登账的依据。记账凭证记载的是会计信息，从原始凭证到记账凭证是经济信息转换成会计信息的过程，是一种质的飞跃。

记账凭证要根据原始凭证所反映的经济业务，按规定的会计科目和复式记账方法，编成会计分录，以确保账簿记录的准确性。为了做到分类反映经济业务的内容，必须按会计核算方法的要求，将其归类、整理为能据以入账的形式，指明应记入的账户名称以及应借、应贷的金额。

记账凭证种类很多、格式不一，但其主要作用在于对原始凭证进行分类、整理，按照复式记账的要求，运用会计科目编制会计分录，据以登记账簿。因此，在填制记账凭证时，必须注意以下几项基本内容：

（1）记账凭证的名称；

（2）填制凭证的日期；

（3）记账凭证的编号；

（4）经济业务的内容摘要；

（5）借方和贷方的会计科目、记账金额；

（6）附件的张数；

（7）制单、审核、记账、会计主管等有关人员的签章。

（九）记账凭证的种类

记账凭证的种类很多，不同性质、规模的会计主体可以根据自己的需要选择不同格式和不同种类的记账凭证。

记账凭证的种类如表 1–20 所示。

表 1-20 记账凭证的种类

项目	类别	内容说明
按其适用记录的经济业务内容	专用记账凭证	专用记账凭证是用来专门记录某一类经济业务的记账凭证。专用记账凭证按其所记录的经济业务是否与库存现金和银行存款的收付有无关系，又分为收款凭证、付款凭证和转账凭证三种
	收款凭证	它是用来记录库存现金或银行存款收入业务的记账凭证，收款凭证根据借方科目不同又分为库存现金收款凭证和银行存款收款凭证
	付款凭证	它是用来记录库存现金或银行存款支付业务的记账凭证，付款凭证根据贷方科目不同又分为库存现金付款凭证和银行存款付款凭证
	转账凭证	它是用来记录非货币资金收付业务的记账凭证。凡不涉及库存现金或银行存款收付的其他经济业务均为转账业务，据此编制转账凭证
	通用记账凭证	通用记账凭证是以一种格式记录全部经济业务的记账凭证
按其记录的会计科目是否单一	复式记账凭证	复式记账凭证亦称多科目记账凭证，即将某项经济业务所涉及的全部会计科目集中填列在一张记账凭证上
	单式记账凭证	单式记账凭证亦称单科目记账凭证，即将某项经济业务所涉及的每个会计科目分别填制记账凭证，每张记账凭证只填列一个会计科目，其对方科目只供参考，不凭以记账

（续表）

项目	类别	内容说明
按其是否经过汇总	非汇总记账凭证	非汇总记账凭证通常只记录某一笔经济业务，其填制程序也是一次完成，如通用记账凭证和专用记账凭证等
	汇总记账凭证	汇总记账凭证是记录在某一时期内发生的多笔经济业务，且一般分若干次完成，企业常用的汇总记账凭证有科目汇总表、汇总收款凭证、汇总付款凭证、汇总转账凭证等

合理地选择适用于本会计主体的记账凭证种类对于提高会计核算的效率具有重要的意义。

（十）登记记账凭证

根据经济业务的内容和性质，选择适用的收款凭证、付款凭证和转账凭证；根据审核无误的原始凭证，编制相应的收款凭证、付款凭证和转账凭证。

记账凭证的登记如表 1-21 所示。

表 1-21 记账凭证的登记

内容	具体说明
对于库存现金、银行存款之间的划转业务	以库存现金存入银行或从银行提取现金，只填制一张付款凭证。即在以现金存入银行时，只填制现金付款凭证
	从银行提取现金时，只填制银行付款凭证
	在过账时，根据付款凭证，同时记入“库存现金”及“银行存款”账户
记账凭证中的时间用阿拉伯数字填写	在单位数的月份和日期之前填加“0”字，以防被更改。例如，2013 年 1 月 1 日应填写为“2013 年 01 月 01 日”
为方便登记账簿，记账凭证中的“摘要”栏应简明扼要	应保证登记库存现金日记账、银行存款日记账、总分类账和明细分类账的摘要与记账凭证的摘要相同
选择设置正确的总账科目和明细账科目	不得任意简化或改动，不得只写科目编号、不写科目名称

（续表）

内容	具体说明
记账凭证应在一个月内连续编号，且分别按库存现金收入、库存现金付出、银行存款收入、银行存款付出和转账五类进行编号	记账凭证的编号应分别为：现收字第×号、现付字第×号、银收字第×号、银付字第×号、转字第×号，并应该在月末最后一张记账凭证的编号旁加注“全”字，以便检查是否有散失和舞弊行为
	一笔经济业务需要编制多张记账凭证时，可采用“分数编号法”，如一笔业务需要填三张凭证，凭证顺序总号为第20号，则三张凭证可分别编为：第$20^{1}/_{3}$号、第$20^{2}/_{3}$号、第$20^{3}/_{3}$号，其中整数部分为顺序号（或称总号），分数中分母表示该项业务有三张凭证，分子则表示三张中的第一张、第二张、第三张
附单据张数应当大写	如果记账凭证中附有原始凭证汇总表，应该把所附的原始凭证和原始凭证汇总表的张数一起计入附件张数之内
	如果一张原始凭证涉及多张记账凭证的，可以把原始凭证附在一张主要的记账凭证后面，并在其他记账凭证上注明附有该原始凭证的记账凭证编号或者原始凭证复印件，即应在未附原始凭证的记账凭证上注明“附件在第×号记账凭证之后”，或者附原始凭证复印件，便于日后查阅
记账凭证的金额必须与原始凭证的金额相符	在填写金额数字时，阿拉伯数字书写要规范，应平行对准借贷栏次和科目栏次，防止错栏串行；金额数字要填写到分位
	如果角位和分位均没有数字，则要在角、分位上写“00”字样
	如果角位有数字，分位没有数字，则要在分位上写“0”字样；角、分位与元位的位置应在同一水平线上，不得上下错开
	记账凭证应按行次逐项填写，不得跳行或留有空行，对记账凭证中的空行，应该划斜线或一条“s”形线注销
	划线应从金额栏最后一笔金额数字下的空行划到合计数行上面的空行，要注意斜线两端都不能划到金额数字的行次上

（续表）

内容	具体说明
记账凭证的金额必须与原始凭证的金额相符	每笔经济业务填入金额数字后，要在记账凭证的合计行填写合计金额
	一笔经济业务因涉及会计科目较多，需在一张记账凭证上填写多行或填写多张记账凭证的，一般在每张记账凭证的合计行填写合计金额，并应在合计数前面填写货币符号“￥”，不是合计数，则不填写货币符号
记账凭证不能涂改	如发现填列错误，应及时重新填写，如果发现记账凭证有误时已经登记账簿，应按照规定更正错误
记账凭证中的“记账符号”栏	应在根据记账凭证登记账簿时划“√”予以标记，以免重复登账或漏登账

（十一）记账凭证的审核

记账凭证是根据审核无误的原始凭证填制的，是登记账簿的依据。为了保证账簿记录的准确性，记账前必须对已编制的记账凭证由专人进行认真、严格的审核。

记账凭证的审核内容如表 1-22 所示。

表 1-22　记账凭证的审核内容

审核内容	具体说明
内容是否真实	审核记账凭证是否以原始凭证为依据，是否同所附原始凭证的内容相符
审核记账凭证各项目的填写是否齐全	日期、凭证编号、摘要、会计科目、金额、所附原始凭证张数及有关人员签章等
审核记账凭证的应借、应贷科目是否正确	账户的对应关系是否清晰，所使用的会计科目是否符合国家统一会计制度的规定
审核记账凭证所记录的金额与原始凭证的有关金额是否一致	计算是否正确
审核记账凭证中的记录文字	是否工整、清晰，是否按要求书写，是否按规定的方法进行错误更正

在审核中如发现记账凭证有记录不全或错误时，应由原填制人重新填制或按规定办理更正手续。只有经过审核无误的记账凭证，才能据以登记账簿。

（十二）会计凭证的传递与保管

1. 会计凭证的传递

会计凭证的传递是指凭证从填制或取得，经过审核、记账、装订到归档保管的全过程。

各单位根据经营管理的需要和岗位分工情况，制定凭证的传递程序，即会计事项发生后由谁填制或取得相应的凭证，然后交给谁接办下一步。

实行会计电算化的单位，打印出的机制记账凭证要加盖制单员、审核员、记账员及会计主管印章或者签字。

2. 凭证的保管

会计凭证是重要的经济资料和历史档案，需要制定保管制度，既要保证凭证的安全，也要保证日后查看凭证方便迅速。

凭证的保管如表 1–23 所示。

表 1–23 凭证的保管

项目	具体说明
记账凭证填制完成	按照分类和编号顺序保管
	每月记账完毕，将本月记账凭证连同所附原始凭证装订成册
	原始凭证长宽度超过记账凭证的，要折叠成小于记账凭证的长宽度
	装订时要避免将原始凭证装订得不能翻阅
	装订册两面均要贴封签，由有关人员加盖骑缝章
	在凭证卷册的背脊上标明年、月、册号、凭证种类等
单独装订保管的原始凭证	封面上应注明对应的记账凭证的日期、编号，同时在记账凭证上标明“附件另订”和原始凭证名称及编号
档案管理的有关法规规定	凭证要交档案部门集中保管
	同时规定了其保管期及销毁手续

（续表）

项目	具体说明
档案管理的有关法规规定	凭证保管期限为原始凭证、记账凭证保管 15 年，其中涉及外事的永久保管；银行存款余额调节表保管 5 年
重要的空白原始凭证	如支票、发票、收据等，应指定专人保管，建立收、发（领取）、销（销号）制度，并且按每种票据设立票据登记簿予以记载，防止丢失、冒领

八、会计账簿

（一）会计账簿的概念和意义

1. 会计账簿的概念

会计账簿简称账簿，是由具有一定格式、相互联系的若干账页组成，以会计凭证为依据，全面、连续、系统、分类地记录各项经济业务的簿记。

设置和登记账簿是会计核算的专门方法之一。各单位通过会计凭证的填制和审核，将每日发生的经济业务记录在会计凭证上。但会计凭证数量多、资料分散，每张凭证只能记载个别的经济业务，所提供的信息是分散的、不系统的。为了全面、连续、系统地反映各单位的经济活动和财务收支情况，需要把会计凭证所记载的大量分散的资料加以分类、整理，按照一定的方法登记到有关账簿中去。

2. 设置和登记会计账簿的意义

设置和登记账簿，是编制会计报表的基础，是连接会计凭证与会计报表的中间环节，在经济管理中具有重要意义。

设置和登记会计账簿的意义如表 1–24 所示。

表 1-24　设置和登记会计账簿的意义

意义	具体说明
通过设置和登记账簿，可以为经营管理提供比较系统、完整的会计核算资料	账簿是会计信息的重要载体，通过账簿记录，可以对会计凭证提供的大量的、分散的会计核算资料进行整理、分类、汇总，把经济业务的发生情况，全面、系统地反映出来，提供经营管理所必需的会计信息

（续表）

意义	具体说明
通过设置和登记账簿，可以为编制会计报表提供依据	账簿能提供一个单位在一定时期内的资产、负债和所有者权益的增减变动及期末结存情况，以及收入和费用的发生、净利润的实现和分配的情况，为编制会计报表提供总括和具体的资料，是编制会计报表的直接依据
通过设置和登记账簿，为开展财务分析和会计检查提供依据	账簿是重要的经济档案，设置和登记账簿有利于保存会计资料，便于日后检查和分析。通过对账簿资料的检查、分析，可以了解一个单位贯彻有关政策、制度的情况，考核、评价有关计划的执行情况，对资金使用是否合理，费用开支是否符合标准，利润的形成与分配是否符合规定等做出分析、评价，从而找出差距，挖掘潜力，提出改进措施

（二）会计账簿的分类

为了更好地了解和正确地运用账簿，通常按用途和外表形式的不同对账簿进行分类。会计账簿的分类如表 1-25 所示。

表 1-25　会计账簿的分类

项目	类别	具体说明
按用途分类	分类账簿	总账也称总分类账，是按总分类账户开设的、用以分类核算与监督各项资产、负债、所有者权益、费用、成本和收入等总括核算资料的账簿
		明细账也称明细分类账，是按明细分类账户开设的、用来分类登记某类经济业务详细情况、提供明细核算资料的账簿
		总分类账和明细分类账，统称分类账，是按照账户对经济业务进行分类核算和监督的账簿
	序时账簿	序时账又称日记账，是按经济业务发生和完成时间的先后顺序进行登记的账簿。它逐日按照记账凭证（或记账凭证所附的原始凭证）逐笔进行登记
	辅助账簿	辅助账也称备查簿，是对在序时账和分类账中未能反映和记录的事项进行补充登记的账簿，主要用来记录一些供日后查考的有关经济事项，如代销商品登记簿、租入固定资产登记簿等

（续表）

项目	类别	具体内容
按用途分类	辅助账簿	它只是对账簿记录的一种补充，与其他账簿之间不存在严密的依存、勾稽关系
按外表形式分类	订本账簿	订本账是在启用前进行顺序编号并固定装订成册的账簿。订本账一般用于库存现金日记账、银行存款日记账和总分类账
		其优点是：可以防止账页的散失和非法抽换；其缺点是：账页固定后，不便于分工记账，也不能根据记账需要增减账页
	活页账簿	活页账是把账页装订在账夹内，可以随时增添或取出账页的账簿
		其优点是：可以根据需要增添或重新排列账页，并且可以组织同时分工记账；其缺点是：账页容易丢失和被抽换
		采用活页账，平时应按账页顺序编号，并在会计期末装订成册
		装订完毕后，应按实际账页数顺序编号并加目录。这种账簿主要用于一般的明细分类账
	卡片账簿	卡片账是由专门格式、分散的卡片作为账页组成的账簿。这种账一般用卡片箱装置，可以随取随放，它实际上也是一种活页账。卡片账除具有一般活页账的优缺点外，它不需每年更换，可以跨年度使用。固定资产明细账和低值易耗品明细账一般采用这种形式

（三）会计账簿的设置与登记

会计账簿的设置与登记如表 1–26 所示。

表 1-26 会计账簿的设置与登记

项目	种类	定义	登记方法
日记账的设置与登记	库存现金日记账	库存现金日记账是由会计人员根据审核无误的库存现金收、付凭证和银行存款付款凭证，序时逐笔登记，用来反映库存现金的增减变动与结存情况的账簿。库存现金日记账主要设置三栏式日记账和多栏式日记账	根据复核无误的收、付款记账凭证记账
			记载内容必须同会计凭证相一致
			逐笔序时登记
			连续登记，逐页结转
			登账时的书写文字和数字要留有空格，一般占全格的 1/2，要用黑或蓝色墨水书写
			日清月结

（续表）

项目	种类	定义	登记方法
日记账的设置与登记	银行存款日记账	银行存款日记账是用来逐笔反映企业银行存款的增加、减少和结存情况的账簿。银行存款日记账由会计人员根据银行存款收、付凭证和原始凭证以及有关的库存现金付款凭证每日逐笔登记，并在每日终了结出银行存款收支发生额和结存额	根据复核无误的银行存款收、付记账凭证以及有关库存现金付款凭证来登记账簿
			记载的经济业务内容必须同记账凭证相一致，不得随便增减
			要按经济业务发生的顺序逐笔登记账簿
			必须连续登记，不得跳行、隔页，不得随便更换账页和撕扯账页
			文字和数字必须整洁清晰，准确无误
			使用钢笔，以蓝、黑色墨水书写，不得使用圆珠笔或铅笔书写
			每一账页计完后必须按规定转页
			每月必须按规定结转
	总分类账	总分类账是根据总分类科目开设，用以提供总括指标的账簿	在总分类账中，应按照会计科目的编码顺序分设账户，并给每个账户预留若干账页
			因为总分类账能够全面、具体地反映经济活动的情况，并为编制会计报表提供资料，为此每个企业都要设置总分类账
			总分类账一般采用借方、贷方、余额“三栏式”订本账
			总分类账可以按记账凭证逐笔登记，也可以将记账凭证汇总登记，还可以根据多栏式日记账在月末汇总登记。总之，其登记方法取决于所采用的会计核算的组织程序
	明细分类账	明细分类账是根据明细分类科目开设，用以提供明细指标的账簿	在设置总分类账的基础上，还应根据需要按照总账科目设置若干个明细分类账，作为总分类账的补充

（续表）

项目	种类	定义	登记方法
日记账的设置与登记	明细分类账	明细分类账是根据明细分类科目开设，用以提供明细指标的账簿	每个单位应根据经营管理的需要，为有关总账设置各种明细分类账，进行明细分类核算。明细分类账可以采用活页式账簿，也可以采用卡片式账簿，如固定资产明细账
			“三栏式”明细账主要运用于只进行金额核算而不需要进行数量核算的资本、债权、债务等科目，如“应收账款”“应交税费”等往来结算账户
			“多栏式”明细账主要运用于费用、成本、收入等科目的明细核算，如“制造费用”“生产成本”“主营业务收入”等
			根据各个单位的业务量大小、人员多少、经济业务内容和经营管理的需要确定
			根据原始凭证或标有明细科目及金额的记账凭证进行登记，可以逐笔登记，也可以定期汇总登记

（四）总分类账与明细分类账的平行登记规则

平行登记是指经济业务发生后，根据会计凭证，一方面要登记有关的总分类账户，另一方面要同时登记该总分类账所属的各有关明细分类账。

总分类账户及其所属的明细分类账户，按平行登记规则进行登记，应做到依据相同，方向一致，金额相等。

总账与明细账的平行登记规则如表 1-27 所示。

表 1-27　总账与明细账的平行登记规则

项目	内容说明
对于需要提供其详细指标的每一项经济业务，应根据审核无误后的记账凭证，一方面记入有关的总分类账户，另一方面要记入同期总分类账所属的有关各明细分类账户	这里所指的同期是指在同一会计期间，而并非必须在同一时刻，因为明细账一般根据记账凭证及其所附的原始凭证于平时登记，而总分类账因会计核算组织程序不同，可能在平时登记，也可能定期登记，但登记总分类账和明细分类账必须在同一会计期间内完成

（续表）

项目	内容说明
登记总分类账及其所属的明细分类账的方向应当相同	这里所指的方向，是指所体现的变动方向，而并非相同记账方向
	一般情况下，总分类账及其所属的明细分类账都按借方、贷方和余额设栏登记。这时，在总分类账及其所属明细分类账中的记账方向是相同的，债权、债务结算账户即属于这种情况
	有些明细分类账户不按借方、贷方和余额设栏登记，而是按收入、发出、结存或其他容易理解的增减符号设栏登记。这种情况下，对于某项需要冲减有关组成项目额的事项，只能用红字记入或用蓝字在其相反的记账方向记入，以红字登记表示冲销
	如管理费用按其组成项目设置借方多栏式明细账，发生需冲减利息费用的存款利息收入时，总分类账中记入贷方，而其明细账中则以红字记入管理费用（利息费用）项目的借方，以其净发生额来反映利息净支出，这时，在总分类账及其所属的明细分类账中，就不可能按相同的记账符号，以相同的记账方向进行登记，而只能以相同的变动方向进行登记
记入总分类账户的金额与记入其所属的各明细分类账户的金额相等	总分类账户提供总括指标，明细分类账户提供总分类账户所记内容的具体详细指标
	例如在既有存款利息收入，也有存款利息支出的情况下，“管理费用”明细分类账户的贷方发生额并不等于“管理费用”总分类账户的贷方发生额

（五）对账和结账

1. 对账

对账就是在有关经济业务入账后，进行账簿记录核对的工作。对账的目的是确保账簿记录的正确、真实、完整，保证账证相符、账账相符、账实相符。对账包括日常核对和定期核对两种。日常核对是指会计人员在编制会计凭证时，对原始凭证和记账凭证的审核，以及在登记账簿时对账簿记录与会计凭证的核对。定期核对是指在期末结账前，对凭证、账簿记录等进行的核对。

对账的内容主要包括账证核对、账账核对、账实核对三个方面。

对账的基本内容如表 1–28 所示。

表 1-28 对账的基本内容

内容	具体说明
账证核对	账证核对就是将各种会计账簿（总分类账、明细分类账及库存现金和银行存款日记账等）的记录与有关会计凭证（记账凭证及所附的原始凭证）的内容相核对
	按照我国《会计法》和国家统一会计制度的规定，会计账簿的登记，必须以经过审核的会计凭证为依据
	账证核对主要是在日常编制凭证和记账过程中进行，做到随时发现错误，随时查明纠正。月末如发现账账不符或账实不符，应回过头来对账簿记录与会计凭证进行核对
	核对时，将会计账簿的记录与原始凭证、记账凭证的时间、凭证号、摘要、金额、记账方向等相互核对，保证二者相符
账账核对	总分类账各账户的借方期末余额合计数与贷方期末余额合计数的核对相符
	库存现金、银行存款日记账的期末余额以及各明细分类账户的期末余额合计数与有关总分类账各账户期末余额的核对相符
	会计部门的财产物资明细账期末余额与财产物资保管和使用部门的有关明细账期末余额的核对相符
	核对的方法是编制总分类账试算平衡表、总分类账与其所属明细分类账余额明细表等
账实核对	库存现金日记账账面余额与库存现金实际库存数相核对
	银行存款日记账账面余额与银行开户对账单相核对
	固定资产、原材料、库存商品等各种财产物资明细账账面余额与财产物资的实存数额相核对
	各种应收、应付款明细账账面余额与有关债务、债权单位或者个人相核对等

2. 结账

结账是指本期内所发生的经济业务全部登记入账后，于会计期末按照规定的方法结算账目，包括结计出本期发生额和期末余额。各单位的经济活动是连续不断进行的，为了总结每一会计期间（月份、季度、年度）的经济活动情况，考核经济成果，编制会计报表，就必须在每一会计期末进行结账。

结账的基本内容如表 1-29 所示。

表 1-29　结账的基本内容

项目	内容
结账的主要程序和内容	结账前，必须将本期内发生的各项经济业务全部登记入账
	实行权责发生制的单位，按照权责发生制的要求，调整有关账项，合理确定本期的费用、收入
	将有关收入、费用转入“本年利润”账户，结平所有损益类账户
	结账时，应结出库存现金日记账、银行存款日记账以及总分类账和明细分类账的账户的本期发生额和期末余额，并将期末余额结转下期
结账的方法	对不需要按月结计本期发生额的账户，如各项应收应付款明细账和各项财产物资明细账等，每次记账以后，都要随时结出余额，每月最后一笔余额即为月末余额。也就是说，月末余额就是本月最后一笔经济业务记录的同一行内余额
	月末结账时，只需要在最后一笔经济业务记录下通栏划单红线，不需要再结计一次余额
结账的方法	库存现金、银行存款日记账和需要按月结计发生额的收入、费用等明细账户，每月结账时，要在最后一笔经济业务记录下面通栏划单红线，结出本月发生额和余额，在摘要栏内注明“本月合计”字样
	需要结计本年累计发生额的某些明细账户，每月结账时，应在“本月合计”行下结出自年初起至本月末止的累计发生额，登记在月份发生额下面，在摘要栏内注明“本年累计”字样，并在下面通栏划单红线

（续表）

项目	内容
结账的方法	12 月末的“本年累计”就是全年累计发生额，全年累计发生额下面通栏划双红线
	总账账户平时只需结出月末余额，不进行结账工作
	年度结账时，为了总括地反映全年各项资金运动情况的全貌，核对账目，要将所有总账账户结出全年发生额和年末余额，在摘要栏内注明“本年合计”字样，并在合计数下通栏划双红线
	如果没有余额，在“借或贷”栏内写上“平”字，在“余额”栏“元”位上写“0”

（六）错账更正

账簿记录应保持整齐清洁。因此，记账时应力求正确和清楚，避免差错。如果账簿记录发生错误，必须按照规定的方法予以更正，不准涂改、挖补、刮擦或者用药水消除字迹。错账更正方法通常有划线更正法、红字更正法和补充登记法等几种。

错账更正的基本内容如表 1–30 所示。

表 1–30 错账更正的基本内容

方法	内容
划线更正法	在结账前发现账簿记录有文字或数字错误，而记账凭证没有错误，可以采用划线更正法
	更正时，可在错误的文字或数字上划一条红线，在红线的上方填写正确的文字或数字，并由记账及相关人员在更正处盖章
划线更正法	对于错误的数字，应全部划红线更正，不得只更正其中的错误数字
	对于文字错误，可只划去错误的部分
红字更正法	记账后在当年内发现记账凭证所记的会计科目错误，可以采用红字更正法
	更正方法是：记账凭证会计科目错误时，用红字填写一张与原记账凭证完全相同的记账凭证，以示注销原记账凭证，然后用蓝字填写一张正确的记账凭证，并据以记账

（续表）

方法	内容
红字更正法	会计科目无误而所记金额大于应记金额，从而引起记账错误，可以采用红字更正法
	更正方法是：记账凭证会计科目无误而所记金额大于应记金额时，按多记的金额用红字编制一张与原记账凭证应借、应贷科目完全相同的记账凭证，以冲销多记的金额，并据以记账
补充登记法	补充登记法是在记账后发现记账凭证填写的会计科目无误，只是所记金额小于应记金额时，所采用的一种更正方法
	具体更正方法是：按少记的金额用蓝字编制一张与原记账凭证应借、应贷科目完全相同的记账凭证，以补充少记的金额，并据以记账

（七）账簿的更换与保管

账簿的更换与保管的基本内容如表 1–31 所示。

表 1-31　账簿的更换与保管的基本内容

项目	内容
账簿的更换	账簿的更换是指在会计年度终了时，将上年度的账簿更换为次年度的新账簿
	在每一会计年度结束,新一会计年度开始时,应按会计制度的规定，更换一次总账、日记账和大部分明细账
账簿的更换	一小部分明细账还可以继续使用，年初可以不必更换账簿，如固定资产明细账等
	更换账簿时，应将上年度各账户的余额直接记入新年度相应的账簿中，并在旧账簿中各账户年终余额的摘要栏内加盖“结转下年”戳记
	同时，在新账簿中相关账户的第一行摘要栏内加盖“上年结转”戳记，并在余额栏内记入上年余额

（续表）

项目	内容
账簿的保管	账簿的保管，应该明确责任，保证账簿的安全和会计资料的完整，防止交接手续不清和可能发生的舞弊行为
	在账簿交接保管时，应将该账簿的页数、记账人员姓名、启用日期、交接日期等列表附在账簿的扉页上，并由有关方面签字盖章。账簿要定期（一般为年终）收集，审查核对，整理立卷，装订成册，专人保管，严防丢失和损坏
	账簿应按照规定期限保管。各账簿的保管期限分别为：日记账一般为 15 年，其中库存现金日记账和银行存款日记账为 25 年；固定资产卡片在固定资产报废清理后应继续保存 5 年；其他总分类账、明细分类账和辅助账簿应保存 15 年
	保管期满后，要按照会计档案管理办法的规定，由财会部门和档案部门共同鉴定，报经批准后进行处理
	合并、撤销单位的会计账簿，要根据不同情况，分别移交给合并单位、上级主管部门或主管部门指定的其他单位接受保管，并由交接双方在移交清册上签名盖章
	账簿日常应由各自分管的记账人员专门保管，未经领导和会计负责人或有关人员批准，不许非经管人员翻阅、查看、摘抄和复制
	会计账簿除非特殊需要或司法介入要求，一般不允许携带外出
	新会计年度对更换下来的旧账簿应进行整理、分类，对有些缺少手续的账簿，应补办必要的手续，然后装订成册，并编制目录，办理移交手续，按期归档保管

对会计账簿的保管既是会计人员应尽的职责，又是会计工作的重要组成部分。

第二章 资金及其筹集业务的核算

一、库存现金

（一）库存现金的概述

库存现金的基本内容如表 2-1 所示。

表 2-1　库存现金的基本内容

项目	定义	特征
库存现金	库存现金通常是指存放于企业财务部门、由出纳人员经管的货币。库存现金是通用的交换媒介，也是对其他资产计量的一般尺度。库存现金转化为企业其他形式的资产一般是没有任何难度的	货币性，是指库存现金具有的货币属性，即它起着交易的媒介、价值衡量的尺度、会计记录的货币单位的作用
	会计上的库存现金有狭义和广义之分。狭义的库存现金仅指库存现金，包括人们经常接触的纸币和硬币等。广义的库存现金包括库存现金、银行存款以及其他货币资金	通用性，是指库存现金可以被企业直接用来支付其各项费用或者偿还其各项债务
	目前，国际惯例的库存现金概念是指广义的库存现金。我国的会计惯例是狭义的库存现金概念与广义的库存现金概念并存	流动性，是指库存现金的使用一般不受任何约定的限制，可以在一定范围内自由流通

（二）库存现金的适用范围及库存现金的限额

库存现金的使用及管理内容如表 2-2 所示。

表 2-2 库存现金的使用及管理内容

项目	内容
库存现金的使用范围	职工工资、津贴
	个人劳动报酬
	根据国家规定颁发给个人的科学技术、文化艺术、体育等各种奖金
	各种劳保、福利费用以及国家规定的对个人的其他支出
	向个人收购农副产品和其他物资的价款
	出差人员必须随身携带的差旅费
	结算起点以下的零星支出
	中国人民银行确定需要支付库存现金的其他支出。例如，因采购地点不确定、交通不便、抢险救灾以及其他特殊情况，办理转账结算不够方便，必须使用库存现金的，经银行审查批准后，可予以支付库存现金
库存现金的限额管理	库存现金限额的核定，由开户银行根据企业实际需要核定，一般为企业 3~5 天日常零星开支量，边远地区和交通不便地区的企业，其库存现金限额可超过 5 天，但最多不得超过 15 天的日常零星开支。库存现金限额一般每年核定一次
	日常零星开支量不包括定期发放的工资和不定期支付的差旅费等大额库存现金支出
	库存现金若超出限额，超出部分应于当日送存银行，当日送存确有困难的，由开户银行确定送存时间，当库存现金不足时，单位可以签发库存现金支票从银行提取库存现金，用于补足差额
库存现金的控制	正确合理核定库存现金限额，并按规定限额控制库存现金，超过限额的库存现金应及时送存银行

（续表）

项目	内容
库存现金的控制	出纳人员必须及时登记库存现金日记账，做到日清日结，不得以不符合财务制度和会计凭证手续的“白条”和单据充抵库存现金。每日营业终了后必须清点库存现金，并核对实际库存现金和库存现金日记账的账面余额，做到账款相符，对库存现金的溢余或短缺应及时查明原因并予以处理
	出纳人员应定期进行轮换，不得一人长期从事出纳工作
	企业内部审计人员或稽核人员应定期对库存现金进行核查，也可根据需要临时突击检查
企业库存现金日常收支的管理	企业在经营活动中发生的库存现金收入，应及时送存银行，不得直接用于支出，即不得“坐支库存现金”
	企业如因特殊情况需要坐支库存现金的，应当事先报经有关部门批准，并在核定坐支范围和限额内进行
	企业不得用不符合财务制度的凭证顶替库存现金，即不得“白条顶库”
	不准私人借用公款
	不准单位之间套换库存现金
	不准谎报用途套取库存现金
	不准用银行账户代其他单位和个人存入或支取库存现金
	不准将单位收入的库存现金以个人名义存入银行，即不得“公款私存”
	不得私设“小金库”
	不得以任何票证代替人民币

（三）库存现金的核算

企业应设置“库存现金”账户对库存现金进行总分类核算。“库存现金”账户是资产类账户，用以核算库存现金的收入、付出和结存。收到库存现金时，记入借方；付出库存现金时，记入贷方；期末余额在借方，表示库存现金的结存数额。

为了详细地掌握企业库存现金收付的动态和结存情况，企业应设置“库存现金日记账”，按照库存现金收支业务发生的时间先后顺序，逐日逐笔进行登记，并逐日结出余额，以便与实存库存现金相核对，做到日清日结、账款相符。

库存现金的核算如表 2-3 所示。

表 2-3 库存现金的核算

名称	业务类型	账务处理
库存现金	从银行提取库存现金	借：库存现金 　贷：银行存款
	库存现金预支差旅费	借：其他应收款 　贷：库存现金
	用库存现金购买办公用品	借：管理费用 　贷：库存现金
库存现金	交回余额款	借：管理费用（按应报销的金额） 　库存现金（按实际收回的库存现金） 　贷：其他应收款（按实际预支的金额）
	发现库存现金短缺	借：待处理财产损溢——待处理流动资产损溢 　贷：库存现金
	由责任人赔偿	借：其他应收款 　贷：待处理财产损溢——待处理流动资产损溢
	无法查明原因的	借：管理费用——库存现金短缺 　贷：待处理财产损溢——待处理流动资产损溢
	发生库存现金溢余	借：库存现金 　贷：待处理财产损溢——待处理流动资产损溢
	经批准转账	借：待处理财产损溢——待处理流动资产损溢 　贷：营业外收入

（四）库存现金的账务处理

【例 1】2013 年 12 月 1 日，北京大有建筑工程有限公司从银行提取现金 15 000 元备用。应根据现金支票存根，做如下会计分录：

借：库存现金　　15 000

　贷：银行存款　　15 000

【例 2】2013 年 12 月 1 日，北京大有建筑工程有限公司采购员李某因公外出，预支差旅费 1 000 元。应根据借款单，做如下会计分录：

借：其他应收款——李某　　1 000

　　贷：库存现金　　1 000

【例 3】2013 年 12 月 2 日，北京大有建筑工程有限公司行政人员采购办公用品报销 500 元。应根据发票，做如下会计分录：

借：管理费用　　500

　　贷：库存现金　　500

【例 4】2013 年 12 月 3 日，北京大有建筑工程有限公司采购人员李某出差回来报销差旅费 750 元，多余款项交回，做如下会计分录：

借：库存现金　　250

　　管理费用　　750

　　贷：其他应收款——李某　　1 000

【例 5】2013 年 12 月 3 日，北京大有建筑工程有限公司的财务部门清查库存现金发现短缺 200 元，做如下会计分录：

借：待处理财产损溢——待处理流动资产损溢　　200

　　贷：库存现金　　200

【例 6】2013 年 12 月 4 日，北京大有建筑工程有限公司的短款经查明原因，应由出纳员王明赔偿 100 元，其余 100 元经批准作为管理费用，做如下会计分录：

借：其他应收款——王明　　100

　　管理费用　　100

　　贷：待处理财产损溢——待处理流动资产损溢　　200

二、银行存款

（一）银行存款的概述

1. 银行存款的定义

银行存款是企业存入银行或其他金融机构的货币资金。银行存款在经济往来中具有同库存现金相同的支付能力，可以用于购买材料、偿还债务、支付各项费用等。企业的一切支出，除国家规定可以用库存现金支付以外，均应通过银行办理转账结算。

2. 银行存款账户的分类

银行存款账户分为基本存款账户、一般存款账户、临时存款账户和专用存款账户四类。银行存款账户的分类如表 2-4 所示。

表 2-4 银行存款账户的分类

类别	内容说明
基本存款账户	基本存款账户是指企业办理日常转账结算和现金收付的账户。一个企业只能选择一家银行的一个营业机构开立一个基本存款账户。实行由中国人民银行当地分支机构核发开户许可证制度。企业的工资、奖金等现金的支取只能通过该账户办理
一般存款账户	一般存款账户是在基本存款账户以外开立的账户，该账户可办理转账结算和存入现金的业务，但不能支取现金
临时存款账户	临时存款账户是指企业因临时经营活动需要开立的账户。如企业临时性采购资金可通过该账户办理转账结算，也可根据国家现金管理的规定办理现金收付
专用存款账户	专用存款账户是指企业因特定用途所开立的账户，如基本建设项目专项资金等

3. 银行存款的内部控制

银行存款具有很强的流动性，并且，企业的大部分经营业务是通过银行存款的收付过程完成的，所以，企业在加强现金管理的同时，还必须加强对银行存款的内部控制。对银行存款的内部控制方面，主要是加强对银行存款收付款项的结算凭证以及凭证传递手续的控制和管理，主要有以下几方面：

（1）应严格执行国家有关的银行存款的管理办法及有关的银行存款结算管理办法，针对企业的情况及不同的经济业务，按照有关规定采取恰当的结算办法。

（2）应建立结算凭证完善的传递程序和有关的审核手续。如：建立结算凭证的签发制度；建立专门的登记簿，办理签收手续；建立结算凭证的销号制度等。

（3）根据不同的结算办法，审核有关的结算凭证及相应的审批手续，及时编制银行存款收付款凭证，并登记银行存款日记账，月末编制银行存款余额调节表，对账实不符的业务须及时汇报。

4. 银行存款的结算方式

银行存款的结算方式如表 2-5 所示。

表 2-5 银行存款的结算方式

项目	内容	具体说明
银行汇票	银行汇票是由出票银行签发的，由其在见票时按照实际结算金额无条件支付给收款人或者持票人的票据	银行汇票的出票人为银行。按规定，银行收妥申请人款项后签发银行汇票，申请人持银行汇票可到异地办理转账结算或支取现金。单位和个人的各种款项结算，均可使用银行汇票。银行汇票的提示付款期限为自出票日起 1 个月。申请人取得银行汇票后即可持银行汇票向填明的收款单位办理结算
商业承兑汇票	商业承兑汇票是由银行以外的付款人承兑。商业承兑汇票按交易双方约定，由销货企业或购货企业签发，但由购货企业承兑	承兑时，购货企业应在汇票正面记载“承兑”字样、承兑日期并签章。承兑不得附有条件，否则视为拒绝承兑。汇票到期时，购货企业的开户银行凭票将票款划给销货企业或贴现银行
银行承兑汇票	银行承兑汇票由银行承兑，由在承兑银行开立存款账户的存款人签发。承兑银行按票面金额向出票人收取万分之五的手续费	购货企业应于汇票到期前将票款足额交存其开户银行，以备由承兑银行在汇票到期日或到期日后的见票当日支付票款。销货企业应在汇票到期时将汇票连同进账单送交开户银行以便转账收款。承兑银行凭汇票将承兑款项划转给销货企业，如果购货企业于汇票到期日未能足额交存票款时，承兑银行除凭票向持票人无条件付款外，对出票人尚未支付的汇票金额按照每天万分之五计收罚息
支票	支票是指单位或个人签发的，委托办理支票存款业务的银行在见票时无条件支付确定的金额给收款人或者持票人的票据	单位和个人的各种款项结算，均可以使用支票。支票由银行统一印制，支票上印有“现金”字样的为现金支票。支票上印有“转账”字样的为转账支票，转账支票只能用于转账。未印有“现金”或“转账”字样的为普通支票，普通支票可以用于支取现金，也可以用于转账。在普通支票左上角划两条平行线的，为划线支票，划线支票只能用于转账，不得支取现金

（续表）

项目	内容	具体说明
信用卡	信用卡是指商业银行向个人和单位发行的，凭以向特约单位购物、消费和向银行存取库存现金，且具有消费信用的特制载体卡片	信用卡按使用对象分为单位卡和个人卡；按信誉等级分为金卡和普通卡。凡在中国境内金融机构开立基本存款账户的单位可申领单位卡。单位卡可申领若干张，持卡人资格由申领单位法定代表人或其委托的代理人书面指定和注销。单位卡账户的资金一律从其基本存款账户转账存入，不得交存库存现金，不得将销货收入的款项存入其账户。在使用过程中，需要向其账户续存资金的，也一律从基本存款账户转账存入。销户时，单位卡账户余额转入其基本存款账户，不得提取现金。发卡银行可根据申请人的资信程度，要求其提供担保。担保的方式可采用保证、抵押或质押
委托收款	委托收款是收款人委托银行向付款人收取款项的结算方式	采用委托收款结算方式的，收款单位对于托收款项，应在收到银行的收账通知时，根据收账通知编制收款凭证；付款单位在收到银行转来的委托收款凭证后，应于规定的付款期满的次日，根据委托收款凭证的付款通知联和有关的原始凭证编制付款凭证。若在付款期满前提前付款，应于通知银行付款之日编制付款凭证。如果拒绝付款，属于全部拒付的，不做账务处理；属于部分拒付的，企业应在付款期内出具部分拒付理由书并退回有关单位，根据银行盖章退回的拒付理由书第一联编制部分付款的凭证
托收承付	托收承付是根据购销合同由收款人发货后委托银行向异地付款人收取款项，由付款人向银行承认付款的结算方式	办理托收承付结算的款项，必须是商品交易以及因商品交易而产生的劳务供应款项。收付双方使用托收承付结算的，必须签有符合相关法律购销合同，并在合同上订明使用托收承付结算方式。托收承付结算的每笔金额起点为 10 000 元，新华书店系统托收承付结算的每笔金额起点为 1 000 元
汇兑	汇兑是指汇款人委托银行将其款项汇给异地收款人的结算方式	汇兑按款项划转方式不同，可分为信汇和电汇两种，信汇是指汇款人委托银行通过邮寄方式将款项划给收款人。电汇是指汇款人委托银行通过电报将款项划给收款人

（续表）

项目	内容	具体说明
银行本票	银行本票是银行签发的、承诺自己在见票时无条件支付确定的金额给收款人或者持票人的票据。	单位和个人在同一票据交换区域需要支付的各种款项，均可使用本票。本票可以用于转账，注明“现金”字样的本票可以用于支取现金。申请人和收款人均为个人的可申请签发现金本票，申请人或收款人为单位的，不得申请签发现金本票。本票分为不定额本票和定额本票。定额本票面额为 1 000 元、5 000 元、10 000 元和 50 000 元。本票的提示付款期限自出票日起最长不得超过 2 个月。持票人超过付款期限提示付款的，代理付款人不予受理。本票可以在其票据交换区域内背书转让，但填明“现金”字样的本票不可背书转让。本票见票即付，不挂失

（二）银行存款的核算

企业应设置“银行存款”账户核算企业存入银行或其他金融机构的各种款项。本账户借方登记银行存款的增加，贷方登记银行存款的减少，期末余额在借方，反映企业存入银行或其他金融机构的各种款项。

银行存款的核算如表 2-6 所示。

表 2-6　银行存款的核算

名称	业务类型	账务处理
银行存款	将款项存入银行或其他金融机构	借：银行存款 　　贷：库存现金
	提取或支出款项	借：库存现金 　　贷：银行存款
	企业开出支票时	借：相关科目（根据支票存根和进账单） 　　贷：银行存款
	企业收到支票	借：银行存款 　　贷：相关科目
	发生的存款利息	借：银行存款 　　贷：财务费用

（续表）

名称	业务类型	账务处理
银行存款	付款企业将货款送交企业	借：相关科目 　贷：银行存款
	收到转来的收款通知	借：银行存款 　贷：相关科目
	支付购买物资的运杂费	借：在途物资（含税） 　贷：银行存款
	收款人办理委托收款	借：应收账款 　贷：其他业务收入 　　或主营业务收入
	收款人收到开户行转来的通知	借：银行存款 　贷：应收账款
	付款人接到银行付款通知	借：应付账款 　贷：银行存款

（三）银行存款的账务处理

【例 7】2013 年 12 月 4 日，北京大有建筑工程有限公司将库存现金 20 000 元存入银行，做如下会计分录：

借：银行存款　　20 000

　贷：库存现金　　20 000

【例 8】2013 年 12 月 4 日，北京大有建筑工程有限公司开出转账支票 7 000 元支付本月电话费，做如下会计分录：

借：管理费用　　7 000

　贷：银行存款　　7 000

【例 9】2013 年 12 月 5 日，北京大有建筑工程有限公司接到银行通知，收回大华公司上月欠款 88 000 元，做如下会计分录：

借：银行存款　　88 000

　贷：应收账款——大华公司　　88 000

三、其他货币资金

（一）其他货币资金的概述

1. 其他货币资金的定义

其他货币资金是指除了库存现金、银行存款以外的各种货币资金。包括外埠存款、银行汇票存款、银行本票存款、信用卡存款、信用证保证金存款、存出投资款及在途资金等。

2. 其他货币资金的分类

其他货币资金的分类如表 2–7 所示。

表 2-7 其他货币资金的分类

类别	内容说明
银行汇票存款	银行汇票存款是指企业为取得银行汇票，按照规定存入银行的款项。企业向银行提交“银行汇票委托书”并将款项交存开户银行办理银行汇票，并可持银行汇票进行采购，未用汇票存款应及时办理退款
银行本票存款	银行本票存款是指企业为取得银行本票，按照规定存入银行的款项。企业向银行提交“银行本票委托书”并将款项交存银行，办理银行本票。如企业因本票超过付款期等原因未曾使用而要求银行退款时，应填制进账单一式两联，连同本票一并交给银行，办理收款
信用卡存款	信用卡存款是指企业为取得信用卡而存入银行信用卡专户的款项
信用证保证金存款	信用证保证金存款是指采用信用证结算方式的企业为开具信用证而存入银行信用证保证金专户的款项
	企业向银行申请开立信用证，应按规定向银行提交开证申请书、信用证申请人承诺书和购销合同
存出投资款	存出投资款是指企业已存入证券公司但尚未进行投资的资金
外埠存款	外埠存款是指企业为了到外地进行临时或零星采购，而汇往采购地银行开立采购专户的款项。该账户的存款不计利息、只付不收、付完清户，除了采购人员可从中提取少量库存现金外，一律采用转账结算

（二）其他货币资金的核算

为了反映和监督其他货币资金的收支和结存情况，企业应当设置“其他货币资金”账户。该账户属于资产类账户，借方登记其他货币资金的增加数，贷方登记其他货币资金的减少数，期末余额在借方，反映企业实际持有的其他货币资金。该账户应按其他货币资金的种类进行明细核算。

其他货币资金的核算如表 2-8 所示。

表 2-8 其他货币资金的核算

名称	业务类型	账务处理
外埠存款	企业将款项委托当地银行汇往采购地开立专户	借：其他货币资金——外埠存款 贷：银行存款
	收到采购人员交来的供应单位发票账单等	借：在途物资（含税） 库存商品 贷：其他货币资金——外埠存款
	将多余的外埠存款转回当地银行	借：银行存款 贷：其他货币资金——外埠存款
银行汇票存款	将款项交存银行，取得银行汇票	借：其他货币资金——银行汇票存款 贷：银行存款
	企业使用银行汇票后	借：在途物资（含税） 库存商品 贷：其他货币资金——银行汇票存款
	有多余款或因汇票超过付款期等原因而退回款项	借：银行存款 贷：其他货币资金——银行汇票存款
银行本票存款	将款项交存银行，取得银行本票	借：其他货币资金——银行本票存款 贷：银行存款
	企业使用银行本票后	借：在途物资（含税） 库存商品 贷：其他货币资金——银行本票存款
	本票超过付款期等原因退回的	借：银行存款 贷：其他货币资金——银行本票存款

（续表）

名称	业务类型	账务处理
信用卡存款	向银行申请开出信用卡	借：其他货币资金——信用卡存款 贷：银行存款
	企业用信用卡购物或支付相关费用	借：相关科目 贷：其他货币资金——信用卡存款
	使用过程中，续存资金	借：其他货币资金——信用卡存款 贷：银行存款
信用证保证金存款	向银行交保证金	借：其他货币资金——信用证保证金存款 贷：银行存款
	根据开证行交来的信用证单通知及有关单据列明的金额	借：库存商品（含税） 贷：银行存款 其他货币资金——信用证保证金存款
存出投资款	企业向证券公司划出金额	借：其他货币资金——存出投资款 贷：银行存款
	购买股票、债券等	借：交易性金融资产 贷：其他货币资金——存出投资款

（三）其他货币资金的账务处理

【例 10】2013 年 12 月 6 日，北京大有建筑工程有限公司到外地购进一批原材料，向采购地银行申请开立采购专户并将款项 600 000 元汇往采购专户。根据汇出款项凭证，做如下会计分录：

借：其他货币资金——外埠存款　　600 000

　　贷：银行存款　　600 000

【例 11】2013 年 12 月 8 日，北京大有建筑工程有限公司收到供货单位结算凭证及发票账单，所购钢材货款 585 000 元，拟用于厂房修建，做如下会计分录：

借：工程物资　　585 000

　　贷：其他货币资金——外埠存款　　585 000

【例 12】2013 年 12 月 8 日，北京大有建筑工程有限公司收到未曾用完余额 15 000 元，做如下会计分录：

借：银行存款　　15 000
　　贷：其他货币资金——外埠存款　　15 000

四、实收资本

（一）实收资本概述

企业申请开业，必须具备符合国家规定并与其生产经营和服务规模相适应的资金数额。也就是俗话说的要开办公司，必须有一定的“本钱”。实收资本是指投资者按照企业章程或合同、协议的约定，实际投入企业的资本。

除国家另有规定外，企业的注册资金应当与实有资金相一致。企业收到投资者投入企业的资本时，必须聘请注册会计师进行验资并由其出具验资报告。投资者向企业投入的资本，在企业持续经营期间内，除依法转让外，不得以任何形式抽回。实收资本的构成比例即投资者的出资比例或股东的股份比例，是企业据以向投资者进行利润或股利分配的主要依据。

投资者既可以采用以货币资金的方式出资，也可以采用以固定资产、材料物资等实物资产的方式出资，符合国家规定比例的还可以采用无形资产的方式出资。

投资者投入资本是有时间限定的，企业可以采用一次筹集，也可以采用分次筹集。分次筹集的，所有者最后一次投入企业的资本必须在营业执照签发之日起两年内缴足。因此，在某一特定的期间内，企业实收资本可能小于其注册资本的数额。

（二）一般企业投入资本

一般企业是指除股份有限公司以外的企业，如国有企业、有限责任公司和外商投资企业等企业。投资者投入资本的形式可以有多种，如投资者可以用库存现金投资，也可以用实物资产投资，还可以用无形资产投资。一般企业投入资本通过“实收资本”账户处理。

一般企业投入资本的核算如表 2-9 所示。

表 2-9　一般企业投入资本的核算

名称	业务类型	账务处理
实收资本	收到投资人投入的库存现金，应当于实际收到或存入企业开户银行时，按实际收到的金额	借：库存现金、银行存款 　　贷：实收资本
	以实物资产投资的，应在办理实物产权转移手续时	借：固定资产等（有关资产科目） 　　贷：实收资本 　　　　资本公积——资本溢价（按差额）

（续表）

名称	业务类型	账务处理
实收资本	以无形资产投资的，应在按合同、协议或公司章程规定移交有关凭证时	借：无形资产 贷：实收资本 资本公积——资本溢价（按差额）

（三）股份有限公司投入资本

股份有限公司（简称股份公司）是指全部资本由等额股份构成并通过发行股票筹集资本，股东以其所持股份对公司承担有限责任，公司以其全部资产对公司债务承担责任的企业法人。股份公司可以采取发起式设立和募集式设立。

股份有限公司设立的基本内容如表2-10所示。

表2-10 股份有限公司设立的基本内容

名称	设立方式	内容说明
股份有限公司的设立	股份有限公司采用发起式设立的	公司全部股份由发起人认购，不向发起人以外的任何人募集股份
		发起式设立公司，因股东是固定的，无需聘请证券商（如证券公司）向社会广泛募集
		一般情况下，其筹集费用很低，如发生一些诸如股权证明印刷费等少量费用，可以直接计入管理费用
		发起式设立公司，其所需资本由发起人一次认足，一般不会发生设立公司失败的情况，因此，其筹资风险小
	股份有限公司采用募集式设立的	公司股份除发起人认购外，其他法人或自然人也可以认购，但发起人认购的股份不得少于公司股份总额的35%
		由于募集式设立公司，发起人仅认购公司发行股份总数的35%，其余部分全部向社会公开募集，因而发行的股票数量大，印刷费用高，另外从广大投资者认购到实际出缴资金，需要进行大量的工作

（四）股本增减变动的核算

企业的实收资本（或股本）只有在符合法定条件和履行法定程序后才可增加或减少。股本增减变动的核算如表 2-11 所示。

表 2-11 股本增减变动的核算

名称	业务类型	账务处理
股本增减变动	增资企业按规定增资时，应按实际收到的款项或其他资产	借：银行存款等 　贷：股本 　　资本公积——股本溢价（按差额）
	企业采用资本公积、盈余公积或未分配利润转增资本时，应按照转增资本金额	借：资本公积 　盈余公积 　利润分配——转作股本的普通股股利 　贷：股本
	企业按法定程序报经批准减少注册资本时，应按照减资金额	借：股本 　贷：银行存款 　　库存现金等
	股份有限公司采用回购本公司股票方式减资的，按注销股票的面值总额减少股本，购回股票支付的价款超过面值总额的部分，应依次冲减资本公积和留存收益	借：股本 　资本公积 　盈余公积 　利润分配——未分配利润 　贷：库存股
	购回股票支付的价款低于面值总额的，应按股票面值总额	借：股本 　贷：库存股 　　资本公积——股本溢价（按差额）

（五）股本增减变动的账务处理

【例 13】2013 年 12 月 8，北京大有建筑工程有限公司接受 B 投资者现金资产投资 2 500 万元，已办妥相关手续，做如下会计分录：

借：银行存款　　25 000 000

　贷：实收资本　　25 000 000

【例 14】2013 年 12 月 8 日，北京大有建筑工程有限公司接受 A 企业以其所拥有的专利权作为出资，双方协议约定的价值（公允价值）为 4 500 000 元。该专利权在注册资本中所占的份额为 4 000 000 元，已办妥相关手续，做如下会计分录：

借：无形资产　　4 500 000

　　贷：实收资本　　4 000 000

　　　　资本公积——股本溢价　　500 000

五、资本公积

（一）资本公积的概念

资本公积是企业收到投资者的超出其在企业注册资本（或股本）中所占份额的投资，以及直接计入所有者权益的利得和损失等。因此资本公积包括资本溢价（或股本溢价）和直接计入所有者权益的利得和损失等。

资本溢价（或股本溢价）是企业收到投资者的超出其在企业注册资本（或股本）中所占份额的投资。形成资本溢价（或股本滥价）的原因有溢价发行股票、投资者超额缴入资本等。

直接计入所有者权益的利得和损失是指不应计入当期损益、会导致所有者权益发生增减变动的、与所有者投入资本或者向所有者分配利润无关的利得或者损失。

资本公积一般应当设置“资本（或股本）溢价”“其他资本公积”明细科目核算。

（二）资本公积的核算

资本公积的核算如表 2-12 所示。

表 2-12　资本公积的核算

名称	核算内容	具体说明
资本公积的核算	资本溢价的核算	除股份制企业外的其他类型企业，在企业创立时，出资者认缴的出资额全部记入“实收资本”科目
		在企业重组并有新的投资者加入时，为了维护原有投资者的权益，新加入的投资者的出资额并不一定全部作为实收资本进行处理，常常会出现资本溢价
		高于初创阶段的资本利润率是由初创时必要的垫支资本带来的，企业创立者为此付出了代价，新加入者要付出大于原投资者的出资额，才能享有相同的比例，多缴的部分形成了资本溢价

（续表）

名称	核算内容	具体说明
资本公积的核算	资本溢价的核算	投资者投入的资本中按其投资比例计算的出资额部分，应记入“实收资本”科目，大于部分应记入“资本公积”科目
		借：银行存款 固定资产 贷：实收资本 资本公积——资本溢价
	股本溢价的核算	在股份公司中，股东按其所持公司股份享有权利和承担义务。为了反映和便于计算各股东所持股份占公司总股本的比例，公司的股本总额按股票的面值与股份总数的乘积计算
		为了提供公司股本总额及构成和注册资本等信息，公司在发行股票时，将取得的收入中相当于股票面值的部分记入“股本”科目；超出股票面值的溢价收入，扣除发行股票的手续费、佣金以后的数额，记入“资本公积”科目
		借：银行存款 贷：股本 资本公积——资本溢价
		对于股份有限公司发行股票时支付的手续费、佣金、股票印刷成本等，应首先减去发行股票冻结期间所产生的利息收入
		溢价发行的，从股票发行的溢价收入中抵销，冲减资本公积；无溢价的，或溢价不足以抵扣的，应将不足抵扣的部分冲减盈余公积和未分配利润
	其他资本公积的核算	企业采用权益法核算长期股权投资时，长期股权投资的账面价值将随着被投资单位所有者权益的增减而增加或减少，以使长期股权投资的账面价值与应享有的被投资单位所有者权益的份额基本保持一致

（续表）

名称	核算内容	具体说明
资本公积的核算	资本公积金转增资本的核算	法定公积金（资本公积和盈余公积）转为资本时，所留存的该项公积金不得少于转增前公司注册资本的25%。经股东大会或类似机构决议，企业用资本公积金转增资本时，按转增资本前的实收资本结构比例，将资本公积转增资本的数额计入“实收资本”账户下各所有者的投资明细账，相应增加各所有者对企业的投资
		借：资本公积 　　贷：实收资本 　　　　股本

（三）资本公积的账务处理

【例 15】2013 年 12 月 9 日，北京大有建筑工程有限公司因扩大经营规模需要，经批准用资本公积 5 500 000 元，按四个股东平均持有股份转增资本，做如下会计分录：

借：资本公积　　5 500 000

　　贷：实收资本——A 股东　　1 375 000

　　　　　　　　——B 股东　　1 375 000

　　　　　　　　——C 股东　　1 375 000

　　　　　　　　——D 股东　　1 375 000

六、短期借款

（一）短期借款的概念

短期借款是指企业向银行或其他金融机构等借入的期限在 1 年以下（含 1 年）的各种借款，通常是为了满足正常生产经营的需要。企业应通过“短期借款”科目，核算短期借款的发生、偿还等情况。

在实际工作中，银行一般于每季度末收取短期借款利息，为此，企业的短期借款利息一般采用月末预提的方式进行核算。短期借款利息属于筹资费用，应记入“财务费用”科目。

（二）短期借款的核算

短期借款的核算如表 2–13 所示。

表 2-13 短期借款的核算

名称	业务类型	账务处理
短期借款	企业在取得短期借款时	借：银行存款 贷：短期借款
	企业的短期借款利息一般采用月末预提的方式进行核算	借：财务费用 贷：应付利息 实际支付利息时： 借：应付利息 贷：银行存款
	企业在归还短期借款时，应按偿付的本金数额	借：短期借款 贷：银行存款

（三）短期借款的账务处理

【例 16】2013 年 12 月 9 日，大有建筑股份公司因生产经营的临时性需要，取得银行借款 250 000 元，借款期限 3 个月，年利率 12%，到期一次还本付息。则北京大有建筑工程有限公司取得短期借款时，做如下会计分录：

借：银行存款　　250 000

　　贷：短期借款　　250 000

【例 17】2013 年 12 月 9 日，北京大有建筑工程有限公司计提本期应承担的短期借款利息 5 000 元，该公司计提利息，做如下会计分录：

借：财务费用　　5 000

　　贷：应付利息　　5 000

【例 18】2013 年 12 月 9 日，北京大有建筑工程有限公司归还一笔到期的短期借款本金 150 000，利息 3 000，做如下会计分录：

借：短期借款　　150 000

　　应付利息　　3 000

　　贷：银行存款　　153 000

七、长期借款

（一）长期借款的概念

长期借款，是指企业向银行或其他金融机构借入的、偿还期限超过 1 年（不含 1 年）的各种借款。企业按规定程序取得长期借款，通常要经过申请、审批、签订合同和拨款项四个步骤。

为了总括反映和核算企业各种长期借款的借入、归还及利息调整的情况，企业应设置“长期借款”账户，并按贷款单位和贷款种类，分别按“本金”“利息调整”等科目进行明细分类核算。

在进行长期借款核算时，需要注意以下几个问题：

（1）长期借款所发生的利息支出，应按权责发生制原则按期预提，并按借款费用的原则进行处理，或予以资本化，或予以费用化。

（2）长期外币借款所发生的外币折合差额，应按照外币业务核算的有关规定，按期计算汇兑损益，计算出的汇兑损益按借款费用的原则处理。

（二）长期借款的核算

长期借款的核算如表 2-14 所示。

表 2-14　长期借款的核算

名称	业务类型	账务处理
长期借款	企业取得长期借款时，按实际收到的金额	借：银行存款 　　长期借款——利息调整 　　贷：长期借款——本金
	在资产负债表日，企业应按长期借款的摊余成本和实际利率计算确定的长期借款利息费用	借：在建工程 　　制造费用 　　财务费用 　　研发支出等 　　贷：应付利息 　　　　长期借款——利息调整
	按期归还长期借款时，按归还的长期借款本金	借：长期借款——本金 　　贷：银行存款 同时，存在利息调整余额的： 借（贷）：在建工程 　　　　　制造费用 　　　　　财务费用 　　　　　研发支出等 　　　　　贷（借）：长期借款——利息调整

（三）长期借款的账务处理

【例 19】2013 年 12 月 10 日北京大有建筑工程有限公司为建造一幢厂房，借入期限为两年的长期专门借款 1 800 000 元，款项已存入银行。借款利率为 9%，每年付息一次，期满后一次还清本金。假定不考虑闲置专门借款资金存款的利息收入或者投资收益。长期借款在取得时，做如下会计分录：

借：银行存款　　　　1 800 000

　　贷：长期借款　　　　1 800 000

八、应付利息

（一）应付利息概念

应付利息核算企业按照合同约定应支付的利息，包括短期借款、分期付息到期还本的长期借款、企业债券等应支付的利息。

（二）应付利息的核算

企业应设置“应付利息”科目，用来核算企业按照合同约定应支付的利息，包括短期借款、分期付息到期还本的长期借款、企业债券等应支付的利息。按照债权人设置明细科目进行明细核算，该科目期末贷方余额反映企业按照合同约定应支付但尚未支付的利息。

应付利息的核算如表 2-15 所示。

表 2-15　应付利息的核算

名称	业务类型	账务处理
应付利息	资产负债表日，应按摊余成本和实际利率计算确定的利息费用	借：在建工程 　　财务费用 　　研发支出等 　　贷：应付利息
	按其差额	借记或贷记“长期借款——利息调整”等科目
	实际支付利息时	借：应付利息 　　贷：银行存款等

（三）应付利息的账务处理

【例 20】2013 年 12 月 10 日，北京大有建筑工程有限公司计提长期借款利息费用，金额 210 000 元，借款利率 10%，期限 3 年，到期一次还本付息。做如下会计分录：

公司每月应支付的利息 = 210 000 × 10% ÷ 12 =1 750（元）。

借：财务费用　　1 750

　　贷：应付利息　　1 750

九、财务费用

（一）财务费用概念

财务费用是指企业为筹集资金而发生的各项费用，包括企业经营期间发生的利息净支出、汇兑净损失、调剂外汇手续费、金融机构手续费，以及企业筹资发生的其他财务费用。

（二）财务费用的核算

企业发生的财务费用，在“财务费用”科目核算，并在“财务费用”科目中按费用项目设置明细账，进行明细核算。期末，“财务费用”科目的余额结转“本年利润”科目后无余额。

财务费用的核算如表 2-16 所示。

表 2-16　财务费用的核算

名称	业务类型	账务处理
财务费用	发生财务费用时	借：财务费用 　　贷：银行存款 　　　　长期借款等
	发生应冲减财务费用的利息收入时	借：银行存款 　　贷：财务费用
	期末结转财务费用	借：本年利润 　　贷：财务费用

（三）财务费用的账务处理

【例 21】2013 年 12 月 10 日，北京大有建筑工程有限公司收到开户行通知，已从企业存款账户扣收银行结算业务手续费 4 000 元，做如下会计分录：

借：财务费用　　　　4 000

　　贷：银行存款　　　　4 000

【例 22】2013 年 12 月 10 日，北京大有建筑工程有限公司接银行通知，收到银行存款利息 9 000 元，做如下会计分录：

借：银行存款　　　　9 000

　　贷：财务费用　　　　9 000

第三章　工程准备业务的核算

一、固定资产

（一）固定资产的基本内容

固定资产的基本内容如表 3-1 所示。

表 3-1　固定资产的基本内容

<table>
<tr><th>名称</th><th>概念</th><th>特征</th><th>确认</th></tr>
<tr><td rowspan="3">固定资产</td><td rowspan="3">固定资产是指为生产商品、提供劳务、出租或经营管理而持有的使用寿命超过一个会计年度的有形资产</td><td>它是有形资产</td><td rowspan="2">该固定资产包含的经济利益很可能流入企业</td></tr>
<tr><td>它是可以长期使用，使用年限超过一个会计年度，可以连续参加多次生产经营过程而不改变其实物形态</td></tr>
<tr><td>它是生产商品、提供劳务、出租或经营管理而持有的，而不是为了出售。企业取得各种固定资产的目的是为了服务于企业自身的生产经营活动，而不是在生产经营活动中将其转手出售</td><td>该固定资产的成本能够可靠地计量</td></tr>
</table>

（二）固定资产的分类

企业的固定资产根据不同的管理需要和核算要求，可以进行不同的分类，主要有以下几种分类方法。

固定资产的分类如表 3-2 所示。

表 3-2 固定资产的分类

项目	类别	具体说明
按固定资产的经济用途分类	生产经营用固定资产	生产经营用固定资产，是指直接服务于企业生产、经营过程的各种固定资产。如生产经营用的厂房、机器、设备、工具、器具等
	非生产经营用固定资产	非生产经营用固定资产，是指不直接服务于生产、经营过程的各种固定资产。如职工宿舍、食堂、浴室、娱乐场馆等使用的房屋、设备和其他固定资产
按固定资产使用情况分类	使用中的固定资产	使用中的固定资产，是指正在使用中的经营性和非经营性固定资产。由于季节性经营和大修理等原因，停止使用的固定资产仍属于使用中的固定资产，企业出租（经营性租赁）给其他单位使用的固定资产和内部替换使用的固定资产也属于使用中的固定资产
	未使用的固定资产	未使用的固定资产，是指已经完工或已经购建的尚未正式投入使用的新增固定资产以及经营任务变更停止使用的固定资产等
	不需用的固定资产	不需用的固定资产，是指对本企业而言多余或不适用的各种固定资产
按固定资产的所有权分类	自有固定资产	自有固定资产，是指企业拥有所有权可自由支配使用的固定资产
	租入固定资产	租入固定资产，是指企业采用租赁方式从其他单位租入的固定资产。企业对租入固定资产依照租赁合同拥有使用权，同时负有支付租金的义务，租赁期内，资产的所有权归属于出租单位

由于企业的经营性质不同，经营规模各异，对固定资产的分类方法不可能完全一致，企业可以根据各自的具体情况、经营管理要求和会计核算的需要进行必要的分类。

（三）固定资产取得的核算

固定资产取得的核算如表 3-3 所示。

表 3-3 固定资产取得的核算

名称	取得方式	入账价值	账务处理
固定资产取得的核算	购入不需安装的固定资产	购入不需要安装的固定资产，按购入时实际支付的买价、相关费用、相关税金等作为固定资产入账价值	借：固定资产（按买价加相关费用） 贷：银行存款

（续表）

名称	取得方式	入账价值	账务处理
固定资产取得的核算	购入需要安装的固定资产	购入的固定资产需要经过安装才能交付使用。按购入时实际支付的买价、运输费、相关税费等，再加上安装调试所发生的费用，作为固定资产入账价值	支付设备价款、运输费、相关税费等会计分录： 借：在建工程 　　贷：银行存款等
			领用原材料，支付安装工人工资： 借：在建工程 　　贷：应付职工薪酬 　　　　原材料
			设备安装完毕达到预定可使用状态： 借：固定资产（按类别列二级明细科目） 　　贷：在建工程
	自营方式建造固定资产	企业以自营方式建造固定资产，指企业自行组织工程物资采购、自行组织施工人员从事工程施工。按建造该项资产达到预定可使用状态前所发生的必要支出作为其入账价值，必要支出包括材料、直接人工、直接机械使用费等	领用原材料，支付工人工资： 借：在建工程 　　贷：应付职工薪酬 　　　　原材料
			工程达到预定可使用状态并交付使用： 借：固定资产（按类别列二级明细科目） 　　贷：在建工程
	出包工程	出包方式是指企业通过招标方式将工程项目发包给建造承包商（施工单位），由建造承包商组织工程项目施工。按建造该固定资产达到预定可使用前所发生的必要支出确定入账价值	预付承包单位的工程款时： 借：在建工程 　　贷：银行存款
			工程完工收到承包单位经本企业认可的决算书后，补付工程款时： 借：在建工程 　　贷：银行存款
			工程完工交付使用时，按实际发生的全部支出： 借：固定资产 　　贷：在建工程

（续表）

名称	取得方式	入账价值	账务处理
固定资产取得的核算	投资转入固定资产	投资者投入的固定资产，按投资合同或协议约定的价值，加上应支付的相关税费作为入账价值	借：固定资产 贷：实收资本
	融资租入固定资产	融资租入固定资产虽然在法律形式上资产的所有权在租赁期限期仍然属于出租人，但由于资产租赁期基本上包括了资产的有效使用年限，承租企业实质上获得了租赁资产所提供的主要经济利益，同时承担与资产所有权有关的风险。因此，承租企业应将融资租入资产作为一项固定资产入账，同时确认相应的负债，并采用与自有应折旧资产相一致的折旧政策计提折旧	融资租入固定资产时： 借：固定资产——融资租入固定资产 未确认融资费用 贷：长期应付款——应付融资租赁款 银行存款
			未确认融资费用分摊时会计分录： 借：财务费用 贷：未确认融资费用
			支付租金并且租金中含有履约成本时： 借：长期应付款——应付融资租赁款 管理费用等 贷：银行存款
			租赁期满，如合同规定将租赁资产所有权转归承租企业，应进行转账： 借：固定资产 贷：固定资产——融资租入固定资产
	经营性租入固定资产	经营租赁也叫传统租赁，是指由出租方根据承租方的需要，与承租方订立租赁合同，在合同期内将机械设备有偿转让给承租方，承租方在取得机械设备使用权的时间内，按合同规定向出租方支付租赁费的一种租赁业务。这种租赁的机械设备租赁期一般较短，在租赁期满后，将租赁资产退还给出租方。机械设备在租赁期间内所发生的修理费、保险费以及其他有关费用，均由出租方承担	经营性租入固定资产的会计分录： 借：长期待摊费用——设备租金 贷：银行存款
			支付租金时的会计分录： 借：管理费用 贷：长期待摊费用——设备租金 银行存款

（续表）

名称	取得方式	入账价值	账务处理
固定资产取得的核算	接受捐赠的固定资产	接受捐赠的固定资产，按以下规定确定其入账价值：①捐赠方提供了有关凭据的，按凭据上标明的金额加上应支付的相关税费作为入账价值；②捐赠方没有提供有关凭据的，按如下顺序确定：同类或类似固定资产存在活跃市场的，按同类或类似固定资产的市场价格估计的金额，加上应支付的相关税费作为入账价值；同类或类似固定资产不存在活跃市场的，按接受捐赠的固定资产的预计未来库存现金流量现值作为入账价值	借：固定资产 贷：营业外收入

（四）固定资产取得的账务处理

【例 23】2013 年 12 月 11 日，北京大有建筑工程有限公司购入一台不需安装就可投入使用的设备，取得的增值税专用发票上注明的设备价款为 1 000 000 元，增值税税额为 170 000 元，发生的保险费为 6 000 元，以银行存款转账支付。未发生其他相关税费。做如下会计分录：

借：固定资产　　1 176 000

　贷：银行存款　　1 176 000

【例 24】2013 年 12 月 11 日，北京大有建筑工程有限公司购入一台需要安装的机器设备，取得的增值税专用发票上注明的设备价款为 510 000 元，增值税税额为 86 700 元，支付的装卸费为 3 000 元，款项已通过银行转账支付；安装设备时，领用原材料一批，其账面成本为 38 000 元（含税），未计提存货跌价准备，应支付安装工人薪酬 5 000 元。做如下会计分录：

（1）支付设备价款、增值税、装卸费合计 = 510 000 + 86 700 + 3 000 = 599 700（元）。

借：在建工程　　599 700

　贷：银行存款　　599 700

（2）领用本公司原材料、支付安装工人薪酬等费用合计 = 38 000 + 5 000 = 43 000（元）。

借：在建工程　　43 000

　贷：原材料　　38 000

　　应付职工薪酬　　5 000

（3）设备安装完毕达到预定可使用状态时，工程完工转入固定资产的成本 = 599 700 + 43 000 = 642 700（元）。

借：固定资产　　642 700

　　贷：在建工程　　642 700

【例 25】2013 年 12 月 11 日，北京大有建筑工程有限公司收到凯胜实业投资公司投入的施工机械，经资产评估师评估后投资双方合同约定的价值为 500 000 元。收到施工机械时，做如下会计分录：

借：固定资产——生产经营用　　500 000

　　贷：实收资本——凯胜实业　　500 000

（五）固定资产计提折旧

1. 固定资产折旧概述

固定资产折旧是指固定资产在使用过程中，逐渐损耗而消失的那部分价值。是对固定资产由于磨损和损耗而转移到产品中去的那一部分价值的补偿。企业应设置“累计折旧”科目进行核算，贷方核算每期应计提的固定资产折旧额，借方核算转出固定资产时转出的累计折旧，本科目是固定资产的备抵科目。期末贷方余额反映账面固定资产已计提的折旧额。

影响固定资产折旧的因素如表 3-4 所示。

表 3-4　影响固定资产折旧的因素

<table>
<tr><th>项目</th><th>因素</th><th>具体说明</th></tr>
<tr><td rowspan="5">影响固定资产折旧的因素</td><td rowspan="2">固定资产原价</td><td>固定资产折旧作为固定资产的转移价值，应以取得固定资产时的原始成本，即原值作为计提的基数</td></tr>
<tr><td>本月增加的固定资产，当月不提折旧；当月减少的固定资产，当月照提折旧</td></tr>
<tr><td rowspan="3">预计净残值</td><td>固定资产残值也称残余价值，是指固定资产退废清理时可收回残余废料的可变现价值</td></tr>
<tr><td>固定资产净残值是指假定固定资产预计使用寿命已满并处于使用寿命终了时的预期状态，企业目前从该项资产处置中获得的扣除预计处置费用后的金额</td></tr>
<tr><td>固定资产残值与清理费用的估计，应视具体情况而定</td></tr>
</table>

（续表）

项目	因素	具体说明
影响固定资产折旧的因素	预计净残值	净残值率一般可按净残值与固定资产原值的比率，在3%～5%范围内估计确定
		如果净残值很小，或与固定资产原始成本相比，比重不大时，也可以忽略不计
	固定资产减值准备	固定资产减值准备指固定资产已计提的固定资产减值准备累计金额
		固定资产计提减值准备后，应当在剩余使用寿命内根据调整后的固定资产账面价值，即固定资产账面余额扣减累计折旧和累计减值准备后的金额，和预计净残值重新确定折旧率和折旧额
	固定资产使用寿命	固定资产使用寿命是指企业使用固定资产的预计期间，或者该固定资产所能生产产品或提供劳务的数量
		企业确定固定资产使用寿命时要考虑该项资产的预计生产能力或实物产量
		考虑该项资产的有形损耗，如设备使用中发生磨损、房屋建筑物受到自然侵蚀等
		考虑该项资产的无形损耗，如因新技术的出现而使现有的资产技术水平相对陈旧、市场需求变化使产品过时等
		考虑法律或者类似规定对该项资产使用的限制

2. 固定资产的折旧方法

企业应当根据固定资产所含经济利益预期实现方式选择折旧方法，一般采用年限平均法和工作量法。对技术进步较快、使用强度大、设备在恶劣环境下工作等原因导致使用寿命缩短的固定资产，也可以采用双倍余额递减法或年数总和法计提折旧。折旧方法一经确定，不得随意变更。如需变更，应履行有关审批程序。

（1）年限平均法。

年限平均法又称直线法，是将固定资产的应计折旧额均衡地分摊到各期，按固定资产预计使用年限平均计算折旧的一种方法，采用这种方法计算的每期折旧额均是等额的，其计算公式如下：

$$年折旧率=(1-预计净残值率)/预计使用年限$$

$$月折旧率=年折旧率/12$$

$$月折旧额=固定资产原价\times 月折旧率$$

例如北京大有建筑工程有限公司有一台施工电梯，原价为500 000元，预计可使用10年，按照有关规定，该设备报废的预计净残值率为3%，2013年12月该设备的折旧率和折旧额计算如下：

年折旧率 =（1–3%）÷ 10 = 9.7%；

月折旧率 = 9.7% ÷ 12 = 0. 8083%；

月折旧额 = 500 000 × 0.8083% = 4 041. 5（元）。

（2）工作量法。

工作量法是根据实际工作量计提折旧额的一种方法，这种方法弥补年限平均法只重使用时间、不考虑使用强度的缺点，其计算公式如下：

$$单位工作量折旧额=\frac{固定资产原价\times(1-预计净残值率)}{预计总工作量}$$

某项固定资产月折旧额 = 该项固定资产当月工作量 × 单位工作量折旧额

例如北京大有建筑工程有限公司有一辆货运车原价为80 000元，预计总行驶里程为200 000公里，其报废时预计残值率为3%，2013年12月行驶4 000公里，该辆运货车12月折旧额为：

单位里程折旧额 = 80 000（1–3%）÷ 200 000 = 0. 388（元）；

月折旧额 = 4 000 × 0.388 = 1 552（元）。

（3）双倍余额递减法。

双倍余额递减法是加速折旧的一种方法，是在不考虑固定资产净残值的情况下，根据每期期初固定资产原价减去累计折旧后的账面余额和双倍的直线法折旧率计算固定资产折旧的一种方法，其计算公式如下：

$$年折旧率=\frac{2}{预计使用寿命}\times 100\%$$

$$月折旧率=年折旧率/12$$

$$月折旧额=每月月初固定资产账面净值\times 月折旧率$$

注意：由于双倍余额递减法不考虑固定资产净残值，因此不能使账面余额降低到预计残值以下，应当在固定资产折旧年限到期以前两年内，将固定资产净值扣除预计净残值后的余额平均摊销。

例如北京大有建筑工程有限公司一台混凝土搅拌机原价为50 000元，预计使用年限为5年，预计净残值为3%，按双倍余额递减法计算折旧，2013年年折旧额为：

预计净残值 = 50 000 × 3% = 1 500（元）；

双倍直线法折旧率 = 1/5 × 100% × 2 = 40%；

每年计提的折旧 = 50 000 × 40% = 20 000（元）。

（4）年数总和法。

年数总和法也是加速折旧的方法之一，它又称年限合计法，是将固定资产的原值减去预计净残值后的余额乘以一个以固定资产尚可使用寿命为分子、以预计使用寿命逐年数字之和为分母的逐年递减的分数计算每年的折旧额，其计算公式如下：

$$年折旧率 = \frac{预计使用年限 - 已使用年限}{预计使用年限 \times (预计使用年限 + 1) \div 2} \times 100\%$$

或：

$$年折旧率 = \frac{尚可使用年限}{预计使用年限的年数总和} \times 100\%$$

$$月折旧率 = 年折旧率 / 12$$

$$月折旧额 = (固定资产原值 - 预计净残值) \times 月折旧率$$

（六）固定资产后续支出的核算

1. 固定资产后续支出的概念

固定资产的后续支出是指固定资产在使用过程中发生的更新改造支出、修理费用等。

固定资产后续支出的处理原则为：符合固定资产确认条件的，应当计入固定资产成本，同时将被替换部分的账面价值扣除；不符合固定资产确认条件的，应当计入当期损益。

2. 固定资产后续支出的核算

固定资产后续支出的核算如表 3-5 所示。

表 3-5 固定资产后续支出的核算

名称	业务类型	具体说明	账务处理
固定资产后续支出	费用化的后续支出	固定资产使用之后，由于固定资产磨损，各组成部分耐用程度不同，可能导致固定资产的局部损坏，为了维护固定资产的正常运转和使用，充分发挥其使用效能，企业应对固定资产进行必要的维护	费用化后续支出的会计处理如下： 借：管理费用——折旧费 　　机械作业 　　贷：银行存款 　　　　库存现金

（续表）

名称	业务类型	具体说明	账务处理
固定资产后续支出	资本化的后续支出	核算固定资产资本化的后续支出时，应将该固定资产的原价、已计提的累计折旧和减值准备转销，将其账面价值转入在建工程，并停止计提折旧。待更新改造等工程完工并达到预定可使用状态时，再从在建工程转为固定资产，并按重新确定的使用寿命、预计净残值和折旧方法计提折旧。如果固定资产的后续支出，可能使流入企业的经济利益超过了原先的估计，则应当计入固定资产的账面价值，其增计后的金额不应超过该固定资产的可收回金额，超过部分直接计入当期营业外支出	将固定资产的原值、已计提的累计折旧转销，将账面价值转入在建工程，会计分录如下： 借：在建工程 　　累计折旧 　　贷：固定资产
			发生更新改造支出时会计分录： 借：在建工程 　　贷：银行存款 　　　　原材料 　　　　应付职工薪酬等
			固定资产更新改造完成，达到预定可使用状态时，会计分录： 借：固定资产 　　贷：在建工程

3. 固定资产后续支出的账务处理

【例 26】2013 年 12 月 12 日，北京大有建筑工程有限公司管理机构使用的车辆委托汽车修理厂进行经常性维护修理，支付修理费用 3 000 元，用银行存款支付，做如下会计分录：

借：管理费用——修理费　　3 000

　　贷：银行存款　　3 000

（七）固定资产清查的核算

1. 固定资产清查的核算

固定资产清查的核算如表 3-6 所示。

表 3-6 固定资产清查的核算

类别	情况说明	账务处理
盘亏的固定资产	盘亏的固定资产，按盘亏固定资产的账面价值，先通过“待处理财产损溢”科目核算，报批处理后，计入“营业外支出”科目	盘亏固定资产时： 借：待处理财产损溢——待处理固定资产损溢 累计折旧 固定资产减值准备 贷：固定资产 报批处理时： 借：其他应收款 营业外支出——盘亏损失 贷：待处理财产损溢——待处理固定资产损溢
盘盈的固定资产	盘盈的固定资产，作为前期差错处理。如果同类或类似固定资产存在活跃市场的，按同类或类似固定资产的市场价格，减去按该项资产的新旧程度估计的价值损耗的余额，作为入账价值；如果同类或类似固定资产不存在活跃市场的，按该固定资产的预计未来现金流量的现值，作为入账价值	盘盈固定资产时： 借：固定资产 贷：以前年度损益调整 确定应交纳的所得税时： 借：以前年度损益调整 贷：应交税费——应交所得税 结转为留存收益时： 借：以前年度损益调整 贷：盈余公积——法定盈余公积 利润分配——未分配利润

2. 固定资产清查的账务处理

【例 27】2013 年 12 月 12 日，北京大有建筑工程有限公司在固定资产清查过程中，发现没有入账的设备一台，同类设备的市场价格为 20 000 元，该盘盈设备估计的价值损耗后的余值为 14 000 元。做如下会计分录：

（1）盘盈固定资产。

借：固定资产 14 000

贷：以前年度损益调整 14 000

（2）确定应交纳的所得税。

借：以前年度损益调整 3 500

贷：应交税费——应交所得税 3 500

（3）结转为留存收益。

借：以前年度损益调整　　10 500

　　贷：利润分配——未分配利润　　9 450

　　　　盈余公积——法定盈余公积　　1 050

【例 28】2013 年 12 月 12 日，北京大有建筑工程有限公司进行财产清查时盘发现亏设备一台，其账面原价为 50 000 元，已提折旧为 15 000 元，该设备已计提的减值准备为 5 000 元。做如下会计分录：

（1）盘亏固定资产。

借：待处理财产损溢——待处理固定资产损溢　　30 000

　　累计折旧　　15 000

　　固定资产减值准备　　5 000

　　贷：固定资产　　50 000

（2）报经批准转销。

借：营业外支出——固定资产盘亏　　30 000

　　贷：待处理财产损溢——待处理固定资产损溢　　30 000

（八）固定资产处置的核算

1. 固定资产处置的核算

固定资产处置包括固定资产的出售、转让、报废或毁损。固定资产处置一般通过“固定资产清理”科目进行核算。

固定资产处置的核算如表 3-7 所示。

表 3-7　固定资产处置的核算

名称	业务类型	账务处理
固定资产处置的核算	固定资产转入清理。固定资产转入清理时，按固定资产账面价值	借：固定资产清理 累计折旧 固定资产减值准备 贷：固定资产
	发生的清理费用。固定资产清理过程中发生的有关费用以及应支付的相关税费	借：固定资产清理 贷：银行存款 应交税费

（续表）

名称	业务类型	账务处理
固定资产处置的核算	出售收入和残料等的处理。企业收回出售固定资产的价款、残料价值和变价收入等，应冲减清理支出。按实际收到的出售价款以及残料变价收入等	借：银行存款 　　原材料 　　贷：固定资产清理
	保险赔偿的处理。企业计算或收到的应由保险公司或过失人赔偿的损失，应冲减清理支出	借：其他应收款 　　银行存款 　　贷：固定资产清理
	清理净损益的处理	属于生产经营期间正常的处理损失： 借：营业外支出——处置非流动资产损失 　　贷：固定资产清理
		属于生产经营期间由于自然灾害等非正常原因造成的： 借：营业外支出——非常损失 　　贷：固定资产清理
		固定资产清理完成后的净收益： 借：固定资产清理 　　贷：营业外收入——处置非流动资产利得

2. 固定资产处置的账务处理

【例 29】2013 年 12 月 12 日，北京大有建筑工程有限公司销售自己使用过 3 年的设备一台，开具的发票上注明的价款为 164 800 元。该设备原价为 200 000 元，累计已计提折旧 60 000 元。做如下会计分录：

（1）固定资产转入清理。

借：固定资产清理　　140 000

　　累计折旧　　60 000

　　贷：固定资产　　200 000

（2）销售设备时。

应纳增值税 = 164 800 ÷（1+3%）× 2% = 3 200（元）。

借：银行存款　　164 800

　　贷：应交税费——应交增值税　　3 200

　　　　固定资产清理　　161 600

（3）结转固定资产净损益。

借：固定资产清理　　21 600

　　贷：营业外收入——处置非流动资产利得　　21 600

二、临时设施

（一）临时设施的基本内容

临时设施的基本内容如表 3-8 所示。

表 3-8　临时设施的基本内容

名称	内容	具体说明
临时设施	临时设施是指建筑企业为保证施工生产和管理工作的正常进行而在施工现场建造的供生产和生活用的临时房屋、建筑物、构筑物和其他各种临时性简易设施	临时设施主要包括：现场用的临时办公室，作业棚，材料库，机具棚，临时铁路专用线，轻便铁道，临时道路，围墙，临时给水、排水、供电、供热等管线；现场预制构件、加工材料所需的临时建筑物；现场临时厕所、休息棚、茶炉棚、化灰池、储水池、沥青锅、灶等设施；以及临时搭建的职工宿舍、食堂、浴室、医务室以及可移动使用的活动房等临时设施
		它的性质属于施工过程的劳动资料，其物质形态是临时房屋及建筑物，在施工过程中其物质磨损和价值损耗也是逐渐发生的，同样需要修理，报废时又有残值
		与固定资产有所不同，它只用于一个工地的工程，采用临时的简易结构，它的使用期限主要不是决定于其自然寿命，而取决于所在工地的工程施工期限
		由于临时设施报废时间有时并不与工程竣工时间同步，不是工程结束时所有工程使用的临时设施全部报废。因此，不可能根据其报废时实际损耗的价值调整已计入工程成本的摊销额，不可能与固定资产清理做同样处理

（二）临时设施的摊销方法

企业的各种临时设施应当在工程建设期间，使用一定的方法，按月进行摊销。摊销时预计使用年限不得超过工程的施工期限，摊销期限应按照其耐用期限与工程的施工期限孰短加以确定。临时设施摊销，可采用工期法，也可采用工作量法，摊销方法一经确定，不得擅自改变。一般按月进行摊销，当月增加的临时设施，当月不计提摊销，从下月起开始摊销；当月减少的临时设施，当月应计提摊销，从下月起停止摊销。两种不同的摊销方法其计算公式有所不同：

（1）采用工期法。

$$临时设施月摊销额=\frac{临时设施原值\times(1-预计净残值率)}{预计使用年限（月）}$$

（2）采用工作量法。

$$每一工作量摊销额=\frac{某项临时设施原值\times(1-预计残值率)}{预计工作总量}$$

为简化核算工作，在实际工作中，对于一些价值较低的临时设施，也可采用一次性摊销法，直接计入受益工程的成本。如果一项临时设施为两个以上的工程成本核算对象服务，还应按一定的分配标准，如工作量的比率等，将临时设施的价值在受益的各个工程成本核算对象之间进行分配。

（三）临时设施的核算

临时设施的核算如表 3-9 所示。

表 3-9 临时设施的核算

名称	业务类型	具体说明
临时设施的核算	临时设施搭建的核算	临时设施应按照建造时的实际成本进行初始计量。搭建临时设施时，其搭建支出一般先通过“在建工程”账户核算，搭建完成交付使用时，再将其实际支出转入“临时设施”账户
		“临时设施”账户，用以核算企业各种临时设施的实际成本。其借方登记企业建造完成交付使用的各种临时设施的实际成本，贷方登记拆除、报废的临时设施的实际成本，期末借方余额反映在用临时设施的实际成本

（续表）

名称	业务类型	具体说明
临时设施的核算	临时设施摊销的核算	临时设施的使用期较长，一般与工程的建设期相同。因此，应将临时设施的成本采用年限平均法分期摊入工程成本。其摊销期限按耐用期限与工程施工期限孰短确定
		企业应设置“临时设施摊销”账户，核算企业各种临时设施发生的价值损耗。该账户是“临时设施”账户的备抵账户，其贷方登记企业按月计提的临时设施摊销额，借方登记报废、拆除临时设施时转销的已提摊销额，期末贷方余额反映在用临时设施的累计摊销额
	临时设施维修、拆除和报废的核算	企业维修临时设施发生的费用，直接记入“工程施工——间接费用”账户
		拆除、报废不需用或不能继续使用的临时设施，在“临时设施清理”账户下核算，也可在“固定资产清理”账户下设置“临时设施清理”明细账户进行核算。本账户应按被清理的临时设施设置明细账进行明细核算

（四）临时设施的账务处理

【例 30】2013 年 12 月 13 日，北京大有建筑工程有限公司搭建临时仓库领用一批原材料 38 000 元，进项税额 6 460 元，应负担搭建人工费 6 000 元。做如下会计分录：

借：在建工程——临时仓库工程　　50 460

　　贷：原材料——主要材料　　44 460

　　　　应付职工薪酬　　6 000

【例 31】2013 年 12 月 14 日，搭建完成交付使用时，做如下会计分录：

借：临时设施——临时仓库　　50 460

　　贷：在建工程——临时仓库工程　　50 460

【例 32】2013 年 12 月 14 日，北京大有建筑工程有限公司本月应计提的建造 1 号公寓搭建临时设施摊销费 4 000 元，做如下会计分录：

借：工程施工——1 号公寓（间接费用）　　4 000

　　贷：临时设施摊销——临时仓库　　4 000

【例 33】2013 年 12 月 14 日，北京大有建筑工程有限公司因承包的工程提前竣工，不再需用临时设施，将其拆除，取得残值收入 26 000 元，存入银行。该临时设施原值 120 000 元，已提摊销额 110 000 元。做如下会计分录：

（1）将拆除的临时设施转入清理，做如下会计分录：

借：临时设施清理　　10 000

　　临时设施摊销——临时仓库　　110 000

　　贷：临时设施——临时仓库　　120 000

（2）取得残值收入，做如下会计分录：

借：银行存款　　26 000

　　贷：临时设施清理　　26 000

（3）结转清理后的净损益，做如下会计分录：

借：临时设施清理　　16 000

　　贷：营业外收入　　16 000

三、原材料

（一）原材料的概述

原材料的概述如表 3-10 所示。

表 3-10　原材料的概述

名称	具体内容
原材料的定义	原材料指建筑企业用以建筑安装工程施工而存放在仓库的各种材料。包括主要材料、结构件、机械配件和其他材料等
原材料的分类	主要材料指用于工程施工或产品生产并构成工程或产品实体的各种材料，包括黑色金属材料（如钢材）、有色金属材料（如铜材、铝材）、木材、硅酸盐材料（如水泥、砖瓦、石灰、砂、石等）、小五金材料、电器材料、化工原料（如油漆材料等）
	结构件是指经过吊装、拼砌或安装即能构成房屋建筑物实体的各种金属的、钢筋混凝土的和木质的结构物和构件，如钢窗、木门、钢筋混凝土预制件等
	机械配件指施工生产过程中使用的施工机械、生产设备、运输设备等替换、维修用的各种零件和配件，以及为机械设备准备的各种备品备件，如曲轴、活塞、轴承、齿轮、阀门等
	其他材料指不构成工程或产品实体、但有利于工程或产品形成或便于施工生产进行的各种材料，如燃料、油料、催化剂等

（二）原材料发出的计价方法

原材料发出的计价方法如图 3–1 所示。

原材料发出的计价方法

- **先进先出法**
  - 先进先出法是以先购进的存货先发出为假定前提，对发出存货和期末存货进行计价的方法
  - 采用这一方法，收入存货时要逐笔登记每一批存货的数量、单价和金额；发出存货时，按先进先出的原则确定发出存货的单价，逐笔登记存货的发出和结存金额
- **加权平均法**
  - 全月一次加权平均法是以期初材料结存数量和本期收入材料数量为权数，于期末一次计算出材料的加权平均单价，并以此单价计算本期发出材料成本和结存材料成本的方法
  - 其计算公式为：

$$\text{某种材料的加权平均单价}=\frac{\text{期初结存材料的实际成本}+\text{本期收入材料的实际成本}}{\text{期初结存材料的数量}+\text{本期收入材料的数量}}$$

- **移动加权平均法**
  - 移动加权平均法是指每当收入材料时，既根据当前的材料数量和总成本计算出新的平均单位成本，再按这个平均单位成本，计算随后发出材料和结存材料成本的方法
  - 其计算公式为：

$$\text{移动加权平均单价}=\frac{\text{以前结存存货实际成本}+\text{本次收入存货实际成本}}{\text{以前结存存货数量}+\text{本次收入存货数量}}$$

- **个别计价法**
  - 个别计价法是指每次发出材料的金额按其购入时的实际成本分别计价的方法
  - 这种方法所确定的材料发出成本和结存成本较准确，且可以随时结转，但是核算工作量大，因此只能适用于单位成本较高、容易辨认的材料，或为特定项目专门购置并单独存放的材料

图 3–1 原材料发出的计价方法

（三）原材料的核算

1. 实际成本法下原材料核算

实际成本法下原材料的核算如表 3-11 所示。

表 3-11　实际成本法下原材料的核算

<table>
<tr><th colspan="2">业务情况</th><th>账务处理</th></tr>
<tr><td rowspan="7">取得原材料业务核算</td><td>结算凭证和材料同时到达</td><td>借：原材料
　　贷：银行存款、其他货币资金等有关科目</td></tr>
<tr><td>已付款，原材料尚未到达</td><td>借：在途物资
　　贷：银行存款、其他货币资金等有关科目</td></tr>
<tr><td>结算凭证未到，原材料已入库</td><td>月末按材料暂估价值：
借：原材料
　　贷：应付账款——暂估应付账款
下月初红字冲回：
借：原材料
　　贷：应付账款——暂估应付账款
收到结算的凭证：
借：原材料
　　贷：银行存款等有关科目</td></tr>
<tr><td>外购存货存在现金折扣时</td><td>购货时：
借：在途物资
　　贷：应付账款
在折扣期内付款：
借：应付账款
　　贷：银行存款
　　　　财务费用</td></tr>
<tr><td>外购预付货款方式购入预付原材料价款时</td><td>借：预付账款
　　贷：银行存款</td></tr>
<tr><td>原材料入库时</td><td>借：原材料
　　贷：预付账款</td></tr>
<tr><td>预付账款不足时</td><td>借：预付账款
　　贷：银行存款</td></tr>
</table>

（续表）

<table>
<tr><th colspan="2">业务情况</th><th>账务处理</th></tr>
<tr><td rowspan="4">取得原材料业务核算</td><td>退回多付的账款时</td><td>借：银行存款
贷：预付账款</td></tr>
<tr><td>购料途中材料短缺和毁损</td><td>能确定由过失人负责赔偿的：
借：应付账款或其他应收款
贷：在途物资
如果运输途中发生的损失尚待查明原因前：
借：待处理财产损溢——待处理流动资产损溢
贷：在途物资
查明原因后：
借：应付账款或其他应收款
贷：待处理财产损溢——待处理流动资产损溢</td></tr>
<tr><td>购料途中材料短缺和毁损</td><td>如果是自然灾害等非常损失，在扣除过失人或保险公司赔偿后：
借：营业外支出——非常损失
贷：待处理财产损溢——待处理流动资产损溢
经批准后：
借：管理费用
贷：待处理财产损溢——待处理流动资产损溢</td></tr>
<tr><td>采购保管费</td><td>发生时：
借：采购保管费
贷：应付职工薪酬
原材料
银行存款等相关科目
分配时：
借：工程施工
管理费用
机械作业等相关科目
贷：采购保管费
本月采购保管费分配率＝（采购保管费期初余额＋采购保管费本期发生额）/（买价及运杂费之和＋本月购入原材料买价及运杂费之和）×100%
本月某部门或工程应分配的采购保管费＝该部门或工程使用原材料的买价及运费之和 × 本月采购保管费分配率</td></tr>
</table>

（续表）

业务情况		账务处理
取得原材料业务核算	自制并已验收入库	借：原材料 　　贷：生产成本
	投资者投入	借：原材料 　　贷：实收资本（股本）
	委托加工原材料入库	借：原材料 　　贷：委托加工物资
	接受捐赠	借：原材料 　　贷：营业外收入
	通过债务重组方式取得的原材料（不涉及补价的情况）	借：原材料 　　坏账准备 　　贷：应收账款
	通过非货币性交易换入的原材料（不涉及补价的情况）	借：原材料 　　贷：产成品 　　　　固定资产
原材料出库业务核算	工程领用	借：工程施工 　　贷：原材料
	施工过程中发生的消耗	借：辅助生产成本 　　贷：原材料
	管理部门领用	借：管理费用 　　贷：原材料
	委托加工物资领用	借：委托加工物资 　　贷：原材料
	在建工程领用	借：在建工程 　　贷：原材料
	福利部门领用	借：应付职工薪酬 　　贷：原材料

（续表）

业务情况		账务处理
原材料出售业务核算	出 售	借：银行存款 　　应收账款 　　贷：其他业务收入 月末： 借：其他业务成本 　　贷：原材料

2. 计划成本法下原材料核算

计划成本法下原材料核算如表 3-12 所示。

表 3-12　计划成本法下原材料核算

业务情况		账务处理
计划成本法原材料入库的核算	采购时按实际成本	借：材料采购 　　贷：银行存款
	材料验收入库时	借：原材料（计划成本） 　　贷：材料采购（实际成本） 　　　　借或贷材料成本差异
	自制原材料的核算	借：原材料 　　贷：生产成本 　　借或贷材料成本差异
材料发出的核算	材料发出时按计划成本	借：工程施工 　　机械作业 　　管理费用 　　贷：原材料
月末原材料的核算	月末根据成本差异率超支	借：工程施工 　　机械作业 　　管理费用 　　贷：材料成本差异

（续表）

业务情况		账务处理
月末原材料的核算	月末根据成本差异率节约	借：材料成本差异 　贷：工程施工 　　　机械作业 　　　管理费用

（四）购入原材料的账务处理

【例 34】2013 年 12 月 15 日，北京大有建筑工程有限公司购入施工用木材一批，货款 800 000 元，增值税 136 000 元，发票账单已收到，并已验收入库，全部款项以银行存款支付。北京大有建筑工程有限公司为增值税小规模纳税企业，原材料采用实际成本计价核算。做如下会计分录：

借：原材料——木材　　936 000

　贷：银行存款　　936 000

【例 35】2013 年 12 月 15 日，北京大有建筑工程有限公司采用汇兑结算方式购入施工用沙子一批，货款 40 000 元，增值税 6 800 元，发票账单已收到，材料尚未入库。做如下会计分录：

借：在途物资——沙子　　46 800

　贷：银行存款　　46 800

【例 36】2013 年 12 月 15 日，北京大有建筑工程有限公司购入施工用石灰一批，材料已验收并用于工程施工，发票注明价款 55 000 元，货款尚未支付。做如下会计分录：

借：原材料——石灰　　55 000

　贷：应付账款　　55 000

【例 37】2013 年 12 月 16 日，北京大有建筑工程有限公司本月澳大利亚驻华大使馆 1 号公寓领用原材料主要材料 201 800 元，结构件 60 000 元，机械配件 2 000 元，其他材料 700 元，做如下会计分录：

借：工程施工——合同成本（1 号公寓）　　264 500

　贷：原材料——主要材料　　201 800

　　　　　　——结构件　　60 000

　　　　　　——机械配件　　2 000

　　　　　　——其他材料　　700

四、周转材料

（一）周转材料的基本内容

周转材料的基本内容如表 3-13 所示。

表 3-13 周转材料的基本内容

名称	概念	特征	分类
周转材料的基本内容	周转材料是指建筑企业在施工过程中能够多次使用，并可基本保持原来的形态而逐渐转移其价值的材料，主要包括钢模板、木模板、脚手架和其他周转材料等	周转材料具有类似固定资产和存货的双重特征	模板是指浇灌混凝土用的木模、组合钢模以及配合模板使用的支撑材料、滑模材料和扣件等。固定资产管理的固定钢模板和现场大模板则不包括在内
		周转材料以类似原材料和低值易耗品的形态存在，在施工生产过程中起着劳动资料的作用，能多次使用，并基本保持原有的实物形态，其价值则通过周转使用而逐步分摊到工程成本中去	挡板是指土方工程使用的挡土板及支撑材料
		周转材料的单位价值较低，使用期限较短，品种繁多且易于损坏，需要经常补充和更换，会计上一般将它作为存货对待，将其列入流动资产进行管理，“周转材料”科目余额也相应列入资产负债表中的“存货”项目	架料是指搭设脚手架用的竹竿、木杆、竹木跳板、钢管及其扣件、脚手架及其附件外爬架等
			其他周转材料是指除上述周转材料以外，其他作为流动资产管理的周转材料，如塔吊使用的轻轨、枕木（不包括附属于塔吊的钢轨）施工过程中使用的护栏、安全网等
			周转材料按其使用情况可分为在库周转材料和在用周转材料两大种

（二）周转材料的计量

周转材料应按其成本入账，周转材料的成本包括采购成本、加工成本以及其他成本。周转材料的日常核算，一般有按实际成本核算和按计划成本核算两种方法。另外，由于周转材料的价值随着它的使用、磨损逐渐转移到工程成本中去了，使用中的周转材料不再等于其刚转入时的原值，因此，要正确反映在用周转材料的价值，必须考虑它的摊销值，以反映其净值。

（三）周转材料的摊销方法

由于周转材料在生产过程中能够多次周转使用，因此，它的价值应随同其损耗程度，逐渐转移、摊销计入工程成本或有关费用。实际工作中，为了使会计核算更具有实际意义，周转材料的摊销方法应视周转材料价值的多少、耐磨程度、使用期限长短等具体因素确定。周转材料的摊销方法一般有以下几种，企业可根据使用周转材料的具体情况选择使用。

1. 一次摊销法

一次摊销法指在领用周转材料时，将其全部价值一次计入工程成本或有关费用。这种方法一般适用于易腐、易潮、易损坏或价值较低、使用期限较短的周转材料，如安全网等。

2. 分期摊销法

分期摊销法指根据周转材料的预计使用期限、原值、预计残值确定每期摊销额，将其价值分期计入工程成本或有关费用。

其计算公式为：

$$\text{周转材料每期摊销额}=\frac{\text{周转材料账面价值}\times(1-\text{残值占账面价值}\%)}{\text{预计使用期限}}$$

这种方法适用于脚手架、跳板、塔吊轻轨、枕木等周转材料。

3. 分次摊销法

分次摊销法指根据周转材料的预计使用次数、原值、预计残值确定每次摊销额，将其价值分次计入工程成本或有关费用。

其计算公式为：

$$\text{周转材料每次摊销额}=\frac{\text{周转材料账面价值}\times(1-\text{残值占账面价值}\%)}{\text{预计使用次数}}$$

这种方法适用于预制钢筋混凝土构件时所使用的定型模板、模板、挡板等周转材料。

4. 定额摊销法

定额摊销法指根据实际完成的实物工作量和预算定额规定的周转材料消耗定额确定本期周转材料摊销额，计入本期工程成本或有关费用。

其计算公式为：

周转材料本期摊销额 = 本期完成的实物工程量 × 单位工程量周转材料的消耗定额

由于施工企业的周转材料大都露天使用、堆放，受自然影响损耗较大，而且施工过程中安装拆卸周转材料的技术水平和施工生产工艺的高低对周转材料的使用寿命也有着直接影响。因此，在实际工作中，周转材料无论采用哪一种摊销方法，平时计算的摊销额一般都不可能与实际价值损耗完全一致。所以，需在年度或工程竣工时，对周转材料进行盘点，根据实际损耗调整已提摊销额，以保证工程成本和有关费用的正确性。

（四）周转材料的核算

为了核算企业库存和在用的各种周转材料的实际成本或计划成本，应设置“周转材料”科目，用来总括地核算和反映周转材料的收发、结转及其价值的摊销。其借方核算企业库存与在用周转材料的计划成本或实际成本；贷方核算周转材料的摊销以及盘亏、报废、毁损、短缺等原因减少的周转材料价值；期末借方余额反映施工企业在库周转材料的实际成本或计划成本，以及在用周转材料的摊余价值。

“周转材料”科目应设置“在库周转材料”“在用周转材料”和“周转材料摊销”三个明细科目，并按周转材料的种类设置明细账进行明细核算。其中，“在库周转材料”明细科目用来核算购入、自制、委托加工取得周转材料的实际成本或计划成本；“在用周转材料”明细科目用来核算企业领用、退回周转材料时，结转周转材料的实际成本和计划成本；“周转材料摊销”明细科目用来核算企业在用周转材料计提摊销额的增减变化情况及退库和转移的周转材料已经提取的摊销额。

周转材料的核算如表 3-14 所示。

表 3-14 周转材料的核算

名称	业务类型	账务处理
周转材料的核算	周转材料领用的核算	如果领用的周转材料是采用一次性摊销方法核算： 借：工程施工 　　贷：周转材料——在库周转材料
		如果领用的周转材料是采用其他摊销方法核算： 借：周转材料——在用周转材料 　　贷：周转材料——在库周转材料

（续表）

名称	业务类型	账务处理
周转材料的核算	周转材料领用的核算	如果领用主要材料等原材料作为周转材料： 借：周转材料——在用周转材料 　　贷：原材料等
	周转材料摊销的核算	借：工程施工等 　　贷：周转材料——周转材料摊销
	工程完工的核算	借：周转材料——周转材料摊销 　　贷：周转材料——在用周转材料 同时，按评估价办理退料时： 借：周转材料——在库周转材料 　　贷：周转材料——在用周转材料
	周转材料报废和回收的核算	补提摊销额： 借：工程施工、管理费用等 　　贷：周转材料——周转材料摊销
		将报废周转材料的残料价值作为当月周转材料摊销额的减少，冲减有关成本费用： 借：原材料等 　　贷：工程施工等 转销全部已提摊销额： 借：周转材料——周转材料摊销 　　贷：周转材料——在用周转材料

（五）周转材料的账务处理

【例 38】2013 年 12 月 16 日，北京大有建筑工程有限公司的 1 号公寓项目领取安全网一批，其实际成本为 30 000 元；采用一次摊销核算。做如下会计分录：

借：工程施工——1 号公寓（间接费用）　　30 000

　　贷：周转材料——在库周转材料——安全网　　30 000

【例 39】2013 年 12 月 16 日，北京大有建筑工程有限公司的 1 号公寓项目领用多次周转使用的钢脚手架及扣件一批，其实际成本 70 000 元。做如下会计分录：

借：周转材料——在用周转材料——脚手架　　70 000

　　贷：周转材料——在库周转材料——脚手架　　70 000

【例 40】2013 年 12 月 16 日，北京大有建筑工程有限公司 1 号公寓项目领用木板材一批用作周转材料的木模板，其实际成本 44 000 元。做如下会计分录：

借：周转材料——在用周转材料——木模　　44 000

　　贷：原材料——木材　　44 000

【例 41】2013 年 12 月 16 日，北京大有建筑工程有限公司根据本月在用周转材料，1 号公寓在用脚手架应摊销额 2 400 元，挡板应摊销额 1 800 元，木模应摊销额 20 000 元。做如下会计分录：

借：工程施工——1 号公寓（间接费用）　　24 200

　　贷：周转材料——周转材料摊销——脚手架　　2 400

　　　　　　　　——周转材料摊销——挡板　　1 800

　　　　　　　　——周转材料摊销——木模　　20 000

【例 42】2013 年 12 月 17 日，北京大有建筑工程有限公司安全网全部报废收回残料作价 3 000 元。做如下会计分录：

借：原材料　　3 000

　　贷：工程施工——1 号公寓（间接费用）　　3 000

五、应付票据

（一）应付票据的概念

应付票据是企业在购买商品、材料等物资的交易过程中，由于采用商业汇票结算方式而形成的债务。商业汇票包括商业承兑汇票和银行承兑汇票。

我国商业汇票的最长付款期不超过 6 个月，因此，在会计上应将应付票据归于流动负债类进行管理和核算。应付票据按照票面是否载明利息分为带息商业汇票和不带息商业汇票，我国现行的应付票据一般为不带息票据。由于应付票据的偿还时间较短，在会计实务中，一般按照开出、承兑的应付票据的面值作为入账金额。

（二）应付票据的核算

应付票据的核算如表 3-15 所示。

表 3-15　应付票据的核算

名称	业务类型	账务处理
应付票据的核算	开出、承兑商业汇票或以承兑的商业汇票抵付货款、应付账款	借：原材料（含税） 库存商品（含税） 在途物资等 贷：应付票据

（续表）

名称	业务类型	账务处理
应付票据的核算	开出、承兑商业汇票或以承兑的商业汇票抵付货款、应付账款	借：原材料（含税） 库存商品（含税） 在途物资等 贷：应付票据
	支付银行承兑汇票的手续费	借：财务费用 贷：银行存款
	收到银行支付到期票据的付款通知	借：应付票据 贷：银行存款
	企业开出的带息票据，期末计息	借：财务费用 贷：应付票据
	票据到期支付本息	借：应付票据（按账面余额） 财务费用（未计的利息） 贷：银行存款（实际支付的金额）
	应付票据到期如企业无力支付票款	商业承兑汇票转入应付账款： 借：应付票据（账面余额） 贷：应付账款 银行承兑汇票转入短期借款： 借：应付票据 贷：短期借款

（三）应付票据的账务处理

【例43】2013年12月17日，北京大有建筑工程有限公司按合同开出一张面值为100 000元、为期4个月的银行承兑汇票一张，已办妥银行承兑手续，并按票面金额的0. 5‰向银行支付承兑手续费50元，并以此向黄河公司购买材料。北京大有建筑工程有限公司为增值税小规模纳税企业，原材料采用实际成本计价核算。根据有关凭证，做如下会计分录。

（1）支付承兑手续费时：

借：财务费用　　50

　　贷：银行存款　　50

（2）取得银行承兑汇票用于购买材料时：

借：在途物资　　100 000

　　贷：应付票据　　100 000

【例44】2013年12月17日，北京大有建筑工程有限公司有一笔到期应付票据70 000元，并已收到银行支付到期票据的付款通知。做如下会计分录：

借：应付票据　　70 000

　　贷：银行存款　　70 000

【例45】2013年12月17日，北京大有建筑工程有限公司开出一张商业汇票用来抵付宏业公司材料款45 000元。做如下会计分录：

借：应付账款　　45 000

　　贷：应付票据　　45 000

【例46】2012年12月17日，北京大有建筑工程有限公司开出的商业承兑汇票350 000元已到期，由于公司资金周转紧张，现无力支付票款。做如下会计分录：

借：应付票据　　350 000

　　贷：应付账款　　350 000

六、应付账款

（一）应付账款的概述

应付账款是指企业在生产活动过程中因购买材料、商品、物资或接受劳务供应等业务应支付给供应者的款项，是买卖双方在购销活动中由于取得物资与支付货款在时间上不一致而产生的负债。应付账款与前述应付票据不同，虽然两者都是由交易引起、都属于流动负债，但应付账款属于尚未结清的债务，而应付票据是一种延期付款的证明，有承诺付款的票据为依据。票据到期，企业负有无条件地支付票款的责任。

应付账款的确认如表3-16所示。

表3-16　应付账款的确认

项目	具体内容
应付账款的入账时间	在货物和发票账单同时到达的情况下，应付账款一般待货物验收入库后，才按发票账单所列金额登记入账
	在货物验收入库、发票账单未到的情况下，应付账款可暂不入账，月份内等待，待收到发票账单后再根据情况处理
	月份终了仍未收到发票账单的，应按估计价或计划价暂估入账，下月初用红字冲销，待以后收到发票账单时，再按具体情况处理

（续表）

项目	具体内容
应付账款的入账价值	属于商业折扣的，购货方应根据发票价格，也就是按扣除了商业折扣以后的金额入账
	属于现金折扣的，应先按发票上记载的应付金额记账，即按不扣除折扣金额入账，待实际发生折扣时，再将折扣金额计入当期财务费用

（二）应付账款的核算

企业应设置“应付账款”账户，核算企业因购买材料、商品和接受劳务供应等而应付给供应单位的款项。贷方登记企业因购货、接受劳务供应而产生的应付款项以及因无款支付到期商业汇票转入的应付票据款；借方登记企业偿还、抵付的应付账款以及转销无法支付的应付账款；余额一般在贷方，表示企业尚未支付的应付账款。该账户应按供货单位设置明细账，进行明细分类核算。

应付账款的核算如表 3-17 所示。

表 3-17　应付账款的核算

名称	业务类型	账务处理
应付账款的核算	发生应付账款	企业购入材料、商品，货款尚未支付： 借：在途物资（含税）、原材料、库存商品 　　贷：应付账款
		企业接受供应单位提供劳务而发生的应付未付款项，根据供应单位的发票账单： 借：工程施工 　　管理费用 　　贷：应付账款
	偿还应付账款	借：应付账款 　　贷：银行存款 　　　　应付票据等
	转销应付账款	借：应付账款 　　贷：营业外收入

（三）应付账款的账务处理

【例 47】2013 年 12 月 18 日，北京大有建筑工程有限公司从中兴公司购甲材料一批，货款 190 000 元，增值税额 32 300 元，材料已验收入库，款项尚未支付。做如下会计分录：

借：原材料　　222 300

　　贷：应付账款——中兴公司　　222 300

【例 48】2013 年 12 月 18 日，北京大有建筑工程有限公司用银行存款支付宏业公司应付账款 130 000 元。做如下会计分录：

借：应付账款——宏业公司　　130 000

　　贷：银行存款　　130 000

【例 49】2013 年 12 月 18 日，北京大有建筑工程有限公司确定一笔应付账款 6 000 元为无法支付的款项，应予以转销。该企业的有关分录如下：

借：应付账款　　6 000

　　贷：营业外收入——其他　　6 000

七、应交税费

（一）应交税费的概念

应交税费是企业按国家税法规定应该交纳的各种税款，具有政策性、强制性、无偿性等特点。建筑企业的应交税费主要包括营业税、增值税、城市维护建设税、教育费附加、地方教育费附加、房产税、车船税、土地使用税、印花税、所得税等。这些税金在上交国家之前，形成了企业的一项负债。

（二）应交税费的核算

为了核算和监督各种税金的计算和交纳情况，建筑企业应设置“应交税费”账户，其贷方登记按规定计算的应交税款，借方登记实际交纳的税款，期末贷方余额表示应交未交的税款；余额若在借方，则表示多交的税款。为了详细反映各种税金的计算和交纳情况，企业应按应交税费的种类设置明细账，进行明细分类核算。

需要注意的是，印花税、耕地占用税以及其他不需要预计应交数的税金不通过“应交税费”账户核算，实际交纳时直接计入管理费用。

应交税费的核算如表 3–18 所示。

表 3-18　应交税费的核算

名称	业务类型	内容说明	账务处理
应交税费的核算	应交营业税的核算	营业税是对在我国境内从事交通运输、建筑业、金融保险、转让无形资产或销售不动产的单位和个人征收的流转税，它是建筑施工企业应交纳的主要税种。营业税是以企业的营业额为计税依据，按照 3 % 税率而计算交纳的税额	按营业额和规定的税率，计算应交纳的营业税： 借：营业税金及附加 　　贷：应交税费——应交营业税
			借：其他业务成本（出租无形资产） 　　营业外支出（出售无形资产） 　　贷：应交税费——应交营业税
			销售不动产应交纳的营业税： 借：固定资产清理 　　贷：应交税费——应交营业税
			交纳营业税： 借：应交税费——应交营业税 　　贷：银行存款
	应交城市维护建设税的核算	城市维护建设税是国家为了加强城市公用事业和公用设施的维护建设，以企业交纳的增值税、消费税、营业税为计税依据征收的一种税。其纳税人为交纳增值税、消费税、营业税的单位和个人，税率因纳税人所在地不同适用税率的档次也不同。公式为： 应纳税额 =（应交增值税 + 应交消费税 + 应交营业税）× 适用税率	按规定计算交纳的城市维护建设税： 借：营业税金及附加 　　贷：应交税费——应交城市维护建设税
			交纳城市维护建设税： 借：应交税费——应交城市维护建设税 　　贷：银行存款
	应交教育费附加的核算	教育费附加是为了发展教育事业而向企业征收的附加费用，企业按应交流转税的一定比例计算缴纳	按规定应交纳的各种税费： 借：营业税金及附加 　　贷：应交税费——应交教育费附加
			实际交纳教育费附加： 借：应交税费——应交教育费附加 　　贷：银行存款

（续表）

名称	业务类型	内容说明	账务处理
应交税费的核算	应交土地使用税的核算	土地使用税是国家为了合理利用城镇土地，调节土地级差收入，提高土地使用效益，加强土地管理而开征的一种税，以纳税人实际占用的土地面积为计税依据，依照规定税额计算征收。其计算公式如下：应纳税额＝实际占用应税土地面积（平方米）×适用税额	按规定计算应交纳的土地使用税： 借：管理费用 贷：应交税费——应交土地使用税
			交纳土地使用税： 借：应交税费——应交土地使用税 贷：银行存款
	应交车船税的核算	车船税是一种行为税，由拥有并且使用车船的单位和个人交纳。车船使用税按照适用税额计算交纳	按规定计算应交纳的车船税： 借：管理费用 贷：应交税费——应交车船税
			交纳车船税： 借：应交税费——应交车船税 贷：银行存款
	应交个人所得税的核算	个人所得税，是指以个人（自然人）取得的各项应税所得为征税对象所征收的一种税。个人取得的应纳税所得，包括现金、实物和有价债券	按规定计算代扣代交的职工个人所得税： 借：应付职工薪酬 贷：应交税费——应交个人所得税
			交纳个人所得税： 借：应交税费——应交个人所得税 贷：银行存款
	应交房产税的核算	房产税是以房产为征税对象，依据房产价格或房产租金收入向房产所有人或经营人征收的一种税	按规定计算应交纳的房产税： 借：管理费用 贷：应交税费——应交房产税
			交纳房产税： 借：应交税费——应交房产税 贷：银行存款

（续表）

名称	业务类型	内容说明	账务处理
应交税费的核算	印花税的核算	印花税是指对经济活动和经济交往中书立、使用、领受具有法律效力的凭证的单位和个人征收的一种税	借：管理费用 　贷：银行存款
	应交增值税的核算	增值税是对在我国境内销售货物或者提供加工、修理修配劳务以及进口货物的单位和个人，就其取得的货物或应税劳务销售额，以及进口货物的金额计算并征收的一种流转税。增值税是一种价外税。建筑企业只要生产和销售商品、进口货物、提供加工和修理修配劳务，就应依法交纳增值税	一般纳税人销售货物时： 借：银行存款等 　贷：主营业务收入 　　其他业务收入等 　　应交税费——应交增值税(销项税额)
			购进货物时： 借：原材料 　库存商品等 　应交税费——应交增值税（进项税额） 　贷：应付账款 　　应付票据 　　银行存款等
			小规模纳税人购进货物时： 借：材料采购等 　贷：银行存款 　　应付账款 　　应付票据等
			销售货物时： 借：银行存款 　应收账款 　应收票据等 　贷：主营业务收入 　　其他业务收入 　　应交税费——应交增值税

（续表）

名称	业务类型	内容说明	账务处理
应交税费的核算	应交增值税的核算	增值税是对在我国境内销售货物或者提供加工、修理修配劳务以及进口货物的单位和个人，就其取得的货物或应税劳务销售额，以及进口货物的金额计算并征收的一种流转税。增值税是一种价外税。建筑企业只要生产和销售商品、进口货物、提供加工和修理修配劳务，就应依法交纳增值税	交纳增值税时： 借：应交税费——应交增值税 贷：银行存款

（三）应交税费的账务处理

【例50】2013年12月19日，北京大有建筑工程有限公司交纳上月增值税54 000元。做如下会计分录：

借：应交税费——应交增值税 54 000

贷：银行存款 54 000

【例51】2013年12月19日，北京大有建筑工程有限公司交纳上月营业税90 000元。做如下会计分录：

借：应交税费——应交营业税 90 000

贷：银行存款 90 000

【例52】2013年12月19日，北京大有建筑工程有限公司交纳上月城市维护建设税10 080元。做如下会计分录：

借：应交税费——应交城建税 10 080

贷：银行存款 10 080

【例53】2013年12月19日，北京大有建筑工程有限公司交纳上月教育费附加4 320元。做如下会计分录：

借：应交税费——应交教育费附加 4 320

贷：银行存款 4 320

【例54】2013年12月19日，北京大有建筑工程有限公司交纳上月代扣代缴个人所得税28 000元。做如下会计分录：

借：应交税费——应交个人所得税　　28 000
　　贷：银行存款　　28 000

【例 55】2013 年 12 月 19 日，北京大有建筑工程有限公司交纳印花税 8 667 元。做如下会计分录：

借：管理费用　　8 667
　　贷：银行存款　　8 667

【例 56】2013 年 12 月 19 日，北京大有建筑工程有限公司交纳土地使用税 82 500 元。做如下会计分录：

借：应交税费——应交土地使用税　　82 500
　　贷：银行存款　　82 500

【例 57】2013 年 12 月 19 日，北京大有建筑工程有限公司交纳车船税 7 500 元。做如下会计分录：

借：应交税费——应交车船税　　7 500
　　贷：银行存款　　7 500

【例 58】2013 年 12 月 19 日，北京大有建筑工程有限公司交纳房产税 540 000 元。做如下会计分录：

借：应交税费——应交房产税　　540 000
　　贷：银行存款　　540 000

【例 59】2013 年 12 月 20 日，北京大有建筑工程有限公司从乙企业购买一批原材料，收到的增值税专用发票上注明的价款为 500 000 元，增值税额为 85 000 元；材料已经验收入库，款项已通过银行支付。做如下会计分录：

借：原材料　　585 000
　　贷：银行存款　　585 000

【例 60】2013 年 12 月 20 日，北京大有建筑工程有限公司销售一批积压材料，含税价为 120 000 元，材料已经发出，款项尚未收到。假设北京大有建筑工程有限公司为小规模纳税企业，原材料采用实际成本计价核算，做如下会计分录：

不含税销售额 = 120 000 ÷（1+3%）= 116 504.85（元）；

应纳增值税 =116 504.85 × 3% = 3 495.15（元）。

借：应收账款　　120 000.00
　　贷：其他业务收入　　116 504.85
　　　　应交税费——应交增值税　　3 495.15

八、预收账款

（一）预收账款的概述

预收账款是指企业按照合同规定向购货单位预收的款项。与应付账款不同，预收账款所形成的负债不是以货币偿付，而是以货物偿付。

（二）预收账款的核算

企业应通过“预收账款”科目，核算预收账款的取得、偿付等情况。该科目贷方登记发生的预收账款数额和购货单位补付账款的数额，借方登记企业向购货方发货后冲销的预收账款数额和退回购货方多付账款的数额；余额一般在贷方，反映企业向购货单位预收的款项但尚未向购货方发货的数额，如为借方余额，反映企业应收的款项。企业应当按照购货单位设置明细科目进行明细核算。预收货款业务不多的企业，可以不单独设置“预收账款”科目，其所发生的预收货款，可通过“应收账款”科目核算。

预收账款核算如表 3-19 所示。

表 3-19 预收账款的核算

名称	业务类型	账务处理
预收账款的核算	企业预收购货单位的款项时	借：银行存款 　贷：预收账款
	销售实现时，按实现的收入和应交的增值税销项税额	借：预收账款 　贷：主营业务收入 　　　应交税费——应交增值税
	企业收到购货单位补付的款项	借：银行存款 　贷：预收账款
	向购货单位退回其多付的款项时	借：预收账款 　贷：银行存款

（三）预收账款的账务处理

【例61】2013年12月20日，北京大有建筑工程有限公司向乙公司出售一批材料60 000元，应交增值税 1 800 元。根据购货合同的规定，乙公司在购货合同签订当天，应当向北京大有建筑工程有限公司预付货款 30 000 元，剩余货款在交货后付清。北京大有建筑工程有限公司收到预付货款 30 000 元并存入银行，该公司会计分录如下：

借：银行存款　　　　30 000

　贷：预收账款　　　　30 000

第四章 工程运营业务的核算

一、工程投标

（一）投标的概述

投标的概述如表 4-1 所示。

表 4-1 投标的概述

名称	具体内容
投标的定义	投标是指具有合法资格和能力的投标人根据招标条件，以投票报价形式争取获得工程任务的一种经济活动
投标的程序	投标人报名
	投标人递交资格预审材料
	资格预审（合格就入围、抽签入围、评分入围等）
	招标文件（代理编制、招标人审核、招标办审批、投标人购买）
	现场踏勘、提疑、答疑
	公布限价
	开标、评标、定标
	中标公示
	发布中标通知书
	签订合同
	招标备案、合同备案

（二）投标过程的核算

投标过程的会计核算如表 4-2 所示。

表 4-2 投标过程的会计核算

业务情况		账务处理
投标过程	支付投标保证金	借：应收账款 贷：银行存款
	发生标书设计费、制作费等各项费用	借：管理费用——投标费用 贷：银行存款
投标结束	中标	借：工程施工——（间接成本）投标费用 贷：管理费用——投标费用（红字）
	未中标	不做处理

（三）投标的账务处理

【例 62】2013 年 12 月 20 日，北京大有建筑工程有限公司支付澳大利亚驻华大使馆 2 号公寓楼投标保证金 50 000 元，做如下会计分录：

借：应收账款——澳大利亚驻华大使馆（2 号公寓楼） 50 000
　　贷：银行存款 50 000

【例 63】2013 年 12 月 20 日，北京大有建筑工程有限公司支付澳大利亚驻华大使馆 2 号公寓楼标书设计、制作费 10 000 元，做如下会计分录：

借：管理费用——2 号公寓楼投标费用 10 000
　　贷：银行存款 10 000

【例 64】2013 年 12 月 20 日，北京大有建筑工程有限公司收到中标通知书与澳大利亚驻华大使馆签订 2 号公寓楼施工合同，建造合同价款 10 000 000 元，按 0.3 ‰交纳印花税，做如下会计分录：

借：管理费用 3 000
　　贷：银行存款 3 000

【例 65】2013 年 12 月 20 日，北京大有建筑工程有限公司收到中标通知书与澳大利亚驻华大使馆签订 2 号公寓楼施工合同，将投标费用转入工程施工，做如下会计分录：

借：工程施工——2 号公寓（间接费用） 10 000
　　贷：管理费用——2 号公寓楼投标费用 10 000

二、工程施工

建筑企业中标后，签订建造合同，进入工程施工阶段。

（一）建造合同成本定义

建造合同成本定义如表 4–3 所示。

表示 4–3　建造合同成本定义

项目	具体内容
定义	建造合同成本是指为建造某项合同而发生的相关费用，合同成本包括从合同签订开始至合同完成为止所发生的、与执行合同有关的直接费用和间接费用

（二）工程成本核算对象划分方法

工程成本核算对象划分方法如表 4–4 所示。

表 4–4　工程成本核算对象划分方法

类型	具体内容
通常情况	建筑企业应该以每一个单位工程作为成本核算的对象
几个施工单位共同施工	一个单位工程由几个施工单位共同施工时，各施工单位都应以同一单位为成本核算对象，各自核算自行完成的部分
规模大工期长的工程	规模大、工期长的单位工程，可以将工程划分为若干部分，以分部的工程作为成本核算对象
一个建设项目若干个单位工程	同一建设项目，由同一单位施工，同一施工地点、同一结构类型、开竣工实践相接近的若干个单位工程，可以合并作为一个成本核算对象
改建、扩建的零星工程	改建、扩建的零星工程，可以将开竣工时间相接近、属于同一建设项目的各个单位工程，合并作为一个成本核算对象
土石方工程、打桩工程	土石方工程、打桩工程，可以根据实际情况和管理需要，以一个单位工程为成本核算对象，或将同一施工地点的若干个工程量较小的单项工程合并作为一个成本核算对象

（续表）

类型	具体内容
独立施工的装饰工程	独立施工的装饰工程的成本核算对象，应与土建工程成本核算对象一致
工业设备安装工程	工业设备安装工程，可按单位工程或专业项目，如机械设备、管道、通风设备的安装、工业筑炉等作为工程成本核算对象。变电所、配电站、锅炉房等可按所、站、房等安装工程作为成本核算对象

（三）工程成本项目分类

工程成本项目分类如表 4–5 所示。

表 4–5 工程成本项目分类

类型	具体内容
直接人工费	直接人工费是指直接从事建筑安装工程施工的工人和在施工现场直接为工程制作构件的工人，以及在现场运料、配料等辅助工人的工资、奖金、津贴、补贴、劳动保护费及按照工资总额的一定比例提取的职工福利费、社会保险金、住房公积金等职工薪酬
直接材料费	直接材料费是指在施工过程中，耗用的构成工程实体的原材料、辅助材料、结构件、半成品、零件等存货的成本，周转材料的摊销额及租赁费
机械使用费	机械使用费是指在施工过程中，使用自有施工机械所发生的机械使用费，租用外单位施工机械所支付的租赁费，以及按规定支付的施工机械安装、拆卸费和进出场费等
其他直接费用	其他直接费用是指除人工费、材料费、机械使用费以外的，在施工过程中发生的费用，包括施工过程中发生的材料二次搬运费、生产工具用具使用费、检验试验费、工程定位复测费、工程点交费、场地清理费、夜间冬季雨季施工增加费、环境保护费、安全生产费、临时设施摊销费等
间接费用	间接费用是指企业所属的各施工单位为组织和管理施工活动发生的各项支出，包括施工单位管理人员的薪酬、管理用固定资产折旧费及修理费、物料消耗费、低值易耗品摊销额、办公费、差旅费、水电费、取暖费、排污费、业务招待费、工程保修费、财产保险费等支出

（续表）

类型	具体内容
注意事项	建筑企业工程成本项目的设置应满足企业管理的实际需要。如果划分过粗，则无法反映工程的实际成本构成，不利于考核和控制工程成本的支出；如果划分过细，则会增加成本核算的工作量，不利于及时提供核算资料

（四）工程成本核算体制

工程成本核算体制如表 4-6 所示。

表 4-6　工程成本核算体制

类型	具体内容
三级核算体制	三级核算体制是指由总公司、分公司（工程处、工区）、项目经理部（施工队）三级分别进行工程成本核算的一种管理体制
	总公司汇总企业的生产成本，指导所辖各个分公司建立健全成本管理制度，汇总成本报表，全面进行生产成本的分析
	分公司计算工程成本，编制成本报表和竣工决算，进行工程成本分析
	项目经理部计算本项目发生的工料等直接费用，签发工程任务单和定额领料单，根据人工、材料、机械使用的原始记录，开展班组经济核算，办理设计变更、材料代用等签发手续，分析工料成本节超的原因
两级核算体制	两级核算体制是指由公司和项目经理部两级分别进行工程成本核算的一种管理体制
	公司进行全面的成本核算工作，汇总核算全部工程、产品、作业的实际生产成本
	项目经理部核算工程、产品、作业的直接费用及现场管理费，并及时向公司提供成本核算资料。不论采用哪一种核算体制，不论由哪一级核算工程成本，各级会计人员都要关心并协助工人搞好班组经济核算，记录好工料耗用量，分析节约或超支的原因，使工程成本统计工作扎实可靠

（五）工程成本核算的一般程序

工程成本核算的一般程序如表 4-7 所示。

表 4-7 工程成本核算的一般程序

项目	具体内容
工程成本核算的一般程序	确定成本核算对象
	确定成本项目
	确定成本计算期。 成本计算期即每计算一次成本的间隔时间。一般情况下，与会计期间一致，即按月计算，如果不一致，可以按生产周期计算，以便收入与费用合理配比
	根据成本对象和成本项目开设成本明细账。成本明细账一般为多栏式，发生实际费用时逐项登记入内
工程成本核算的一般程序	本期发生或支付的各项直接费用，应按费用的用途和地点归集到有关生产费用账户（单独受益的直接计入，共同受益的按一定方法和标准分配计入）
	月末，将归集在“辅助生产”账户的辅助生产费用，按照各受益对象的受益数量，分配记入“工程施工”等账户中
	月末，按照各个工程使用自有施工机械的记录，核算与分配机械使用费，从“机械作业”账户的贷方转入“工程施工”账户的借方
	月末，将归集在“工程施工——间接费用”账户借方的施工管理费，按一定方法分摊转入“工程施工”账户
	确定在产品（未完工程）的成本
	结转竣工工程（或本月已完工程）的实际成本，从“工程施工”的贷方结转到“工程结算成本”的借方

（六）工程成本的核算

工程成本的核算如表 4-8 所示。

表 4-8　工程成本的核算

业务内容	账务处理
人工费的核算	借：工程施工——××工程（人工费） 　　贷：应付职工薪酬
材料费的核算	月末根据材料部门汇总的材料使用情况，分摊本月材料费： 借：工程施工——××工程——材料费 　　工程施工——待分配直接费 　　工程施工——待分配间接费 　　贷：原材料
机械使用费的核算	外部租赁机械： 借：机械作业——××机械 　　工程施工　××项目　机械使用费 　　贷：银行存款、应付账款 自有机械： 借：机械作业——××机械 　　贷：应付职工薪酬 　　　　原材料 　　　　累计折旧
其他直接费用的核算	能直接分清楚受益对象的： 借：工程施工——××工程——其他直接费 　　贷：银行存款、应付账款 多个受益对象的： 借：工程施工——××工程——其他直接费 　　贷：工程施工——待分配直接费

（七）工程成本核算的账务处理

【例 66】2013 年 12 月 20 日，北京大有建筑工程有限公司为澳大利亚驻华大使馆 1 号公寓楼发生如下成本，工程施工领用原材料 149 544.48 元，做如下会计分录：

借：工程施工——1 号公寓（材料费）　　149 544.48

　　贷：原材料　　149 544.48

【例 67】2013 年 12 月 21 日，北京大有建筑工程有限公司核算澳大利亚驻华大使馆 1 号公寓楼水、电等其他直接费 21 300 元。做如下会计分录：

借：工程施工——1 号公寓（其他直接费）　　21 300

　贷：银行存款　　21 300

三、机械作业

（一）机械作业的概述

施工机械是建筑安装工程施工的重要劳动手段，也是企业固定资产的主要组成部分。进行建筑安装工程施工，从“三通一平”到基础的开挖与回填、构件预制及现场浇灌、水平与垂直运输、设备及构件的吊装就位等，都要以施工机械为主要手段去完成。随着国民经济的发展，建筑工业化和施工机械化的水平将不断得到提高，施工单位将会装备更多、更先进的施工机械。因此，这就要求我们加强施工机械的管理和核算，节约机械作业成本，从而促进工程成本的降低。

机械作业费用的归集如表 4-9 所示。

表 4-9　机械作业费用的归集

项目	内容说明
机械作业费用的归集方法	从外单位或本企业其他内部独立核算单位租用的施工机械支付的租凭费，一般直接计入有关合同成本
	企业使用自有施工机械或运输设备进行机械作业所发生的各项费用，通过“机械作业”进行归集核算后，在期末再按一定方法分配计入各合同成本
成本核算项目	人工费。人工费指支付给机械设备操作人员的工资、计提的职工福利费、劳动保护费等
	燃料及动力费。燃料及动力费指施工机械和运输设备运转所消耗的各种燃料及支付的动力费用
	折旧及修理费。折旧及修理费指按规定标准计提的机械设备折旧费用，以及实际发生的经常性修理及大修理的费用
	其他直接费。其他直接费指除上述各项费用以外的其他各项直接费用支出，包括养路费、擦拭材料费、替换工具及部件费用等

（续表）

项目	内容说明
成本核算项目	间接费用。间接费用指为组织和管理机械作业生产所发生的各项共同性开支，包括管理人员的工资、奖金、职工福利费、办公费以及管理用固定资产的折旧费、修理费等

承包工程机械作业成本的分配，可根据具体情况分别采用下列方法。

1. 机械台班分配法

机械台班分配法，是指按照各受益对象使用的机械台班数和台班实际成本分配机械作业成本的一种方法。这种方法适用于按单机或机组分别核算的施工机械及运输设备作业成本的分配。计算公式为：

$$机械台班实际成本 = \frac{该种机械实际发生的作业成本}{该种机械实际完成的工作台班}$$

某受益对象分配额 = 该受益对象实际使用机械台班数 × 机械台班实际成本

举例：北京大有建筑工程有限公司混凝土搅拌机本月实际发生的作业成本为 5 000 元，实际工作 300 台班，其中 101# 项目使用 35 台班。则可做如下分配：

混凝土搅拌机实际台班成本 = 5 000 ÷ 300 = 16.67（元 / 台班）；

101# 项目应分配的机械作业成本 = 35 × 16.67 = 583.45（元）。

2. 完成产量分配法

这种方法的分配原理与上述的机械台班分配法相同，仅在分配时将台班数量换为完成产量即可。这种方法适用于能确定完成产量的各种机械设备的作业成本分配。计算公式为：

$$单位产量作业成本分配率 = \frac{该种机械实际发生的作业成本}{该种机械实际完成的产量}$$

某受益对象分配额 = 该受益对象使用该种机械完成的产量 × 单位产量作业成本分配率

仍以上例资料为例，假设混凝土搅拌机实际完成混凝土工程量为 4 600 m^3，其中 101# 项目完成的混凝土工程量 600 m^3。则可做如下分配：

单位混凝土搅拌量作业成本分配率 = 5 000 ÷ 4 600=1.09（元 /m3 ）；

101# 项目分配额 = 600 × 1.09 = 654（元）。

3. 计划成本分配法

采用这种方法，是按各种机械设备的台班计划成本和各受益对象实际使用的台班数量来分配机械作业成本。实际发生的机械作业成本和按计划成本分配的金额之间的差额，再按照各受益对象已分配金额的比例进行调整。计算公式为：

某受益对象机械作业成本分配额 = 该受益对象使用某种机械的台班数量 × 该机械台班计划成本

$$某受益对象机械作业成本调整额 = \frac{该受益对象已分配的作业成本 \times 机械作业成本分配差额}{按计划成本分配的金额之和}$$

4. 机械使用费预算成本分配法

采用这种方法，是以各工程机械使用费预算成本的比例进行机械作业成本的分配。这种方法一般适用于小型机械设备作业成本的分配。其计算公式为：

$$某类机械作业成本分配率 = \frac{该类机械实际发生作业成本}{各工程机械使用费预算成本之和}$$

某受益对象分配额 = 该工程机械使用费预算成本 × 某类机械作业成本分配率

施工单位对使用自有施工机械设备发生的机械作业成本的分配，应通过编制“自有机械作业成本分配表”进行。其格式将在后面介绍。

根据自有机械作业成本分配表，可做机械作业成本分配的会计分录：

借：工程施工

　　贷：机械作业——承包工程（某核算对象）

施工单位出租机械设备，应按规定的结算价格和结算办法，向租用机械设备的单位收取租金。

（二）机械作业的核算

“机械作业”账户属于成本类账户，用来核算企业及其内部独立核算的施工单位、机械站和运输队使用自有施工机械和运输设备进行机械作业（包括机械化施工）和运输作业等所发生的各项费用。本账户可按施工机械或运输设备的种类等进行明细核算。施工企业内部独立核算的机械施工、运输单位使用自有施工机械或运输设备进行机械作业所发生的各项费用，可按成本核算对象和成本项目进行归集。成本项目一般分为人工费、燃料及动力费、折旧及修理费、其他直接费用、间接费用（为组织和管理机械作业生产所发生的费用）。

（1）企业发生的机械作业支出。

借：机械作业

　　贷：原材料

　　　　应付职工薪酬

　　　　累计折旧

（2）期末，企业及其内部独立核算的施工单位、机械站和运输队为本单位承包的工程进行机械化施工和运输作业的成本，应转入承包工程的成本。

借：工程施工

　　贷：机械作业

（3）对外单位、专项工程等提供机械作业（包括运输作业）的成本。

借：其他业务成本
　　在建工程
　　贷：机械作业

（三）机械作业的账务处理

【例 68】2013 年 12 月 21 日，北京大有建筑工程有限公司核算 1 号公寓楼机械使用费成本。本月为 1 号公寓楼使用搅拌机支付的人工费 18 300 元，计提的折旧费 2 213.17 元，燃油费 2 142.35 元。做如下会计分录：

借：工程施工——1 号公寓（机械使用费）	22 655.52	
贷：机械作业——搅拌机		22 655.52
借：机械作业——搅拌机	22 655.52	
贷：应付职工薪酬		18 300.00
累计折旧		2 213.17
原材料		2 142.35

四、工程物资

（一）工程物资概述

企业为建造固定资产等各项工程而储备的材料不能作为企业的存货，而应作为工程物资进行核算。

（二）工程物资的核算

工程物资的核算如表 4-10 所示。

表 4-10　工程物资的核算

名称	业务类型	账务处理
工程物资的核算	购入工程物资的会计处理	借：工程物资——专用材料、专用设备 　　贷：银行存款 　　　　应付账款 　　　　应付票据
	企业为购置大型设备而预付款时	借：工程物资——预付大型设备款 　　贷：银行存款
	收到设备并补付设备价款时	借：工程物资——专用设备 　　贷：工程物资——预付大型设备款 　　　　银行存款

（续表）

名称	业务类型	账务处理
工程物资的核算	收到设备并补付设备价款时	借：工程物资——专用设备 贷：工程物资——预付大型设备款 银行存款
	企业自营的基建工程领用工程物资	借：在建工程——建筑工程、安装工程等（××工程） 贷：工程物资
	工程物资在建设期间发生的盘亏、报废及毁损	借：在建工程 贷：工程物资
	盘盈的工程物资或处置收益	借：工程物资 贷：在建工程
	工程达到预定可使用状态并交付使用的账务处理	借：固定资产 贷：在建工程
	剩余材料入库时	借：原材料 贷：工程物资

（三）工程物资的账务处理

【例 69】2013 年 12 月 21 日，北京大有建筑工程有限公司自行建造简易房，购入工程用材料 158 000 元，支付的增值税税额为 26 860 元，运费 3 000 元，材料全部用于工程建设。上述款项已通过银行转账支付，做如下会计分录：

（1）购入工程物资时：

借：工程物资　　187 860

　　贷：银行存款　　187 860

（2）领用工程物资时：

借：在建工程　　187 860

　　贷：工程物资　　187 860

五、应付职工薪酬

（一）职工薪酬的概述

职工薪酬是指企业为获得职工提供的服务而给予各种形式的报酬以及其他相关支出。职工薪酬包括：

（1）职工工资、奖金、津贴和补贴；

（2）职工福利费；

（3）医疗保险费、养老保险费、失业保险费、工伤保险费和生育保险费等社会保险费；

（4）住房公积金；

（5）工会经费和职工教育经费；

（6）非货币性福利；

（7）因解除与职工的劳动关系给予的补偿；

（8）其他与获得职工提供的服务相关的支出。

（二）应付职工薪酬的核算

企业应付职工的薪酬，不论当月是否支付，都应在月终按人员类别和薪酬的用途做分录：

借：相关成本费用

　　贷：应付职工薪酬——工资

具体分以下情况进行处理：项目部施工人员的职工薪酬，计入“工程施工”科目；项目部技术人员的职工薪酬，计入“工程施工——间接费用”科目；行政管理部门人员的职工薪酬，计入“管理费用”科目；采购供应部门人员的职工薪酬，计入“采购保管费”科目；机械作业部门人员的职工薪酬，计入“机械作业”科目。

（三）应付职工薪酬的账务处理

【例 70】2013 年 12 月 21 日，北京大有建筑工程有限公司核算澳大利亚驻华大使馆 1 号公寓楼施工人员人工费为 129 000。做如下会计分录：

借：工程施工——1 号公寓（人工费）	129 000	
贷：应付职工薪酬——工资		129 000

【例 71】2013 年 12 月 22 日，北京大有建筑工程有限公司核算澳大利亚驻华大使馆 1 号公寓楼管理人员工资 50 000 元，办公费 1 500 元。做如下会计分录：

借：工程施工——1 号公寓（间接费用）	51 500	
贷：应付职工薪酬		50 000
银行存款		1 500

【例 72】2013 年 12 月 22 日，北京大有建筑工程有限公司用库存现金支付职工困难补助费 4 000 元，该职工系机械操作人员。做如下会计分录：

借：应付职工薪酬——职工福利　　4 000

　　贷：库存现金　　4 000

【例 73】2013 年 12 月 22 日，北京大有建筑工程有限公司以银行存款向社会保险经办机构缴纳职工基本养老保险费共计 54 680 元，其中公司承担 50 000 元，职工承担 4 680 元，做如下会计分录：

借：应付职工薪酬——社会保险费　　50 000

　　其他应收款——代交社会保险　　4 680

　　贷：银行存款　　54 680

【例 74】2013 年 12 月 22 日，北京大有建筑工程有限公司以银行存款支付工会经费 4 549.56 元，做如下会计分录：

借：应付职工薪酬——工会经费　　4 549.56

　　贷：银行存款　　4 549.56

六、管理费用

（一）管理费用的概述

管理费用是指企业为组织和管理企业生产经营发生的各种费用，包括企业董事会和行政管理部门在企业的经营管理中发生的，或者应由企业统一负担的公司经费（包括行政管理部门职工工资、修理费、物料消耗、低值易耗品摊销、办公费和差旅费等）、工会经费、待业保险费、劳动保险费、董事会会费（包括董事会成员津贴、会议费和差旅费等）、聘请中介机构费、咨询费（含顾问费）、诉讼费、业务招待费、房产税、车船税、土地使用税、印花税、技术转让费、矿产资源补偿费、研究费用、排污费以及企业生产车间和行政管理部门发生的固定资产修理费用等。

（二）管理费用的核算

商品流通企业管理费用不多的，可不设本科目，相关核算内容可并入“销售费用”科目核算。

企业发生的管理费用，在“管理费用”账户核算，并按费用项目设置明细科目。

企业发生的各项管理费用：

借：管理费用

　　贷：库存现金

　　　　银行存款

　　　　原材料

　　　　应付职工薪酬

　　　　累计折旧

　　　　累计摊销

应交税费

研发支出等

期末，应将本账户借方归集的管理费用全部转入“本年利润”账户的借方。

（三）管理费用的账务处理

【例 75】2013 年 12 月 23 日，北京大有建筑工程有限公司发生业务招待费 70 000 元，用银行存款支付。该公司支付招待费的会计分录如下：

借：管理费用——业务招待费　　70 000

　　贷：银行存款　　70 000

七、销售费用

销售费用是指企业在销售商品和材料、提供劳务的过程中发生的各种费用，包括保险费、包装费、展览费和广告费、商品维修费、预计产品质量保证损失、运输费、装卸费等，以及为销售本企业商品而专设的销售机构的职工薪酬、业务费、折旧费等经营费用以及固定资产修理费用等。企业发生的各项销售费用应通过“销售费用”账户进行核算。

（1）企业在销售商品过程中发生的包装费、保险费、展览费和广告费、运输费、装卸费等费用。

借：销售费用

　　贷：库存现金

　　　　银行存款等

（2）发生的为销售本企业商品而专设的销售机构的职工薪酬、业务费等经营费用。

借：销售费用

　　贷：应付职工薪酬

　　　　银行存款

　　　　累计折旧等

施工企业主要从事建筑安装工程施工活动，一般是先有买主，后有产品，因签订建造合同而发生的费用可以计入销售费用。施工企业一般不单独设置销售机构，发生的销售费用数额一般较少，因此，可以不设置“销售费用”科目，实际发生的销售费用如广告费通过“管理费用”科目核算。

第五章 工程竣工业务的核算

一、工程结算

（一）工程结算的概述

工程结算的概述如表 5-1 所示。

表 5-1 工程结算的概述

项目	具体内容
定义	工程价款结算是指建筑企业因承包建筑安装工程，按照承包合同的规定向发包单位交付已完工程，收取工程价款的结算行为
作用	通过工程价款结算，可以及时补偿企业在施工生产过程中发生的资金耗费，保证再生产活动的顺利进行
	正确及时地办理工程价款结算，还有利于促使承、发包双方切实履行承、发包合同，促进基本建设计划的顺利完成，保证建筑企业经营目标的实现
依据	工程价款结算应按合同约定办理
	合同未做约定或约定不明的，发、承包双方应依照下列规定与文件协商处理
	国家有关法律、法规和规章制度
	国务院建设行政主管部门，省、自治区、直辖市或有关部门发布的工程造价计价标准、计价办法等有关规定
	建设项目的合同、补充协议、变更签证和现场签证，以及经发、承包人认可的其他有效文件
	其他可依据的材料

（续表）

项目	具体内容
预付款结算规定	包工包料工程的预付款按合同约定拨付，原则上预付比例不低于合同金额的 10%，不高于合同金额的 30%
	对重大工程项目，按年度工程计划逐年预付
	在具备施工条件的前提下，发包人应在双方签订合同后的一个月内或不迟于约定的开工日期前的 7 天内预付工程款
	发包人不按约定预付，承包人应在预付时间到期后 10 天内向发包人发出要求预付的通知，发包人收到通知后仍不按要求预付的，承包人可在发出通知 14 天后停止施工，发包人应从约定应付之日起向承包人支付应付款的利息（利率按同期银行贷款利率计），并承担违约责任。预付的工程款必须在合同中约定抵扣方式，并在工程进度款中进行抵扣
	凡是没有签订合同或不具备施工条件的工程，发包人不得预付工程款，不得以预付款为名转移资金
工程进度款结算与支付规定	按月结算与支付。即实行按月支付进度款，竣工后清算的办法。合同工期在两个年度以上的工程，在年终进行工程盘点，办理年度结算
	分段结算与支付。即当年开工、当年不能竣工的工程按照工程形象进度，划分不同阶段支付工程进度款。具体划分办法在合同中明确
	竣工后一次结算，即在单项工程或建筑项目全部竣工后结算工程价款
工程竣工价款结算规定	发包人收到承包人递交的竣工结算报告及完整的结算资料后，应按规定的期限（合同约定有期限的，从其约定）进行核实，给予确认或者提出修改意见
	发包人根据确认的竣工结算报告向承包人支付工程竣工结算价款，保留 5%左右的质量保证（保修）金，待工程交付使用一年质保期到期后清算（合同另有约定的，从其约定），质保期内如有返修，发生费用应在质量保证（保修）金内扣除

（二）工程结算的核算

工程结算的核算如表 5-2 所示。

表 5-2 工程结算的核算

业务内容	账务处理
开工前预收工程备料款	借：银行存款 　　贷：预收账款——预收 ×× 工程备料款
工期进行中预收工程款	借：银行存款 　　贷：预收账款——预收 ×× 工程款
结算已完工程进度款	根据已完工程结算单： 借：应收账款——应收工程款 　　贷：工程结算 从“应收工程款”中扣还预收工程款： 借：预收账款——预收工程款 　　　　　　——预收备料款 　　贷：应收账款——应收工程款
工程竣工结算	合同完工时，将“工程施工”与“工程结算”账户对冲结平： 借：工程结算 　　贷：工程施工

（三）工程结算的账务处理

【例 76】2013 年 12 月 24 日，北京大有建筑工程有限公司收到澳大利亚驻华大使馆 2 号公寓楼工程备料款 1 000 000 元，做如下会计分录：

借：银行存款　　1 000 000

　　贷：预收账款——2 号公寓楼备料款　　1 000 000

【例 77】2013 年 12 月 24 日，北京大有建筑工程有限公司填列工程价款预支账单，向澳大利亚驻华大使馆预收 1 号公寓楼工程进度款 700 000 元，做如下会计分录：

借：银行存款　　700 000

　　贷：预收账款——1 号公寓　　700 000

【例 78】2013 年 12 月 24 日，北京大有建筑工程有限公司开出工程价款结算账单与澳大利亚驻华大使馆办理 3 号公寓楼工程结算：本月已完工程价款 5 000 000 万元，按规定应扣还预收工程款 1 000 000 元、预收备料款 2 000 000 万元。做如下会计分录：

月末办理结算：

借：应收账款——3 号公寓　　5 000 000

　　贷：工程结算——3 号公寓　　5 000 000

借：预收账款——预收工程款　　1 000 000

　　　　　　——预收备料款　　2 000 000

　　贷：应收账款——3 号公寓　　3 000 000

【例 79】2013 年 12 月 25 日，北京大有建筑工程有限公司收到澳大利亚驻华大使馆的 3 号公寓楼工程尾款（扣除 5% 的质保金 250 000 元）1 750 000 元，收到发包单位支付的工程价款，做如下会计分录：

借：银行存款　　1 750 000

　　贷：应收账款——3 号公寓　　1 750 000

【例 80】2013 年 12 月 25 日，北京大有建筑工程有限公司结算澳大利亚驻华大使馆的 3 号公寓楼工程成本，做如下会计分录：

借：工程结算——3 号公寓　　5 000 000

　　贷：工程施工——3 号公寓（合同毛利）　　1 556 000

　　　　　　　　——3 号公寓（合同成本）　　3 444 000

二、主营业务收入

（一）建造合同概述

建筑企业的生产经营方式有其特殊性。建筑企业所建造或生产的产品通常体积巨大，如建造的房屋、道路、桥梁、水坝等；建造或生产产品的周期长，往往跨越一个或几个会计期间；所建造或生产的产品的价值高。因此，在现实经济生活中，这类企业在开始建造或生产产品之前，通常要与产品的需求方（即客户）签订建造合同。

建造合同概述如表 5-3 所示。

表 5-3　建造合同概述

项目	具体内容
定义	建造合同是指为建造一项或数项在设计、技术、功能、最终用途等方面密切相关的资产而订立的合同
	建造合同中的甲方称为“客户”，乙方称为“建造承包商”。正因为乙方（建造承包商、建筑企业）的生产活动及经营方式有其特殊性，因此，与建造合同相关的收入、费用的确认和计量也有其特殊性

（续表）

项目	具体内容
特征	建造合同属于经济合同的范畴，但它不同于一般的材料采购合同和劳务合同，有其自身的特征
	先有买主（客户），后有标的（资产），建造资产的造价在签订合同时就已经确定
	资产的建造周期长，往往跨越一个或几个会计期间
	所建造的资产体积大，价值高
	建造合同一般为不可撤销合同
类型	建造合同一般分为固定造价合同和成本加成合同
	固定造价合同是指按照固定的合同价或固定单价确定工程价款的建造合同。如建造一座商务楼，合同规定总造价为 5 000 万元。这项建造合同即为固定造价合同
	成本加成合同，是指以合同约定或其他方式议定的成本为基础，加上该成本的一定比例或定额费用确定工程价款的建造合同。如一承包商为客户建造一大型设备，双方约定以建造该设备的实际成本为基础，合同价款以实际成本加成 3% 计算确定。该建造合同即为成本加成合同
分立与合并	建造合同的分立与合并，是确定建造合同会计核算对象的基础，它对于建筑企业准确核算建筑损益具有十分重要的意义
	建筑企业通常应当按照单项建造合同进行会计处理。但在一些特殊情况下，为了反映一项或一组合同的实质，需要将单项合同进行分立或将数项合同进行合并，还有可发生追加资产的合同，会计上则应以分立或合并后的合同作为核算对象核算其收入和成本

（二）主营业务收入概述

主营业务收入概述如表 5–4 所示。

表 5–4 主营业务收入概述

名称	具体说明
主营业务收入	主营业务收入是指企业为完成其经营目标所从事的经常性活动实现的收入

（续表）

项目	具体内容
主营业务收入	主营业务收入一般占企业总收入的比重较大，对企业的经济效益产生较大影响
	不同行业企业的主营业务收入所包括的内容不同，比如工业企业的主营业务收入主要包括销售商品、自制半成品、代制品、代修品、提供工业性劳务等实现的收入
	商业企业的主营业务收入主要是指销售商品实现的收入，包括自制自销商品和接受其他单位委托代销商品的销售收入及代购代销手续费收入
	运输（交通）企业的主营业务收入是指运输（交通）企业经营旅客或货物运输、装卸等业务发生的收入
	咨询公司的主营业务收入主要包括提供咨询服务实现的收入
	安装公司的主营业务收入主要包括提供安装服务实现的收入
	建筑施工企业的主营业务收入主要是建造合同收入
建造合同收入	初始收入是指建造承包商与客户在双方签订的合同中最初商定的合同总金额或总价款，它构成合同收入的基本内容
	追加收入是指因合同变更、索赔、奖励等形成的收入，这部分收入不构成合同当事人在签订合同时已在合同中商定的合同总金额，而是在合同执行过程形成的追加收入
	合同变更，是指客户为改变合同规定的作业内容提出的调整
	索赔款，是指因客户或第三方的原因造成的、由建造承包商向客户或第三方收取的、用于补偿不包括在合同造价中成本的款项
	奖励款，是指工程达到或超过规定的合同标准时，客户同意支付给建造承包商的额外款项
建造合同收入的确认	当建造合同的结果能够可靠估计时，企业应采用完工百分比法于资产负债表日确认合同收入和合同费用
	确定建造合同的完工进度
	根据完工进度确认合同收入和费用

（三）建造合同收入核算

建造合同收入核算如表 5-5 所示。

表 5-5 建造合同收入核算

业务内容		账务处理
合同建造时	发生的人工费、材料费、机械使用费以及施工现场材料的二次搬运费、生产工具和用具使用费、检验试验费、临时设施折旧费等其他直接费用	借：工程施工——合同成本 贷：应付职工薪酬、原材料等
	发生的施工、生产单位管理人员职工薪酬、固定资产折旧费、财产保险费、工程保修费、排污费等间接费用	借：管理费用 贷：累计折旧 银行存款等
	期（月）末，将间接费用分配计入有关合同成本	借：工程施工——合同成本 贷：间接费用
确认合同收入、合同费用时		借：主营业务成本 贷：主营业务收入 借记或贷记工程施工——合同毛利（按其差额）
合同完工时	应将本账户余额与相关工程施工合同的“工程结算”对冲	借：工程结算 贷：工程施工——合同成本

（四）建造合同收入的账务处理

【例 81】2013 年 12 月 25 日，北京大有建筑工程有限公司签订澳大利亚驻华大使馆的 3 号公寓楼工程合同收入，做如下会计分录：

借：主营业务成本　　3 444 000

　　工程施工——合同毛利　　1 556 000

　　贷：主营业务收入　　5 000 000

三、营业税金及附加

（一）营业税金及附加概述

营业税金及附加概述如表5-6所示。

表5-6 营业税金及附加概述

项目	具体内容
定义	营业税金及附加是指企业日常主要经营活动应负担的税金及附加
计提营业税金及附加的税种	营业税
	消费税
	资源税
	土地增值税
	城市维护建设税
	教育费附加
	地方教育费附加

（二）营业税金及附加的核算

营业税金及附加的核算如表5-7所示。

表5-7 营业税金及附加的核算

业务内容	账务处理
计算应由主营业务负担的税金及附加，按应计提金额	借：营业税金及附加 贷：应交税费——应交营业税 ——应交消费税 ——应交城市维护建设税 ——应交教育费附加 ——应交地方教育费附加 ——应交资源税 ——应交土地增值税
月末结转营业税金及附加	借：本年利润 贷：营业税金及附加

（续表）

业务内容	账务处理
月初交纳税费时	借：应交消税费——应交营业税 ——应交消费税 ——应交城市维护建设税 ——应交教育费附加 ——应交地方教育费附加 ——应交资源税 ——应交土地增值税 贷：银行存款

（三）营业税金及附加的账务处理

【例 82】2013 年 12 月 26 日，北京大有建筑工程有限公司已结算的合同价款为 5 000 000 元，适用的营业税税率为 3%。做如下会计分录：

借：营业税金及附加　　150 000.00

　　贷：应交税费——应交营业税　　150 000.00

【例 83】2013 年 12 月 26 日，北京大有建筑工程有限公司应交营业税 401 200 元，应交增值税 7 044.66 元。该企业适用的城市维护建设税税率为 7%，做如下会计分录：

计算城市维护建设税：

应交城市维护建设税 =（401 200 + 7 044.66）× 7% = 28 577.13（元）。

借：营业税金及附加　　28 577.13

　　贷：应交税费——应交城市维护建设税　　28 577.13

【例 84】2013 年 12 月 26 日，北京大有建筑工程有限公司适用的教育费附加税率为 3%，做如下会计分录：

计算教育费附加：

应交教育费附加 =（401 200 + 7 044.66）× 3% = 12 247.34（元）。

借：营业税金及附加　　12 247.34

　　贷：应交税费——应交教育费附加　　12 247.34

【例 85】2013 年 12 月 26 日，北京大有建筑工程有限公司适用的地方教育费附加率为 2%。做如下会计分录：

应交地方教育费附加 =（401 200 + 7 044.66）× 2% = 8 164.89（元）。

借：营业税金及附加　　8 164.89

　　贷：应交税费——应交地方教育费附加　　8 164.89

四、其他业务收入

（一）其他业务收入概述

其他业务收入的基本内容如表 5-8 所示。

表 5-89　其他业务收入的基本内容

项目	具体说明
其他业务收入定义	其他业务收入是指企业为完成其经营目标所从事的与经常性活动相关的业务实现的收入
	其他业务收入属于企业日常活动中次要交易实现的收入，一般占企业总收入的比重较小
	但是在目前许多企业开展多种经营的情况下，其他业务收入比重在逐渐增加
其他业务收入的内容	产品销售收入
	材料销售收入
	机械、运输作业收入
	固定资产出租收入
	无形资产出租收入
	多种经营收入
	其他收入
其他业务收入的确认	提供产品、材料时的收入确认
	提供机械、运输劳务时的收入确认
	让渡资产使用权产生的收入确认

（二）其他业务收入的核算

“其他业务收入”账户。该账户核算建筑企业除了主营业务收入以外的其他业务收入。贷方记入企业取得的各项其他业务的收入，期末，将本账户的余额全部转入“本年利润”账户，结转后，月末无余额。本账户应按其他业务收入的内容设置明细账户，进行明细分类核算。其他业务收入的核算如表 5-9 所示。

表 5-9 其他业务收入的核算

业务内容	账务处理
销售原材料	借：银行存款 　贷：其他业务收入 　　应交税费——应交增值税
收到出租包装物的租金	借：银行存款 　库存现金 　贷：其他业务收入 　　应交税费——应交增值税
收到逾期未退包装物的押金	借：其他应付款 　贷：其他业务收入 　　应交税费——应交增值税
期末转入本年利润	借：其他业务收入 　贷：本年利润

【例 86】2013 年 12 月 26 日，北京大有建筑工程有限公司仓库对施工用材料进行管理，对另一施工单位出售水泥 80 吨，出售单价 150 元，该水泥的账面价值为 9 600 元。假设按照 3% 税率缴纳增值税。做如下会计分录：

确认出售水泥的收入：

80 × 150 = 12 000（元）。

借：银行存款　　12 000.00

　贷：其他业务收入　　11 650.49

　　应交税费——应交增值税　　349.51

五、其他业务成本

（一）其他业务成本的概述

其他业务成本的概述如表 5-10 所示。

表 5-10 其他业务成本的概述

项目	具体内容
定义	是指企业除主营业务成本以外的其他销售或其他劳务所发生的成本

（续表）

项目	具体内容
内容	销售建筑材料的成本
	出租固定资产的折旧额
	出租无形资产的摊销额
	出租包装物的成本或摊销额等

（二）其他业务成本的核算

其他业务成本的核算如表 5-11 所示。

表 5-11　其他业务成本的核算

业务内容	账务处理
结转销售原材料的实际成本	借：其他业务成本 　　贷：原材料
结转出租包装物的成本	借：其他业务成本 　　贷：周转材料
出租包装物不能使用而报废时	借：原材料 　　贷：其他业务成本

（三）其他业务成本的账务处理

【例 87】2013 年 12 月 26 日，北京大有建筑工程有限公司结转销售水泥成本 9 600 元，做如下会计分录：

借：其他业务成本　　9 600

　　贷：原材料　　9 600

六、应收票据

（一）应收票据的概述

应收票据是企业持有的、尚未到期兑现的商业票据，它代表企业未来收取一定款项的权利。在市场经济环境中，商业票据这一信用工具得到了广泛应用。

商业票据通常包括期票和商业汇票。期票是指债务人向债权人承诺，在特定日期内无条件支付一定金额的可转让票据；商业汇票是债权人签发、由债务人承兑，指示承兑人在到期日向债权人或被背书人支付款项的票据。至于见票即付的各种支票、银行汇票和其他票据，应视同货币资金，不属于应收票据的内容。

商业票据还有带息票据与不带息票据之分。带息票据到期价值等于票面金额加上按票面利率计算的利息。不带息票据到期价值等于其票面金额，但实际上其票面金额的确定已包含了利息因素。

在我国，应收票据一般按其面值计价，即企业收到应收票据时，应按照票据的票面价值入账。但对于带息的应收票据，应于期末，按应收票据的票面价值和确定的利率计提利息，并计入“应收利息”科目。

（二）应收票据的核算

为了进行应收票据的核算，企业应设置“应收票据”科目，本科目借方登记企业收到的已承兑的商业汇票面额及应计利息，贷方登记商业汇票到期收款额及贴现或转让票据金额。余额在借方，表示尚未收到款项的应收票据金额。

企业还应设置“应收票据登记簿”，逐笔记录每一张票据的种类、号数、出票日期、付款人、承兑人、背书人、到期日、利率、贴现日期、贴现率等内容。票据到期收回票款时，在登记簿内逐笔注销。

应收票据的核算如表 5-12 所示。

表 5-12　　应收票据的核算

名称	业务类型	账务处理
应收票据的核算	销售商品、提供劳务收到应收票据	借：应收票据 　贷：主营业务收入 　　应交税费——应交增值税
	以应收票据抵偿应收账款	借：应收票据 　贷：应收账款
	应收票据到期收回票款	借：银行存款 　贷：应收票据
	带息应收票据计提利息	借：应收票据 　贷：财务费用
	持未到期的应收票据到银行贴现（不带息票据）	借：银行存款（扣除贴息后的净额） 　财务费用（贴现息） 　贷：应收票据（票面余额）

（三）应收票据的账务处理

【例 88】2013 年 12 月 26 日，北京大有建筑工程有限公司收到的面值 10 000 元、利率为 9%、60 天到期的商业汇票到期。做如下会计分录：

借：银行存款　　10 150

　　贷：应收票据　　10 000

　　　　财务费用　　150

七、应收账款

（一）应收账款的概述

应收账款的基本内容如表 5-13 所示。

表 5-13　应收账款的基本内容

项目	具体说明
应收账款定义	应收账款是企业因销售商品、提供劳务而形成的债权
	判别一项债权是属于应收账款还是属于其他应收款项的标准在于是否与企业基本经营业务有关，以及是否采用了票据化表现形式
	凡是企业在正常经营过程中由于主要经营业务而发生的应向客户收取的货款、劳务款及从属费用，且未采用票据化表现形式的，均属于应收账款的范围
应收账款的确认	企业已经将商品所有权上的主要风险和报酬转移给购货方
	企业既没有保留通常与所有权相联系的继续管理权，也没有对已经出售的商品实施控制
	与交易相关的经济利益能够流入企业
	相关的收入和成本能够可靠地计量
应收账款的折扣	商业折扣是指企业为适应市场供需情况或针对不同的购货单位，按标明的售价给予的折扣优惠
	现金折扣是指企业为鼓励购货单位在一定期限内尽早偿还货款而允许给予的折扣优惠

（续表）

项目	具体说明
应收账款的折扣	销售折让是指企业销售商品后，由于所售商品的品种、质量与合同不符或由于其他原因，对购货单位在价格上给予的减让

（二）应收账款的核算

企业应收款项的核算应通过“应收账款”账户进行。该账户借方登记因销售业务而发生的各项应收取的款项，贷方登记已经收回的应收账款，期末余额在借方，反映企业尚未收回的应收账款。该账户可按债务人进行明细核算。应收账款的核算如表 5-14 所示。

表 5-14 应收账款的核算

业务内容	账务处理
企业发生的应收账款	借：应收账款（按应收金额） 　　贷：主营业务收入（按实现的销售收入） 　　　　应交税费——应交增值税
收回应收账款	借：银行存款等 　　贷：应收账款
代购货单位垫付的包装费、运杂费	借：应收账款 　　贷：银行存款等
将应收账款改为商业汇票结算	借：应收票据 　　贷：应收账款

（三）应收账款的账务处理

【例 89】2013 年 12 月 26 日，北京大有建筑工程有限公司接到银行收款通知，销售给红星公司的货款及代垫运杂费 84 200 元已全部收到。做如下会计分录：

借：银行存款　　84 200

　　贷：应收账款　　84 200

八、坏账准备

（一）坏账准备的概述

坏账是指企业无法收回的各种应收款项。由于发生坏账而造成的损失称为坏账损失。

企业应当在资产负债表日，对应收款项的账面价值进行检查，有客观证据表明应收款项发生减值的，应当确认减值损失，计提坏账准备。应收款项包括应收票据、应收账款、预付账款、其他应收款、长期应收款等。

应收款项以摊余成本后续计量，其发生减值时，应当将该应收款项的账面价值与预计未来现金流量现值之间的差额，确认为减值损失，计入当期损益。短期应收款项的预计未来现金流量与现值相差很小的，在确定相关减值损失时，可不对其预计未来现金流量进行折现。对于确实无法收回的应收款项，按管理权限报批准后作为坏账，转销应收款项。对于已确认并转销的应收款项以后又收回的，可以按照实际收回的金额，贷记坏账准备。

（二）坏账准备的核算

在我国，企业只能采用备抵法核算坏账损失。

坏账准备的总分类核算，是通过设置"坏账准备"总账科目进行的。本科目借方核算经批准作为坏账损失的确实无法收回的应收款项，及应提取的坏账准备小于账面余额的差额转回，贷方核算本期提取的坏账准备，及收回的已作为坏账核销的应收款项，期末贷方余额反映企业已计提但尚未转销的坏账准备。

坏账准备可按应收款项的类别进行明细核算。本期应计提的坏账准备大于其账面余额的，应按其差额计提；应计提的坏账准备小于其账面余额的差额做相反的会计分录。坏账准备的核算如表 5-15 所示。

表 5-15　坏账准备的核算

业务内容	账务处理
提取坏账准备	借：管理费用——计提的坏账准备 　贷：坏账准备
应提取的坏账准备大于其账面余额的，应按其差额提取	借：管理费用——计提的坏账准备 　贷：坏账准备
应提的坏账准备数额小于账面余额的，应按其差额计提	借：坏账准备 　贷：管理费用——计提的坏账准备
对于确实无法收回的应收账款，经批准作为坏账损失、冲销提取的坏账准备	借：坏账准备 　贷：应收账款 　　其他应收款

（续表）

业务内容	账务处理
已确认并转销的坏账损失，如果以后又收回，按实际收回的金额	借：应收账款 　　其他应收款 　　贷：坏账准备 同时， 借：银行存款 　　贷：应收账款 　　　　其他应收款

（三）坏账准备的账务处理

【例 90】2013 年 12 月 26 日，北京大有建筑工程有限公司对应收账款进行检查，发现君安宾馆的 20 000 元工程尾款，有确凿证据表明确实无法收回，应当确认减值损失，计提坏账准备。会计处理如下：

借：资产减值损失——计提坏账准备　　20 000

　　贷：坏账准备　　20 000

九、预付账款

（一）预付账款定义及核算

预付账款是指企业按照合同规定预付的款项。

企业应当设置“预付账款”科目，核算预付账款的增减变动及其结存情况。预付款项情况不多的企业，可以不设置“预付账款”科目，而直接通过“应付账款”科目核算。具体核算内容如下：

（1）企业根据购货合同的规定向供应单位预付款项时。

借：预付账款

　　贷：银行存款

（2）企业收到所购物资，按应计入购入物资成本的金额。

借：材料采购（含税）

　　原材料（含税）

　　库存商品（含税）

　　贷：预付账款

（3）当预付货款小于采购货物所需支付的款项时，应将不足部分补付。

借：预付账款

　　贷：银行存款

（4）当预付货款大于采购货物所需支付的款项时，对收回的多余款项。

借：银行存款

　　贷：预付账款

（二）预付账款的账务处理

【例 91】2013 年 12 月 26 日，北京大有建筑工程有限公司向元创建材公司采购材料，所需支付的款项总额 50 000 元。按照合同规定向元创建材公司预付货款的 50%，验收货物后补付其余款项。北京大有建筑工程有限公司预付货款时，做如下会计分录：

借：预付账款——元创建材公司　　25 000

　　贷：银行存款　　25 000

第六章　投资业务的核算

一、交易性金融资产

（一）交易性金融资产概述

交易性金融资产的基本内容如表 6–1 所示。

表 6–1　交易性金融资产的基本内容

项 目	具体说明
交易性金融资产的定义	交易性金融资产主要是指企业为了近期内出售而持有的金融资产
交易性金融资产的确认条件	取得该金融资产的目的，主要是为了近期内出售。例如，企业以赚取差价为目的从二级市场购入的股票、债券和基金等
	属于进行集中管理的可辨认金融工具组合的一部分，且有客观证据表明企业近期采用短期获利方式对该组合进行管理
	属于衍生工具。但是，被指定为有效套期工具的衍生工具、属于财务担保合同的衍生工具、与在活跃市场中没有报价且其公允价值不能可靠计量的权益工具投资挂钩并须通过交付该权益工具结算的衍生工具除外

（二）交易性金融资产的核算

交易性金融资产的核算如表 6–2 所示。

表 6–2　交易性金融资产的核算

项 目	业 务 类 型	账 务 处 理
交易性金融资产的核算	初始投资成本的确定与核算	企业取得交易性金融资产，按其公允价值： 借：交易性金融资产——成本 　　投资收益（取得时发生的相关交易费用） 　　应收利息（取得时已到付息期但尚未领取的债券利息） 　　应收股利（取得时已宣告但尚未发放的现金股利） 　　贷：银行存款

（续表）

项目	业务类型	账务处理
交易性金融资产的核算	持有期间取得收益的核算	借：应收股利 　　应收利息 　　贷：投资收益 若收到时： 借：银行存款 　　贷：应收股利 　　　　应收利息
	期末计价的核算	借：交易性金融资产——公允价值变动 　　贷：公允价值变动损益 公允价值低于其账面价值的差额，则： 借：公允价值变动损益 　　贷：交易性金融资产　　公允价值变动
	交易性金融资产的处置	企业出售交易性金融资产，应按实际收到的金额： 借：银行存款 　　贷：交易性金融资产——成本 　　　　　　　　　　　——公允价值变动 　　　　投资收益（按差额借或贷） 同时，将原计入该金融资产的公允价值变动转出： 借（贷）：公允价值变动损益 　　　　贷（借）：投资收益

（三）交易性金融资产的账务处理

【例 92】2013 年 12 月 27 日，北京大有建筑工程有限公司委托某证券公司从上海证券交易所购入 A 上市公司股票 20 000 股，并将其划分为交易性金融资产。该笔股票投资在购买日的公允价值为 200 000 元。另支付相关交易费用金额为 3 000 元。做如下会计分录：

借：交易性金融资产——成本　　200 000
　　投资收益　　3 000
　　贷：银行存款　　203 000

【例 93】北京大有建筑工程有限公司购买长江公司股票 50 000 股，作为交易性金融资产，在购买日的公允价值为 500 000 元。长江公司于 2012 年 12 月 27 日宣告发放股利，为每 10 股派发 4 元库存现金。宣告股利时，做如下会计分录：

借：应收股利　　20 000

　贷：投资收益　　20 000

【例 94】2012 年 12 月 27 日，北京大有建筑工程有限公司仍然持有长江公司股票 50 000 股，每股市价 12 元，购买时每股市价 10 元。作如下会计分录：

借：交易性金融资产——公允价值变动　　100 000

　贷：公允价值变动损益　　100 000

【例 95】2012 年 12 月 27 日，北京大有建筑工程有限公司出售了所持有的丙公司的债券，买入价 3 500 000 元，公允价值变动损益 100 000 元，售价 3 750 000 元。做如下会计分录：

借：银行存款　　3 750 000

　贷：交易性金融资产——成本　　3 500 000

　　　　　　　　　——公允价值变动　　100 000

　　投资收益　　150 000

同时，

借：公允价值变动损益　　100 000

　贷：投资收益　　100 000

二、投资性房地产

（一）投资性房地产概述

投资性房地产，是指为赚取租金或资本增值，或两者兼有而持有的房地产。主要包括已出租的土地使用权、持有并准备增值后转让的土地使用权和已出租的建筑物。投资性房地产应当能够单独计量和出售。

投资性房地产范围如表 6-3 所示。

表 6-3　投资性房地产范围

项目	具体说明
属于投资性房地产的项目	已出租的土地使用权，是指企业通过出让或转让方式取得，并以经营租赁方式出租的土地使用权。企业计划用于出租但尚未出租的土地使用权，不属于此类，而应归于无形资产
	持有并准备增值后转让的土地使用权，是指企业通过出让或转让方式取得并准备增值后转让的土地使用权。但是，按照国家有关规定认定的闲置土地，不属于持有并准备增值的土地使用权

（续表）

项目	具体说明
属于投资性房地产的项目	已出租的建筑物，是指企业拥有产权并以经营租赁方式出租的房屋等建筑物。企业计划用于出租但尚未出租的建筑物，不属于此类
不属于投资性房地产的项目	自用房地产，即为生产商品、提供劳务或者经营管理而持有的房地产,包括自用建筑物(固定资产)和自用土地使用权(无形资产)
	作为存货的房地产，通常指房地产开发企业在正常经营过程中销售的或为销售而正在开发的商品房和土地

（二）投资性房地产的核算

投资性房地产的核算如表 6-4 所示。

6-4　投资性房地产的核算

业务内容		账务处理
外购投资性房地产	成本模式	按取得时的实际成本进行初始计量： 借：投资性房地产 　　贷：银行存款
	公允模式	借：投资性房地产——成本 　　贷：银行存款
自行建造投资性房地产	成本模式	借：投资性房地产（按照确定的成本） 　　贷：在建工程 　　　　开发产品
	公允模式	借：投资性房地产——成本（按照确定的成本） 　　贷：在建工程 　　　　开发产品

（续表）

<table>
<tr><th colspan="3">业务内容</th><th>账务处理</th></tr>
<tr><td rowspan="7">投资性房地产后续支出</td><td rowspan="5">资本化后续支出</td><td rowspan="3">成本模式</td><td>转入改扩建或装修工程：
借：投资性房地产——在建
　　投资性房地产累计折旧（投资性房地产累计摊销）
　　投资性房地产减值准备
　　贷：投资性房地产</td></tr>
<tr><td>发生支出：
借：投资性房地产——在建
　　贷：银行存款等</td></tr>
<tr><td>改扩建或装修工程完工：
借：投资性房地产
　　贷：投资性房地产——在建</td></tr>
<tr><td rowspan="2">公允模式</td><td>转入改扩建或装修工程：
借：投资性房地产——在建
　　贷：投资性房地产——成本
　　　　　　　　　　——公允价值变动</td></tr>
<tr><td>发生支出：
借：投资性房地产——在建
　　贷：银行存款等</td></tr>
<tr><td>资本化后续支出</td><td>公允模式</td><td>改扩建或装修工程完工：
借：投资性房地产——成本
　　贷：投资性房地产——在建</td></tr>
<tr><td>费用化后续支出</td><td>不满足投资性房地产确认条件的，应当在发生时计入其他业务成本</td><td>借：其他业务成本
　　贷：银行存款</td></tr>
</table>

（续表）

		会计处理
投资性房地产的后续计量	成本模式	按期（月）对投资性房地产计提折旧或进行摊销： 借：其他业务成本 　　贷：投资性房地产累计折旧 　　　　投资性房地产累计摊销
		取得的租金收入： 借：银行存款 　　贷：其他业务收入
		投资性房地产存在减值迹象的，适用资产减值的有关规定。经减值测试后确定发生减值的，应当计提减值准备： 借：资产减值损失 　　贷：投资性房地产减值准备
	公允模式	对以公允价值模式计量的投资性房地产不计提折旧或进行摊销，但是资产负债表日，投资性房地产的公允价值变动计入当期损益
		投资性房地产的公允价值高于其账面余额的差额： 借：投资性房地产——公允价值变动 　　贷：公允价值变动损益
		公允价值低于其账面余额时： 借：公允价值变动损益 　　贷：投资性房地产——公允价值变动
		取得租金收入时： 借：银行存款 　　贷：其他业务收入
	后续计量模式变更成本模式转为公允模式	借：投资性房地产——成本 　　投资性房地产累计折旧 　　贷：投资性房地产 　　　　利润分配——未分配利润 　　　　盈余公积

（续表）

业务内容			账务处理
投资性房地产的转换	成本模式	将投资性房地产转换为非投资性房地产	将投资性房地产转换为存货： 借：开发产品 投资性房地产累计折旧、投资性房地产累计摊销 投资性房地产减值准备 贷：投资性房地产
			将投资性房地产转换为自用时： 借：固定资产、无形资产 投资性房地产累计折旧、投资性房地产累计摊销 投资性房地产减值准备 贷：投资性房地产 累计折旧、累计摊销 固定资产减值准备、无形资产减值准备
			转换日为租赁期届满，且董事会或类似机构做出了书面决议，明确表明将其重新用于对外销售或自用的日期
		将非投资性房地产转换为投资性房地产	房地产开发企业，将作为存货的房地产转换为成本模式计量的投资性房地产，其在转换日： 借：投资性房地产 存货跌价准备（已计提存货跌价准备） 贷：开发产品（账面余额）
			将自用的房地产转换为按成本模式计量的投资性房地产，其在转换日： 借：投资性房地产 累计折旧、累计摊销 固定资产减值准备、无形资产减值准备 贷：固定资产、无形资产 投资性房地产累计折旧、投资性房地产累计摊销投资性房地产减值准备

（续表）

<table>
<tr><th colspan="3">业务内容</th><th>账务处理</th></tr>
<tr><td rowspan="5">投资性房地产的转换</td><td>成本模式</td><td>将非投资性房地产转换为投资性房地产</td><td>转换日为租赁期开始日，但是对企业持有以备经营出租的空置建筑物，如董事会或类似机构做出了书面决议，明确表明将其用于经营出租且持有意图短期内不再发生变化的，可视为投资性房地产，转换日为董事会或类似机构做出了书面决议的日期</td></tr>
<tr><td rowspan="4">公允模式</td><td rowspan="2">将投资性房地产转为非投资性房地产</td><td>将投资性房地产转为存货时：
借：开发产品（转换日的公允价值）
贷：投资性房地产——成本
——公允价值变动
公允价值变动损益（有可能在借方）</td></tr>
<tr><td>将投资性房地产转为自用时：
借：固定资产、无形资产（转换日的公允价值）
贷：投资性房地产——成本
——公允价值变动
公允价值变动损益（有可能在借方）</td></tr>
<tr><td rowspan="2">将非投资性房地产转换为投资性房地产</td><td>房地产开发企业，将作为存货的房地产转换为以公允价值模式计量的投资性房地产，其在转换日：
借：投资性房地产——成本（转换日的公允价值）
存货跌价准备（已计提存货跌价准备）
公允价值变动损益（借方差额）
贷：开发产品（账面余额）
资本公积——其他资本公积（贷方差额）</td></tr>
<tr><td>将自用的建筑物等转换为以公允价值模式计量的投资性房地产，其在转换日：
借：投资性房地产（转换日的公允价值）
累计折旧、累计摊销
固定资产减值准备、无形资产减值准备
公允价值变动损益（借方差额）
贷：固定资产、无形资产
资本公积——其他资本公积（贷方差额）</td></tr>
</table>

（续表）

<table>
<tr><th colspan="2">业务内容</th><th>账务处理</th></tr>
<tr><td rowspan="4">投资性房地产的处置</td><td rowspan="2">成本模式</td><td>借：银行存款
贷：其他业务收入</td></tr>
<tr><td>借：其他业务成本
投资性房地产累计折旧、投资性房地产累计摊销
投资性房地产减值准备
贷：投资性房地产</td></tr>
<tr><td rowspan="2">公允模式</td><td>借：银行存款
贷：其他业务收入</td></tr>
<tr><td>借：其他业务成本
公允价值变动损益
资本公积——其他资本公积
贷：投资性房地产——成本
——公允价值变动</td></tr>
</table>

（三）投资性房地产的账务处理

【例 96】2013 年 12 月 28 日，北京大有建筑工程有限公司购入一栋写字楼用于出租，取得的增值税专用发票上注明的价款为 300 000 元，增值税为 51 000 元，款项已通过银行转账。北京大有建筑工程有限公司决定采用成本模式对该项出租的房地产进行后续计量。假定不考虑其他相关税费。做如下会计分录：

借：投资性房地产——写字楼	351 000	
贷：银行存款		351 000

【例 97】2013 年 12 月 28 日，北京大有建筑工程有限公司将拥有的原用于本企业办公的办公楼出租给乙单位，为期 3 年。截止出租日这栋办公楼账面余额为 5 500 000 元，已计提折旧 800 000 元，已计提减值准备 60 000 元。做如下会计分录：

借：投资性房地产	5 500 000	
累计折旧	800 000	
固定资产减值准备	60 000	
贷：固定资产		5 500 000
投资性房地产累计折旧		800 000
投资性房地产减值准备		60 000

【例 98】2013 年 12 月 28 日，北京大有建筑工程有限公司将出租在外的办公楼收回，开始用于本企业办公，该办公楼相应地由投资性房地产转为自用房地产。截止到收回日，

账面价值为 5 000 000 元，其中：原价 6 000 000 元，累计计提折旧 2 600 000 元。做如下会计分录：

借：固定资产　6 000 000
　　投资性房地产累计折旧　2 600 000
　　贷：投资性房地产　6 000 000
　　　　累计折旧　2 600 000

【例 99】2013 年 12 月 28 日，北京大有建筑工程有限公司将其出租的一栋写字楼确认为投资性房地产。租赁期已满，北京大有建筑工程有限公司将该栋写字楼出售给东方公司，合同价款为 5 000 000 元，东方公司已用银行存款付清。假设该写字楼采用成本模式计量。出售时该写字楼的成本为 4 600 000 元，已计提折旧 500 000 元。做如下会计分录：

借：银行存款　5 000 000
　　贷：其他业务收入　5 000 000
借：其他业务成本　4 350 000
　　投资性房地产累计折旧　500 000
　　贷：投资性房地产——写字楼　4 600 000
　　　　应交税费——应交营业税　250 000

三、长期股权投资

（一）长期股权投资概述

长期股权投资，通常指企业长期持有，按所持股份比例享有被投资单位权益并承担相应责任的投资。企业进行长期股权投资，目的在于通过股权投资控制被投资单位，或对被投资单位施加重大影响，或为长期盈利，或为了与被投资单位建立密切关系，一般具有投资较大、期限较长、风险较大以及能为企业带来长期利益等特征。

长期股权投资的内容与特征如表 6-5 所示。

表 6-5　长期股权投资的内容与特征

项目	具体说明
长期股权投资内容	企业持有的能够对被投资单位实施控制的权益性投资，即对子公司投资
	企业持有的能够与其他合营方一同对被投资单位实施共同控制的权益性投资，即对合营企业投资

（续表）

<table>
<tr><th>项目</th><th>具体内容</th></tr>
<tr><td rowspan="2">长期股权投资内容</td><td>企业持有的能够对被投资单位施加重大影响的权益性投资，即对联营企业投资</td></tr>
<tr><td>企业持有的对被投资单位不具有控制、共同控制或重大影响，并且在活跃市场中没有报价、公允价值不能可靠计量的权益性投资</td></tr>
<tr><td rowspan="2">长期股权投资特征</td><td>股权投资是一种交换行为。企业在正常的生产经营过程中所进行的各类交易，按照交易行为的性质，可以分为互惠转让和非互惠转让</td></tr>
<tr><td>企业通过长期股权投资获得的经济利益不同于其他资产为企业带来的经济利益</td></tr>
</table>

（二）长期股权投资的核算

长期股权投资的核算如表 6-6 所示。

表 6-6　长期股权投资的核算

<table>
<tr><th colspan="3">业务内容</th><th>账务处理</th></tr>
<tr><td rowspan="2">长期股权投资初始计量</td><td rowspan="2">企业合并形成</td><td>同一控制下形成</td><td>借：长期股权投资（合并当日被投资方账面净资产 × 合并方取得的股份比例）
贷：股本或实收资本（发行股份的面值或新增的实收资本）
资本公积——股本溢价或资本溢价（当长期股权投资的入账成本大于股份面值时挤入贷方，反之挤入借方）</td></tr>
<tr><td>非同一控制下形成</td><td>如果换出的是无形资产等则按正常转让方式处理：
借：长期股权投资（按上述原则确认的成本）
应收股利
贷：有关资产（账面余额）
银行存款（相关费用）
营业外收入（或借记“营业外支出”）</td></tr>
</table>

（续表）

<table>
<tr><th colspan="3">业务内容</th><th>账务处理</th></tr>
<tr><td rowspan="2">长期股权投资初始计量</td><td>企业合并形成</td><td>非同一控制下形成</td><td>如果换出的是存货则按正常销售收入处理：
借：长期股权投资（按上述原则确认的成本）
　　应收股利
　贷：主营业务收入
　　　应交税费——应交增值税（销项税额）
借：主营业务成本
　　存货跌价准备
　　贷：库存商品
借：营业税金及附加
　　贷：应交税费——应交消费税
如果是换股合并方式则应做如下处理：
借：长期股权投资（按股份的公允价值入账）
　　贷：股本（按股票面值入账）
　　　　资本公积——股本溢价（倒挤）
在另付发行费用时：
借：资本公积——股本溢价
　　贷：银行存款
如果是以现金合并方式：
借：长期股权投资（购买日的合并成本）
　　应收股利（享有被投资单位已宣告但尚未发放的现金股利）
　　贷：银行存款</td></tr>
<tr><td colspan="2">非企业合并形成</td><td>以支付现金取得的长期股权投资：
借：长期股权投资——××公司
　　应收股利
　　贷：银行存款
以发行权益性证券取得的长期股权投资：
借：长期股权投资——××公司
　　贷：股本
　　　　资本公积——股本溢价</td></tr>
</table>

（续表）

业务内容		账务处理
长期股权投资的后续计量	成本法	收到现金股利的账务处理： （1）宣告时： 借：应收股利 　　贷：投资收益 （2）发放时： 借：银行存款 　　贷：应收股利
	权益法	取得投资时： 长期股权投资的初始投资成本大于投资时投资企业应享有被投资单位可辨认净资产公允价值份额的不调整长期股权投资的成本。 借：长期股权投资——成本 　　贷：银行存款 长期股权投资的初始投资成本小于投资时投资企业应享有被投资单位可辨认净资产公允价值份额的，其差额应当计入当期损益，同时调整长期股权投资的成本。 借：长期股权投资——成本（被投资单位可辨认净资产公允价值 × 持股比例） 　　贷：银行存款等（支付的全部价款） 　　　　营业外收入（差额）
		被投资单位实现净损益时： 借：长期股权投资——损益调整 　　贷：投资收益（被投资单位实现的净利润 × 持股比例）
		被投资单位宣告分派利润或现金股利时： 借：应收股利 　　贷：长期股权投资——损益调整 　　　　　　　　　　——成本（分得的现金股利超出所确认的损益调整部分）
长期股权投资的处置	成本法	成本法下处置长期股权投资的一般分录如下： 借：银行存款 　　长期股权投资减值准备 　　贷：长期股权投资 　　　　投资收益（倒挤）

（续表）

业务内容		账务处理
长期股权投资的处置	权益法	权益法下处置长期股权投资的一般分录如下： 借：银行存款 　　长期股权投资减值准备 　　资本公积——其他资本公积（如为借方余额则应在贷方冲减） 　　贷：长期股权投资——投资成本 　　　　　　　　　　——损益调整 　　　　　　　　　　——其他权益变动（如为贷方余额则应在借方冲减）投资收益（倒挤）
长期股权投资减值	计提减值准备时	借：资产减值损失 　　贷：长期股权投资准备

（三）长期股权投资的账务处理

【例 100】2013 年 12 月 28 日，北京大有建筑工程有限公司以银行存款 200 000 购入 A 公司 10% 股份，并准备长期持有，采用成本法核算。该公司购入长期股权投资时，做如下会计分录：

借：长期股权投资——A 公司　　200 000

　　贷：银行存款　　200 000

【例 101】2013 年 12 月 29 日，北京大有建筑工程有限公司以银行存款 950 000 元向 B 公司投资，占 B 公司有表决权资本的 70%，其初始成本与应享有 B 公司所有者权益份额相等。购入 B 公司股份做长期投资时，做如下会计分录：

借：长期股权投资——B 公司（投资成本）　　950 000

　　贷：银行存款　　950 000

四、持有至到期投资

（一）持有至到期投资概述

持有至到期投资，是指到期日固定、回收金额固定或可确定，且企业有明确意图和能力持有至到期的非衍生金融资产。通常情况下，能够划分为持有至到期投资的金融资产，主要是债权性投资，比如从二级市场上购入的固定利率国债、浮动利率金融债券等。股权投资因其没有固定的到期日，因而不能划分为持有至到期投资。持有至到期投资通常具有长期性质，但期限较短（1 年以内）的债券投资，符合持有至到期投资条件的，也可将其划分为持有至到期投资。

持有至到期投资确认范围如表 6-7 所示。

表 6-7 持有至到期投资确认范围

内容	具体说明
可以划分为持有至到期的条件	该金融资产到期日固定、回收金额固定或可确定
	企业有明确意图将该金融资产持有至到期
	企业有能力将该金融资产持有至到期
不可以划分为持有至到期投资的条件	在初始确认时即被直接指定为以公允价值计量且其变动计入当期损益的非衍生金融资产
	在初始确认时被指定为可供出售的非衍生金融资产
	符合贷款和应收款项的定义非衍生金融资产

（二）持有至到期投资的核算

为了核算持有至到期投资的初始成本、摊余成本、持有收益、转让收益和计提的减值准备，施工企业应设置“持有至到期投资”“投资收益”和“持有至到期投资减值准备”账户，并在“持有至到期投资”总分类账户下分别设置“成本”“利息调整”和“应计利息”等明细账户。购入的债券面值记入“持有至到期投资——成本”账户；实际支付价款中包含的债券溢价或折价和交易费用，记入“持有至到期投资——利息调整”账户；实际支付的价款中包含的尚未到期的债券利息应计入持有至到期投资的初始投资成本，并在“持有至到期投资——应计利息”账户单独核算；企业购买的到期还本分期付息债券中包含的尚未到期的债券利息也构成持有至到期投资初始投资成本，并在“持有至到期投资——应计利息”账户单独核算，待到付息日时再转入“应收利息”账户；实际支付的价款中包含的已到付息期但尚未领取的利息，应记入“应收利息”账户。

持有至到期投资的核算如表 6-8 所示。

表 6-8 持有至到期投资的核算

项目	业务类型	账务处理
持有至到期投资的核算	企业取得的持有至到期投资	借：持有至到期投资——成本（投资的面值） 应收利息（支付的价款中包含的已到期但尚未领取的利息）持有至到期投资——利息调整 贷：银行存款（实际支付的价款）
	资产负债表日，持有至到期投资为分期付息、一次还本债券投资的	借：应收利息（面值 × 票面利率） 贷：投资收益（摊余成本 × 实际利率） 持有至到期投资——利息调整（按差额
	资产负债表日，持有至到期投资为一次还本付息债券投资的	借：持有至到期投资——应收利息（面值 × 票面利率） 贷：投资收益（摊余成本 × 实际利率） 持有至到期投资——利息调整（按差额）
	出售持有至到期投资	借：银行存款 持有至到期投资减值准备（已计提的减值准备） 贷：持有至到期投资（成本、利息调整、应计利息） 投资收益（按差额）

（三）持有至到期投资的账务处理

【例 102】2013 年 12 月 29 日，北京大有建筑工程有限公司购入 C 公司当日发行的 4 年期一次还本、分次付息债券 200 张，每张面值为 1 000 元。票面利率为 10%，该债券每年末付息一次。北京大有建筑工程有限公司按公允价值支付的价款为 207 000 元，另支付相关税费 500 元。北京大有建筑工程有限公司将该投资划分为持有至到期投资，该公司的会计分录如下：

借：持有至到期投资——成本　　200 000

　　　　　　　　　——利息调整　　7 500

　贷：银行存款　　207 500

第七章　利润形成与分配业务的核算

一、营业外收入

（一）营业外收入的概念

营业外收入是指企业取得的与企业施工生产经营活动无直接关系的各项收入。

营业外收入的基本内容如表 7–1 所示。

表 7–1　营业外收入的基本内容

项目	内容	具体说明
营业外收入的基本内容	盘盈利得	主要指现金盘点中盘盈的现金等，经批准转入营业外收入
	非流动资产处置利得	主要包括固定资产处置和无形资产出售利得
	确实无法支付的应付款项	因债权人的原因，如债权人单位变更登记、兼并、撤销或长期失去联系等确实无法支付的款项
	罚款收入	主要是企业取得的因对方违反国家有关行政管理法规，按规定收取的罚款，如供货单位或购货单位未按合同规定及时供货或支付货款的违约金、赔偿金等，以及治安管理、事故处理等过程中收取的各种罚款
	捐赠利得	是指接受捐赠产生的利得

（二）营业外收入的核算

为了核算企业发生的营业外收入，应设置“营业外收入”科目。该科目贷方反映当期实际发生的营业外收入，借方反映期末转入“本年利润”的营业外收入，结转后本科目应无余额。本科目应按收入项目设置明细科目进行明细核算。

营业外收入的核算如表 7–2 所示。

表 7-2　营业外收入的核算

项目	业务类型	账务处理
营业外收入的核算	固定资产清理取得的收益	借：固定资产清理 　　贷：营业外收入——处置固定资产净收溢
	固定资产盘盈	借：待处理财产损溢——待处理固定资产损溢 　　贷：营业外收入——固定资产净收溢
	逾期未退包装物没收的、加收的押金	借：其他应付款 　　贷：应交税费——应交增值税 　　　　营业外收入
	取得的罚款净收入	借：银行存款 　　贷：营业外收入
	出售无形资产	借：银行存款（实际取得的转让收入） 　　营业外支出——出售无形资产损失 　　贷：无形资产（账面余额） 　　　　应交税费（应支付的相关税金） 　　　　营业外收入——出售无形资产收益
	接受捐赠	借：银行存款 　　固定资产 　　库存商品 　　贷：营业外收入 　　　　应交税费

（三）营业外收入的账务处理

【例 103】2013 年 12 月 31 日，北京大有建筑工程有限公司应付长宁公司货款 8 000 元，因该公司撤销无法偿还，按规定转作营业外收入，做如下会计分录：

借：应付账款　　8 000

　　贷：营业外收入——无法偿还账款　　8 000

【例 104】2013 年 12 月 31 日，北京大有建筑工程有限公司出售无形资产一项，价款收入 24 000 元，账面余额 21 600 元，已计提该项无形资产减值准备 1 600 元，做如下会计分录：

借：银行存款　　24 000
　　无形资产减值准备　　1 600
　　贷：无形资产　　21 600
　　　　营业外收入——出售无形资产净收益　　2 800
　　　　应交税费——应交营业税　　1 200

【例 105】2013 年 12 月 31 日，北京大有建筑工程有限公司收到其购货单位因未按合同规定期限支付货款而支付的赔偿金 14 500 元，存入银行，做如下会计分录：

借：银行存款　　14 500
　　贷：营业外收入——赔偿金收入　　14 500

二、营业外支出

（一）营业外支出的概念

营业外支出是指与企业的生产经营活动没有直接关系的各项支出。营业外支出不属于企业经营活动产生的费用，但是按照企业会计制度的规定，应该从企业利润总额中扣除。

营业外支出的基本内容如表 7-3 所示。

表 7-3　营业外支出的基本内容

项目	内容	具体说明
营业外支出的基本内容	固定资产盘亏	固定资产盘亏是指企业在财产清查过程中发生的固定资产的实有数少于账面数而出现的损失
	处置固定资产净损失	处置固定资产净损失是指处置固定资产所取得的收入不足以弥补清理费用及固定资产账面净值所发生的损失
	出售无形资产净损失	出售无形资产净损失是指企业将无形资产有偿转让给其他单位所取得的收入不足以弥补有关支出所发生的损失
	债务重组损失	即按照债务重组会计处理规定应计入营业外支出的债务重组损失
	罚款支出	即企业因未履行经济合同、协议而向其他单位支付的赔偿金、违约金、罚款等支出，以及因违法经营而发生的被没收财物损失、罚款支出和违反税法而支付的滞纳金、罚款等
	捐赠支出	即企业对外捐赠的各种资产的价值，包括公益性捐赠和非公益性捐赠
	非常损失	即由于自然灾害等客观原因造成的损失，在扣除保险公司赔款后应计入营业外支出的净损失

（二）营业外支出的核算

为了核算和监督营业外支出的发生和结转情况，建筑施工企业应设置“营业外支出”账户。该账户属于损益类账户。其借方登记企业发生的各项营业外支出，贷方登记期末转入“本年利润”账户借方的营业外支出总额，结转后应无余额。该账户应按营业外支出项目设置明细账，进行明细分类核算。

（1）当企业发生营业外支出时：

借：营业外支出

　　贷：待处理财产损溢

　　　　固定资产清理

　　　　无形资产

　　　　库存现金

　　　　银行存款

（2）期末结转该账户余额时：

借：本年利润

　　贷：营业外支出

（三）营业外支出的账务处理

【例 106】2013 年 12 月 31 日，北京大有建筑工程有限公司以银行存款向希望工程基金会捐款 40 000 元，会计分录如下。

借：营业外支出——公益救济性捐款　　40 000

　　贷：银行存款　　40 000

【例 107】2013 年 12 月 31 日，北京大有建筑工程有限公司因违反合同规定，以银行存款向某单位支付违约金 10 000 元，会计分录如下。

借：营业外支出——罚款支出　　10 000

　　贷：银行存款　　10 000

三、本年利润

（一）结转利润的方法

会计期末结转本年利润的方法有表结法和账结法两种。

本年利润结转方法如表 7-4 所示。

表 7-4 本年利润结转方法

项目	具体说明
表结法	表结法下，各损益类科目每月月末只需结计出本月发生额和月末累计余额，不结转到“本年利润”科目，只有在年末时才将全年累计余额结转入“本年利润”科目
	但每月月末要将损益类科目的本月发生额合计数填入利润表的本月数栏，同时将本月末累计余额填入利润表的本年累计数栏，通过利润表计算反映各期的利润（或亏损）
	表结法下，年中损益类科目无需结转入“本年利润”科目，从而减少了转账环节和工作量，同时并不影响利润表的编制及有关损益指标的利用
账结法	账结法下，每月月末均需编制转账凭证，将在账上结计出的各损益类科目的余额结转入“本年利润”科目
	结转后“本年利润”科目的本月余额反映当月实现的利润或发生的亏损，“本年利润”科目的本年余额反映本年累计实现的利润或发生的亏损
	账结法在各月均可通过“本年利润”科目提供当月及本年累计的利润（或亏损）额，但增加了转账环节和工作量

（二）本年利润的核算

为了核算本年度实现的利润或发生的亏损，企业应设置“本年利润”账户。

（1）结转各项收入、收益账户。

借：主营业务收入

　　其他业务收入

　　投资收益

　　营业外收入

　　公允价值变动损益

　　补贴收入等

　　贷：本年利润

（2）结转各项成本及其他支出账户。

借：本年利润

  贷：主营业务成本

    营业税金及附加

    其他业务成本

    管理费用

    财务费用

    销售费用

    投资收益

    资产减值损失

    营业外支出

    公允价值变动损益

    所得税费用等

年度终了，应将本账户的余额全部转入“利润分配——未分配利润”账户。年终结转后，本账户应无余额。

借：本年利润

  贷：利润分配——未分配利润

如为净亏损，做相反会计分录，结转后“本年利润”科目应无余额。

企业一般应按月计算利润，按月计算有困难的，也可以按季或按年计算利润。期末，将各损益类账户的余额全部结转到“本年利润”账户，以计算各期实现的利润。

（三）本年利润的账务处理

北京大有建筑工程有限公司 12 月份各损益类账户的余额如表 7-5 所示。

表 7-5 损益类账户余额表 单位：元

科目名称	借或贷	结账前余额
主营业务收入	贷	5 000 000
其他业务收入	贷	5 128 155.34
公允价值变动损益	贷	0
投资收益	贷	267 000
营业外收入	贷	68 900
主营业务成本	借	3 444 000
其他业务成本	借	4 359 600

（续表）

科目名称	借或贷	结账前余额
营业税金及附加	借	198 989.36
管理费用	借	93 017
财务费用	借	1 650
资产减值损失	借	20 000
营业外支出	借	80 000

【例108】2013年12月31日，北京大有建筑工程有限公司根据表7-5结转各收入类账户，做如下会计分录：

借：主营业务收入　5 000 000.00
　　其他业务收入　5 128 155.34
　　投资收益　267 000.00
　　营业外收入　68 900.00
　　贷：本年利润　10 464 055.34

【例109】2013年12月31日，北京大有建筑工程有限公司根据表7-5结转各成本、费用类账户，做如下会计分录：

借：本年利润　8 197 256.36
　　贷：主营业务成本　3 444 000.00
　　　　营业税金及附加　198 989.36
　　　　其他业务成本　4 359 600.00
　　　　管理费用　93 017.00
　　　　财务费用　1 650.00
　　　　营业外支出　80 000.00
　　　　资产减值损失　20 000.00

经过以上会计处理，即可计算出企业某一时期的利润总额。在此基础上，企业还应依法计算并交纳企业所得税。利润总额减去所得税费用，即为企业实现的净利润。用公式表示如下：

净利润 = 利润总额 − 所得税费用

四、所得税费用

企业的所得税费用包括当期所得税和递延所得税两个部分，其中，当期所得税是指当期应交所得税。

（一）应交所得税的计算

应交所得税是指企业按照税法规定计算确定的针对当期发生的交易和事项，应交纳给税务部门的所得税金额，即当期应交所得税。应纳税所得额是在企业税前会计利润（即利润总额）的基础上调整确定的，计算公式为：

应纳税所得额＝税前会计利润＋纳税调整增加额－纳税调整减少额

纳税调整增加额主要包括税法规定允许扣除项目中，企业已计入当期费用但超过税法规定扣除标准的金额（如超过税法规定标准的职工福利费、工会经费、职工教育经费、业务招待费、公益性捐赠支出、广告费和业务宣传费等），以及企业已计入当期损失但税法规定不允许扣除项目的金额（如税收滞纳金、罚金、罚款等）。

纳税调整减少额主要包括按税法规定允许弥补的亏损和准予免税的项目，如前五年内未弥补亏损和国债利息收入等。

企业当期所得税的计算公式为：

应交所得税＝应纳税所得额×所得税税率

税法规定，企业发生的合理的工资、薪金支出准予据实扣除；企业发生的职工福利费支出，不超过工资、薪金总额14%的部分准予扣除；企业拨缴的工会经费，不超过工资、薪金总额2%的部分准予扣除；除国务院财政、税务主管部门另有规定外，企业发生的职工教育经费支出，不超过工资、薪金总额2.5%的部分准予扣除，超过部分准予结转以后纳税年度扣除。

（二）所得税的核算

企业根据会计准则的规定，计算确定的当期所得税和递延所得税之和，即为应从当期利润总额扣除的所得税费用。即：

所得税费用＝当期所得税＋递延所得税

为核算企业发生的所得税费用，企业应设置“所得税费用”账户，该账户借方登记企业本期损益应负担的所得税费用，贷方登记期末结转到“本年利润”账户的所得税费用；期末结转后，本账户应无余额。

（1）计算应交所得税。

借：所得税费用

　　贷：应交税费——应交所得税

（2）交纳所得税。

借：应交税费——应交所得税

　　贷：银行存款

（3）期末结转所得税费用。

借：本年利润

　　贷：所得税费用

（三）所得税的账务处理

【例110】2013年12月31日，北京大有建筑工程有限公司按照25%所得税率计提所得税，应交所得税566 699.75元，做如下会计分录：

应交所得税额 =（10 464 055.34 − 8 197 256.36）× 25% = 566 699.75（元）。

借：所得税费用　　566 699.75

　　贷：应交税费——应交所得税　　566 699.75

【例111】2013年12月31日，北京大有建筑工程有限公司将所得税费用转入本年利润，做如下会计分录：

借：本年利润　　566 699.75

　　贷：所得税费用　　566 699.75

五、盈余公积

（一）盈余公积的概念

公司制企业应按照净利润（减弥补以前年度亏损，下同）的10%提取法定盈余公积。非公司制企业法定盈余公积的提取比例可超过净利润的10%。法定盈余公积累计额已达注册资本的50%时可以不再提取。值得注意的是，在计算提取法定盈余公积的基数时，不应包括企业年初未分配利润。

公司制企业可根据股东大会的决议提取任意盈余公积。非公司制企业经类似权力机构批准，也可提取任意盈余公积。法定盈余公积和任意盈余公积的区别在于其各自计提的依据不同，前者以国家的法律法规为依据；后者由企业的权力机构自行决定。

企业提取的盈余公积经批准可用于弥补亏损、转增资本、发放库存现金股利或利润等。

（二）盈余公积的核算

企业按规定提取盈余公积时，应通过“利润分配”和“盈余公积”等科目核算。

（1）提取盈余公积。

借：利润分配——提取法定盈余公积

　　利润分配——提取任意盈余公积

　　贷：盈余公积——法定盈余公积

　　　　盈余公积——任意盈余公积

（2）盈余公积补亏。

借：盈余公积

　　贷：利润分配——其他转入

（3）盈余公积转增资本

借：盈余公积。

　　贷：实收资本

（三）盈余公积的账务处理

【例 112】2013 年 12 月 31 日，北京大有建筑工程有限公司按净利润的 10% 提取法定盈余公积 170 009.92 元，做如下会计分录：

借：利润分配——提取法定盈余公积　　170 009.92

　　贷：盈余公积——法定盈余公积　　170 009.92

六、利润分配

利润分配是指企业按照国家的有关法规规定和股东大会或投资者的决议，对企业当年实现的净利润和以前年度未分配的利润所进行的分配。

（一）利润分配的程序

根据《中华人民共和国公司法》等有关法规的规定，企业利润分配的内容和规定分配顺序如下。

（1）弥补以前年度亏损。企业发生的年度亏损，可以用下一年度的税前利润等弥补；下一年度利润不足弥补的，可以在 5 年内延续弥补；5 年内不足弥补的，用税后利润弥补，也可以用以前年度提取的盈余公积弥补。企业以前年度亏损未弥补完，不得提取法定盈余公积金。在提取法定盈余公积金前，不得向投资者分配利润。

（2）提取法定盈余公积。法定盈余公积是企业为巩固企业财产基础，增强企业信用，弥补意外亏损，扩大企业规模等目的，而于资本额外所保留的一部分金额。法定盈余公积按照本年实现净利润（扣除前一项）的一定比例提取。股份公司按 10% 的比例提取，其他企业可以根据需要确定提取比例，但至少应按 10% 提取。以前年度累积的法定盈余公积达到注册资本的 50%时，可以不再提取。

（3）支付优先股股利，是指股份公司按股东大会决议支付优先股股东的现金股利。

（4）提取任意盈余公积，是指股份公司按照公司章程或股东会议决议，从税后利润提取法定盈余公积金后，还可提取任意盈余公积。

（5）支付普通股股利，是指企业按照利润分配方案分配给普通股股东的现金股利。企业分配给投资者的利润，也在本项目核算。

（二）利润分配的核算

企业应设置“利润分配”科目，核算企业净利润的分配（或净亏损的弥补）和历年分配（或亏损）后的结存余额，在该科目下面分别设置“提取法定盈余公积”“提取任意盈余公积”“应付现金股利或利润”“盈余公积补亏”“未分配利润”等明细科目。

年度终了，企业应将本年实现的净利润或净亏损，自“本年利润”科目转入“利润分配——未分配利润”科目，“利润分配——未分配利润”科目期末如为借方余额，反映企业未弥补的亏损；如为贷方余额，反映企业的未分配利润。同时，将“利润分配”科目所属其他明细科目的余额转入“利润分配——未分配利润”明细科目。结转后除“利润分配——未分配利润”明细科目外，其他明细科目应无余额。具体见表 7–6 所示。

表 7-6 利润分配的核算

业务内容	账务处理
用盈余公积弥补亏损	借：盈余公积 　贷：利润分配——其他转入
提取盈余公积	借：利润分配——提取法定公积 　利润分配——提取任意公积 　贷：盈余公积——法定公积 　　盈余公积——任意盈余公积
盈余公积转入利润分配	借：利润分配——未分配利润 　贷：利润分配——提取法定公积 　　　　　——提取任意公积
结算本年利润	借：本年利润 　贷：利润分配——未分配利润 若为亏损做相反分录

（三）利润分配的账务处理

【例 113】2013 年 12 月 31 日，北京大有建筑工程有限公司将本年利润 1 700 099.23 元（10 464 055.34-8 197 256.36-566 699.75）转入未分配利润，做如下会计分录：

借：本年利润　　1 700 099.23

　贷：利润分配——未分配利润　　1 700 099.23

【例 114】2013 年 12 月 31 日，北京大有建筑工程有限公司将盈余公积转入未分配利润，做如下会计分录：

借：利润分配——未分配利润　　170 009.92

　贷：利润分配——提取法定盈余公积　　170 009.92

第八章　登记会计凭证与账簿

一、登记记账凭证

记账凭证

2013 年 12 月 1 日　　　　　　　　字第 1 号

摘　要	总账科目	明细科目	过账	借方金额										过账	贷方金额								
				千	百	十	万	千	百	十	元	角	分		千	百	十	万	千	百	十	元	角	分
提现	库存现金		√				1	5	0	0	0	0	0										
	银行存款													√				1	5	0	0	0	0	0
合　计						¥	1	5	0	0	0	0	0				¥	1	5	0	0	0	0	0

附件　张

财务主管：王志　　记账：蔡婷　　出纳：王明　　审核：龚华　　制单：秋水

记账凭证

2013 年 12 月 1 日　　　　　　　　字第 2 号

摘　要	总账科目	明细科目	过账	借方金额										过账	贷方金额								
				千	百	十	万	千	百	十	元	角	分		千	百	十	万	千	百	十	元	角	分
借差旅费	其他应收款	李某	√					1	0	0	0	0	0										
	库存现金													√					1	0	0	0	0	0
合　计							¥	1	0	0	0	0	0					¥	1	0	0	0	0	0

附件　张

财务主管：王志　　记账：蔡婷　　出纳：王明　　审核：龚华　　制单：秋水

记账凭证

2013年12月2日　　　　字第3号

摘要	总账科目	明细科目	过账	借方金额										过账	贷方金额									
				千	百	十	万	千	百	十	元	角	分		千	百	十	万	千	百	十	元	角	分
购办公用品	管理费用		√						5	0	0	0	0											
	库存现金													√						5	0	0	0	0
合　计								¥	5	0	0	0	0						¥	5	0	0	0	0

附件　张

财务主管：王志　　记账：蔡婷　　出纳：王明　　审核：龚华　　制单：秋水

记账凭证

2013年12月3日　　　　字第4号

摘要	总账科目	明细科目	过账	借方金额										过账	贷方金额									
				千	百	十	万	千	百	十	元	角	分		千	百	十	万	千	百	十	元	角	分
报销差旅费	库存现金		√						2	5	0	0	0											
	管理费用		√						7	5	0	0	0											
	其他应收款	李某												√					1	0	0	0	0	0
合　计							¥	1	0	0	0	0	0					¥	1	0	0	0	0	0

附件　张

财务主管：王志　　记账：蔡婷　　出纳：王明　　审核：龚华　　制单：秋水

记账凭证

2013 年 12 月 3 日　　字第 5 号

摘要	总账科目	明细科目	过账	借方金额										过账	贷方金额								
				千	百	十	万	千	百	十	元	角	分		千	百	十	万	千	百	十	元	角	分
现金盘亏	待处理财产损溢	待处理流动资产损溢	√						2	0	0	0	0											
	库存现金													√						2	0	0	0	0
合　计								¥	2	0	0	0	0						¥	2	0	0	0	0

附件　张

财务主管：王志　　记账：蔡婷　　出纳：王明　　审核：龚华　　制单：秋水

记账凭证

2013 年 12 月 3 日　　字第 6 号

摘要	总账科目	明细科目	过账	借方金额										过账	贷方金额									
				千	百	十	万	千	百	十	元	角	分		千	百	十	万	千	百	十	元	角	分
现金盘亏处理	其他应收款	王明	√						1	0	0	0	0											
	管理费用		√						1	0	0	0	0											
	待处理财产损溢	待处理流动资产损溢												√					2	0	0	0	0	0
合　计								¥	2	0	0	0	0						¥	2	0	0	0	0

附件　张

财务主管：王志　　记账：蔡婷　　出纳：王明　　审核：龚华　　制单：秋水

记账凭证

2013年12月4日　　　　字第7号

摘要	总账科目	明细科目	过账	借方金额										过账	贷方金额								
				千	百	十	万	千	百	十	元	角	分		千	百	十	万	千	百	十	元	角	分
存现	银行存款		√				2	0	0	0	0	0	0											
	库存现金													√				2	0	0	0	0	0	0
合　计						¥	2	0	0	0	0	0	0				¥	2	0	0	0	0	0	0

附件　张

财务主管：王志　　记账：蔡婷　　出纳：王明　　审核：龚华　　制单：秋水

记账凭证

2013年12月4日　　　　字第8号

摘要	总账科目	明细科目	过账	借方金额										过账	贷方金额								
				千	百	十	万	千	百	十	元	角	分		千	百	十	万	千	百	十	元	角	分
付电话费	管理费用		√					7	0	0	0	0	0											
	银行存款													√					7	0	0	0	0	0
合　计							¥	7	0	0	0	0	0					¥	7	0	0	0	0	0

附件　张

财务主管：王志　　记账：蔡婷　　出纳：王明　　审核：龚华　　制单：秋水

记账凭证

2013 年 12 月 5 日　　　　字第 9 号

摘要	总账科目	明细科目	过账	借方金额										过账	贷方金额									
				千	百	十	万	千	百	十	元	角	分		千	百	十	万	千	百	十	元	角	分
收大华应收款	银行存款		√				8	8	0	0	0	0	0											
	应收账款	大华公司												√				8	8	0	0	0	0	0
合计						¥	8	8	0	0	0	0	0				¥	8	8	0	0	0	0	0

附件　张

财务主管：土志　　记账：蔡婷　　出纳：王明　　审核：龚华　　制单：秋水

记账凭证

2013 年 12 月 6 日　　　　字第 10 号

摘要	总账科目	明细科目	过账	借方金额										过账	贷方金额									
				千	百	十	万	千	百	十	元	角	分		千	百	十	万	千	百	十	元	角	分
向采购专户汇款	其他货币资金	外埠存款	√			6	0	0	0	0	0	0	0											
	银行存款													√			6	0	0	0	0	0	0	0
合计					¥	6	0	0	0	0	0	0	0			¥	6	0	0	0	0	0	0	0

附件　张

财务主管：王志　　记账：蔡婷　　出纳：王明　　审核：龚华　　制单：秋水

记账凭证

2013 年 12 月 8 日　　　　字第 11 号

摘　要	总账科目	明细科目	过账	借方金额										过账	贷方金额									
				千	百	十	万	千	百	十	元	角	分		千	百	十	万	千	百	十	元	角	分
购物资	工程物资		√			5	8	5	0	0	0	0	0											
	其他货币资金	外埠存款												√			5	8	5	0	0	0	0	0
合　计					¥	5	8	5	0	0	0	0	0			¥	5	8	5	0	0	0	0	0

附件　张

财务主管：王志　　记账：蔡婷　　出纳：王明　　审核：龚华　　制单：秋水

记账凭证

2013 年 12 月 8 日　　　　字第 12 号

摘　要	总账科目	明细科目	过账	借方金额										过账	贷方金额									
				千	百	十	万	千	百	十	元	角	分		千	百	十	万	千	百	十	元	角	分
收采购专户多余款	银行存款		√				1	5	0	0	0	0	0											
	其他货币资金	外埠存款												√				1	5	0	0	0	0	0
合　计						¥	1	5	0	0	0	0	0				¥	1	5	0	0	0	0	0

附件　张

财务主管：王志　　记账：蔡婷　　出纳：王明　　审核：龚华　　制单：秋水

记账凭证

2013 年 12 月 8 日　　　　字第 13 号

摘 要	总账科目	明细科目	过账	借方金额										过账	贷方金额								
				千	百	十	万	千	百	十	元	角	分		千	百	十	万	千	百	十	元	角	分
接受 B 现金投资	银行存款		√	2	5	0	0	0	0	0	0	0	0											
	实收资本													√	2	5	0	0	0	0	0	0	0	0
合　计			¥	2	5	0	0	0	0	0	0	0	0	¥	2	5	0	0	0	0	0	0	0	0

附件 张

财务主管：王志　　记账：蔡婷　　出纳：王明　　审核：龚华　　制单：秋水

记账凭证

2013 年 12 月 8 日　　　　字第 14 号

摘 要	总账科目	明细科目	过账	借方金额										过账	贷方金额								
				千	百	十	万	千	百	十	元	角	分		千	百	十	万	千	百	十	元	角	分
接受 A 投资	无形资产		√		4	5	0	0	0	0	0	0	0											
	实收资本													√		4	0	0	0	0	0	0	0	0
	资本公积	股本溢价												√			5	0	0	0	0	0	0	0
合　计				¥	4	5	0	0	0	0	0	0	0		¥	4	5	0	0	0	0	0	0	0

附件 张

财务主管：王志　　记账：蔡婷　　出纳：王明　　审核：龚华　　制单：秋水

记账凭证

2013年12月9日　　字第15号

摘要	总账科目	明细科目	过账	借方金额 千	百	十	万	千	百	十	元	角	分	过账	贷方金额 千	百	十	万	千	百	十	元	角	分
转增资本	资本公积		√		5	5	0	0	0	0	0	0	0											
	实收资本	A股东												√		1	3	7	5	0	0	0	0	0
		B股东												√		1	3	7	5	0	0	0	0	0
		C股东												√		1	3	7	5	0	0	0	0	0
		D股东												√		1	3	7	5	0	0	0	0	0
合　计				¥	5	5	0	0	0	0	0	0	0		¥	5	5	0	0	0	0	0	0	0

附件　张

财务主管：王志　　记账：蔡婷　　出纳：王明　　审核：龚华　　制单：秋水

记账凭证

2013年12月9日　　字第16号

摘要	总账科目	明细科目	过账	借方金额 千	百	十	万	千	百	十	元	角	分	过账	贷方金额 千	百	十	万	千	百	十	元	角	分
借短期借款	银行存款		√			2	5	0	0	0	0	0	0											
	短期借款													√			2	5	0	0	0	0	0	0
合　计					¥	2	5	0	0	0	0	0	0			¥	2	5	0	0	0	0	0	0

附件　张

财务主管：王志　　记账：蔡婷　　出纳：王明　　审核：龚华　　制单：秋水

记账凭证

2013 年 12 月 9 日　　　　字第 17 号

摘 要	总账科目	明细科目	过账	借方金额										过账	贷方金额									
				千	百	十	万	千	百	十	元	角	分		千	百	十	万	千	百	十	元	角	分
计提利息	财务费用		√					5	0	0	0	0	0											
	应付利息													√					5	0	0	0	0	0
合 计							¥	5	0	0	0	0	0					¥	5	0	0	0	0	0

附件　张

财务主管：王志　　记账：蔡婷　　出纳：王明　　审核：龚华　　制单：秋水

记账凭证

2013 年 12 月 9 日　　　　字第 18 号

摘 要	总账科目	明细科目	过账	借方金额										过账	贷方金额									
				千	百	十	万	千	百	十	元	角	分		千	百	十	万	千	百	十	元	角	分
归还借款	短期借款		√			1	5	0	0	0	0	0	0											
	应付利息		√					3	0	0	0	0	0											
	银行存款													√			1	5	3	0	0	0	0	0
合 计					¥	1	5	3	0	0	0	0	0			¥	1	5	3	0	0	0	0	0

附件　张

财务主管：王志　　记账：蔡婷　　出纳：王明　　审核：龚华　　制单：秋水

记账凭证

2013年12月10日　　　　字第19号

摘要	总账科目	明细科目	过账	借方金额										过账	贷方金额									
				千	百	十	万	千	百	十	元	角	分		千	百	十	万	千	百	十	元	角	分
借长期借款	银行存款		√		1	8	0	0	0	0	0	0	0											
	长期借款													√		1	8	0	0	0	0	0	0	0
合　计				¥	1	8	0	0	0	0	0	0	0		¥	1	8	0	0	0	0	0	0	0

附件　张

财务主管：王志　　记账：蔡婷　　出纳：王明　　审核：龚华　　制单：秋水

记账凭证

2013年12月10日　　　　字第20号

摘要	总账科目	明细科目	过账	借方金额										过账	贷方金额									
				千	百	十	万	千	百	十	元	角	分		千	百	十	万	千	百	十	元	角	分
计提利息	财务费用		√					1	7	5	0	0	0											
	应付利息													√					1	7	5	0	0	0
合　计							¥	1	7	5	0	0	0					¥	1	7	5	0	0	0

附件　张

财务主管：王志　　记账：蔡婷　　出纳：王明　　审核：龚华　　制单：秋水

记账凭证

2013 年 12 月 10 日　　字第 21 号

摘要	总账科目	明细科目	过账	借方金额										过账	贷方金额									
				千	百	十	万	千	百	十	元	角	分		千	百	十	万	千	百	十	元	角	分
交手续费	财务费用		√					4	0	0	0	0	0											
	银行存款													√					4	0	0	0	0	0
合　计							¥	4	0	0	0	0	0					¥	4	0	0	0	0	0

附件　张

财务主管：王志　记账：蔡婷　出纳：王明　审核：龚华　制单：秋水

记账凭证

2013 年 12 月 10 日　　字第 22 号

摘要	总账科目	明细科目	过账	借方金额										过账	贷方金额									
				千	百	十	万	千	百	十	元	角	分		千	百	十	万	千	百	十	元	角	分
利息收入	银行存款		√					9	0	0	0	0	0											
	财务费用													√					9	0	0	0	0	0
合　计							¥	9	0	0	0	0	0					¥	9	0	0	0	0	0

附件　张

财务主管：王志　记账：蔡婷　出纳：王明　审核：龚华　制单：秋水

记账凭证

2013 年 12 月 11 日　　　　　　字第 23 号

摘 要	总账科目	明细科目	过账	借方金额										过账	贷方金额									
				千	百	十	万	千	百	十	元	角	分		千	百	十	万	千	百	十	元	角	分
购固定资产	固定资产		√		1	1	7	6	0	0	0	0	0											
	银行存款													√		1	1	7	6	0	0	0	0	0
合 计				¥	1	1	7	6	0	0	0	0	0		¥	1	1	7	6	0	0	0	0	0

附件　张

财务主管：王志　　记账：蔡婷　　出纳：王明　　审核：龚华　　制单：秋水

记账凭证

2013 年 12 月 11 日　　　　　　字第 $24^1/_3$ 号

摘 要	总账科目	明细科目	过账	借方金额										过账	贷方金额									
				千	百	十	万	千	百	十	元	角	分		千	百	十	万	千	百	十	元	角	分
购机械设备	在建工程		√			5	9	9	7	0	0	0	0											
	银行存款													√			5	9	9	7	0	0	0	0
合 计					¥	5	9	9	7	0	0	0	0			¥	5	9	9	7	0	0	0	0

附件　张

财务主管：王志　　记账：蔡婷　　出纳：王明　　审核：龚华　　制单：秋水

记账凭证

2013 年 12 月 11 日　　　　字第 $24^2/_3$ 号

摘 要	总账科目	明细科目	过账	借方金额										过账	贷方金额									
				千	百	十	万	千	百	十	元	角	分		千	百	十	万	千	百	十	元	角	分
领用原材料、支付薪酬	在建工程		√				4	3	0	0	0	0	0											
	原材料													√				3	8	0	0	0	0	0
	应付职工薪酬													√					5	0	0	0	0	0
合　计						¥	4	3	0	0	0	0	0				¥	4	3	0	0	0	0	0

附件　张

财务主管：王志　　记账：蔡婷　　出纳：王明　　审核：龚华　　制单：秋水

记账凭证

2013 年 12 月 11 日　　　　字第 $24^3/_3$ 号

摘 要	总账科目	明细科目	过账	借方金额										过账	贷方金额									
				千	百	十	万	千	百	十	元	角	分		千	百	十	万	千	百	十	元	角	分
转入固定资产	固定资产		√			6	4	2	7	0	0	0	0											
	在建工程													√			6	4	2	7	0	0	0	0
合　计					¥	6	4	2	7	0	0	0	0			¥	6	4	2	7	0	0	0	0

附件　张

财务主管：王志　　记账：蔡婷　　出纳：王明　　审核：龚华　　制单：秋水

记账凭证

2013 年 12 月 11 日　　　　　　　　字第 25 号

摘要	总账科目	明细科目	过账	借方金额										过账	贷方金额									
				千	百	十	万	千	百	十	元	角	分		千	百	十	万	千	百	十	元	角	分
收到投资施工机械	固定资产	生产经营用	√			5	0	0	0	0	0	0	0											
	实收资本	凯胜实业												√			5	0	0	0	0	0	0	0
合　计					¥	5	0	0	0	0	0	0	0			¥	5	0	0	0	0	0	0	0

附件　张

财务主管：王志　　记账：蔡婷　　出纳：王明　　审核：龚华　　制单：秋水

记账凭证

2013 年 12 月 12 日　　　　　　　　字第 26 号

摘要	总账科目	明细科目	过账	借方金额										过账	贷方金额									
				千	百	十	万	千	百	十	元	角	分		千	百	十	万	千	百	十	元	角	分
支付汽车修理费	管理费用	维修费	√					3	0	0	0	0	0											
	银行存款													√					3	0	0	0	0	0
合　计							¥	3	0	0	0	0	0					¥	3	0	0	0	0	0

附件　张

财务主管：王志　　记账：蔡婷　　出纳：王明　　审核：龚华　　制单：秋水

记账凭证

2013 年 12 月 12 日　　　　　　　　字第 27 1/3 号

摘要	总账科目	明细科目	过账	借方金额										过账	贷方金额									
				千	百	十	万	千	百	十	元	角	分		千	百	十	万	千	百	十	元	角	分
盘盈固定资产	固定资产		√				1	4	0	0	0	0	0											
	以前年度损益调整													√				1	4	0	0	0	0	0
合　计						¥	1	4	0	0	0	0	0				¥	1	4	0	0	0	0	0

附件　张

财务主管：王志　　记账：蔡婷　　出纳：王明　　审核：龚华　　制单：秋水

记账凭证

2013 年 12 月 12 日　　　　　　　　字第 27 2/3 号

摘要	总账科目	明细科目	过账	借方金额										过账	贷方金额									
				千	百	十	万	千	百	十	元	角	分		千	百	十	万	千	百	十	元	角	分
确定应交所得税	以前年度损益调整		√					3	5	0	0	0	0											
	应交税费	应交所得税												√					3	5	0	0	0	0
合　计							¥	3	5	0	0	0	0					¥	3	5	0	0	0	0

附件　张

财务主管：王志　　记账：蔡婷　　出纳：王明　　审核：龚华　　制单：秋水

记账凭证

2013年12月12日　　　　字第$27^{3}/_{3}$号

摘要	总账科目	明细科目	过账	借方金额										过账	贷方金额									
				千	百	十	万	千	百	十	元	角	分		千	百	十	万	千	百	十	元	角	分
结转为留存收益	以前年度损益调整		√				1	0	5	0	0	0	0											
	利润分配	未分配利润												√					9	4	5	0	0	0
	盈余公积	法定盈余公积																	1	0	5	0	0	0
合计						¥	1	0	5	0	0	0	0				¥	1	0	5	0	0	0	0

附件　张

财务主管：王志　　记账：蔡婷　　出纳：王明　　审核：龚华　　制单：秋水

记账凭证

2013年12月12日　　　　字第$28^{1}/_{2}$号

摘要	总账科目	明细科目	过账	借方金额										过账	贷方金额									
				千	百	十	万	千	百	十	元	角	分		千	百	十	万	千	百	十	元	角	分
盘亏固定资产	待处理财产损溢	待处理固定资产损溢	√				3	0	0	0	0	0	0											
	累计折旧		√				1	5	0	0	0	0	0											
	固定资产减值准备		√					5	0	0	0	0	0											
	固定资产													√				5	0	0	0	0	0	0
合计						¥	5	0	0	0	0	0	0				¥	5	0	0	0	0	0	0

附件　张

财务主管：王志　　记账：蔡婷　　出纳：王明　　审核：龚华　　制单：秋水

记账凭证

2013 年 12 月 12 日　　　　字第 28 $^{2}/_{2}$ 号

摘要	总账科目	明细科目	过账	借方金额										过账	贷方金额								
				千	百	十	万	千	百	十	元	角	分		千	百	十	万	千	百	十	元	角	分
转销	营业外支出	固定资产盘亏	√				3	0	0	0	0	0	0											
	待处理财产损溢	待处理固定资产损溢												√				3	0	0	0	0	0	0
合　计						¥	3	0	0	0	0	0	0				¥	3	0	0	0	0	0	0

附件　张

财务主管：王志　　记账：蔡婷　　出纳：王明　　审核：龚华　　制单：秋水

记账凭证

2013 年 12 月 12 日　　　　字第 29 $^{1}/_{3}$ 号

摘要	总账科目	明细科目	过账	借方金额										过账	贷方金额								
				千	百	十	万	千	百	十	元	角	分		千	百	十	万	千	百	十	元	角	分
销售设备	固定资产清理		√			1	4	0	0	0	0	0	0											
	累计折旧		√				6	0	0	0	0	0	0											
	固定资产													√			2	0	0	0	0	0	0	0
合　计					¥	2	0	0	0	0	0	0	0			¥	2	0	0	0	0	0	0	0

附件　张

财务主管：王志　　记账：蔡婷　　出纳：王明　　审核：龚华　　制单：秋水

记账凭证

2013 年 12 月 12 日　　　　字第 $29^{2}/_{3}$ 号

摘要	总账科目	明细科目	过账	借方金额										过账	贷方金额									
				千	百	十	万	千	百	十	元	角	分		千	百	十	万	千	百	十	元	角	分
设备清理收入	银行存款		√			1	6	4	8	0	0	0	0	√										
	应交税费	应交增值税																	3	2	0	0	0	0
	固定资产清理																1	6	1	6	0	0	0	0
合计					¥	1	6	4	8	0	0	0	0			¥	1	6	4	8	0	0	0	0

附件　张

财务主管：王志　记账：蔡婷　出纳：王明　审核：龚华　制单：秋水

记账凭证

2013 年 12 月 12 日　　　　字 $29^{3}/_{3}$ 号

摘要	总账科目	明细科目	过账	借方金额										过账	贷方金额									
				千	百	十	万	千	百	十	元	角	分		千	百	十	万	千	百	十	元	角	分
结转损益	固定资产清理		√				2	1	6	0	0	0	0											
	营业外收入	处置非流动资产利得												√				2	1	6	0	0	0	0
合计						¥	2	1	6	0	0	0	0				¥	2	1	6	0	0	0	0

附件　张

财务主管：王志　记账：蔡婷　出纳：王明　审核：龚华　制单：秋水

记账凭证

2013 年 12 月 13 日　　　　　　　　　　字第 30 号

摘要	总账科目	明细科目	过账	借方金额										过账	贷方金额									
				千	百	十	万	千	百	十	元	角	分		千	百	十	万	千	百	十	元	角	分
建临时仓库	在建工程	临时仓库工程	√				5	0	4	6	0	0	0											
	原材料	主要材料												√				4	4	4	6	0	0	0
	应付职工薪酬													√					6	0	0	0	0	0
合　计						¥	5	0	4	6	0	0	0				¥	5	0	4	6	0	0	0

附件　张

财务主管：王志　　记账：蔡婷　　出纳：王明　　审核：龚华　　制单：秋水

记账凭证

2013 年 12 月 14 日　　　　　　　　　　字第 31 号

摘要	总账科目	明细科目	过账	借方金额										过账	贷方金额									
				千	百	十	万	千	百	十	元	角	分		千	百	十	万	千	百	十	元	角	分
转入临时仓库	临时设施	临时仓库	√				5	0	4	6	0	0	0	√										
	在建工程	临时仓库工程																5	0	4	6	0	0	0
合　计						¥	5	0	4	6	0	0	0				¥	5	0	4	6	0	0	0

附件　张

财务主管：王志　　记账：蔡婷　　出纳：王明　　审核：龚华　　制单：秋水

记账凭证

2013 年 12 月 14 日　　　　字第 32 号

摘要	总账科目	明细科目	过账	借方金额										过账	贷方金额									
				千	百	十	万	千	百	十	元	角	分		千	百	十	万	千	百	十	元	角	分
计提摊销额	工程施工	1 号公寓（间接费用）	√					4	0	0	0	0	0											
	临时设施摊销	临时仓库												√					4	0	0	0	0	0
合　计							¥	4	0	0	0	0	0					¥	4	0	0	0	0	0

附件　张

财务主管：王志　　记账：蔡婷　　出纳：王明　　审核：龚华　　制单：秋水

记账凭证

2013 年 12 月 14 日　　　　字第 $33^{1}/_{3}$ 号

摘要	总账科目	明细科目	过账	借方金额										过账	贷方金额									
				千	百	十	万	千	百	十	元	角	分		千	百	十	万	千	百	十	元	角	分
清理临时设施	临时设施清理		√				1	0	0	0	0	0	0											
	临时设施摊销	临时仓库	√			1	1	0	0	0	0	0	0											
	临时设施	临时仓库												√			1	2	0	0	0	0	0	0
合　计					¥	1	2	0	0	0	0	0	0			¥	1	2	0	0	0	0	0	0

附件　张

财务主管：王志　　记账：蔡婷　　出纳：王明　　审核：龚华　　制单：秋水

记账凭证

2013年12月14日　　　　字第$33^{2}/_{3}$号

摘要	总账科目	明细科目	过账	借方金额 千	百	十	万	千	百	十	元	角	分	过账	贷方金额 千	百	十	万	千	百	十	元	角	分
收残值	银行存款		√				2	6	0	0	0	0	0											
	临时设施清理													√				2	6	0	0	0	0	0
合计						¥	2	6	0	0	0	0	0				¥	2	6	0	0	0	0	0

附件　张

财务主管：王志　　记账：蔡婷　　出纳：王明　　审核：龚华　　制单：秋水

记账凭证

2013年12月14日　　　　字第$33^{3}/_{3}$号

摘要	总账科目	明细科目	过账	借方金额 千	百	十	万	千	百	十	元	角	分	过账	贷方金额 千	百	十	万	千	百	十	元	角	分
结转损益	临时设施清理		√				1	6	0	0	0	0	0											
	营业外收入													√				1	6	0	0	0	0	0
合计						¥	1	6	0	0	0	0	0				¥	1	6	0	0	0	0	0

附件　张

财务主管：王志　　记账：蔡婷　　出纳：王明　　审核：龚华　　制单：秋水

记账凭证

2013 年 12 月 15 日　　　　字第 34 号

摘 要	总账科目	明细科目	过账	借方金额										过账	贷方金额								
				千	百	十	万	千	百	十	元	角	分		千	百	十	万	千	百	十	元	角	分
购木材	原材料	木材	√			9	3	6	0	0	0	0	0											
	银行存款													√			9	3	6	0	0	0	0	0
合 计					¥	9	3	6	0	0	0	0	0			¥	9	3	6	0	0	0	0	0

附件 张

财务主管：王志　　记账：蔡婷　　出纳：王明　　审核：龚华　　制单：秋水

记账凭证

2013 年 12 月 15 日　　　　字第 35 号

摘 要	总账科目	明细科目	过账	借方金额										过账	贷方金额								
				千	百	十	万	千	百	十	元	角	分		千	百	十	万	千	百	十	元	角	分
购沙子	在途物资	沙子	√				4	6	8	0	0	0	0											
	银行存款													√				4	6	8	0	0	0	0
合 计						¥	4	6	8	0	0	0	0				¥	4	6	8	0	0	0	0

附件 张

财务主管：王志　　记账：蔡婷　　出纳：王明　　审核：龚华　　制单：秋水

记账凭证

2013 年 12 月 15 日　　字第 36 号

摘 要	总账科目	明细科目	过账	借方金额										过账	贷方金额									
				千	百	十	万	千	百	十	元	角	分		千	百	十	万	千	百	十	元	角	分
购石灰	原材料	石灰	√				5	5	0	0	0	0	0											
	应付账款													√				5	5	0	0	0	0	0
合　计						¥	5	5	0	0	0	0	0				¥	5	5	0	0	0	0	0

附件　张

财务主管：王志　　记账：蔡婷　　出纳：王明　　审核：龚华　　制单：秋水

记账凭证

2013 年 12 月 16 日　　字第 37 号

摘 要	总账科目	明细科目	过账	借方金额										过账	贷方金额									
				千	百	十	万	千	百	十	元	角	分		千	百	十	万	千	百	十	元	角	分
工程领用材料	工程施工	1 号公寓（材料费）	√			2	6	4	5	0	0	0	0											
	原材料	主要材料												√			2	0	1	8	0	0	0	0
		结构件												√				6	0	0	0	0	0	0
		机械配件												√					2	0	0	0	0	0
		其他材料												√						7	0	0	0	0
合　计					¥	2	6	4	5	0	0	0	0			¥	2	6	4	5	0	0	0	0

附件　张

财务主管：王志　　记账：蔡婷　　出纳：王明　　审核：龚华　　制单：秋水

记账凭证

2013 年 12 月 16 日　　　　字第 38 号

摘要	总账科目	明细科目	过账	借方金额										过账	贷方金额								
				千	百	十	万	千	百	十	元	角	分		千	百	十	万	千	百	十	元	角	分
领安全网	工程施工	1 号公寓（间接费用）	√				3	0	0	0	0	0	0											
	周转材料	在库周转材料												√				3	0	0	0	0	0	0
合　计						¥	3	0	0	0	0	0	0				¥	3	0	0	0	0	0	0

附件　张

财务主管：王志　　记账：蔡婷　　出纳：王明　　审核：龚华　　制单：秋水

记账凭证

2013 年 12 月 16 日　　　　字第 39 号

摘要	总账科目	明细科目	过账	借方金额										过账	贷方金额								
				千	百	十	万	千	百	十	元	角	分		千	百	十	万	千	百	十	元	角	分
领脚手架	周转材料	在用周转材料	√				7	0	0	0	0	0	0											
	周转材料	在库周转材料												√				7	0	0	0	0	0	0
合　计						¥	7	0	0	0	0	0	0				¥	7	0	0	0	0	0	0

附件　张

财务主管：王志　　记账：蔡婷　　出纳：王明　　审核：龚华　　制单：秋水

记账凭证

2013 年 12 月 16 日　　　　字第 40 号

摘 要	总账科目	明细科目	过账	借方金额										过账	贷方金额								
				千	百	十	万	千	百	十	元	角	分		千	百	十	万	千	百	十	元	角	分
领木板	周转材料	在用周转材料	√				4	4	0	0	0	0	0	√										
	原材料	木材																4	4	0	0	0	0	0
合 计						¥	4	4	0	0	0	0	0				¥	4	4	0	0	0	0	0

附件 张

财务主管：王志　　记账：蔡婷　　出纳：王明　　审核：龚华　　制单：秋水

记账凭证

2013 年 12 月 16 日　　　　字第 41 号

摘 要	总账科目	明细科目	过账	借方金额										过账	贷方金额								
				千	百	十	万	千	百	十	元	角	分		千	百	十	万	千	百	十	元	角	分
摊销周转材料	工程施工	1 号公寓（间接费用）	√				2	4	2	0	0	0	0	√										
	周转材料	周转材料摊销																2	4	2	0	0	0	0
合 计						¥	2	4	2	0	0	0	0				¥	2	4	2	0	0	0	0

附件 张

财务主管：王志　　记账：蔡婷　　出纳：王明　　审核：龚华　　制单：秋水

记账凭证

2013 年 12 月 17 日　　　　字第 42 号

摘 要	总账科目	明细科目	过账	借方金额										过账	贷方金额									
				千	百	十	万	千	百	十	元	角	分		千	百	十	万	千	百	十	元	角	分
报废安全网	原材料		√					3	0	0	0	0	0											
	工程施工	1 号公寓（间接费用）												√					3	0	0	0	0	0
合 计							¥	3	0	0	0	0	0					¥	3	0	0	0	0	0

附件　张

财务主管：王志　　记账：蔡婷　　出纳：王明　　审核：龚华　　制单：秋水

记账凭证

2013 年 12 月 17 日　　　　字第 $43^1/_2$ 号

摘 要	总账科目	明细科目	过账	借方金额										过账	贷方金额									
				千	百	十	万	千	百	十	元	角	分		千	百	十	万	千	百	十	元	角	分
支付手续费	财务费用		√							5	0	0	0											
	银行存款													√							5	0	0	0
合 计									¥	5	0	0	0							¥	5	0	0	0

附件　张

财务主管：王志　　记账：蔡婷　　出纳：王明　　审核：龚华　　制单：秋水

记账凭证

2013 年 12 月 17 日　　　　字第 43$^{2}/_{2}$号

摘 要	总账科目	明细科目	过账	借方金额										过账	贷方金额								
				千	百	十	万	千	百	十	元	角	分		千	百	十	万	千	百	十	元	角	分
购买材料	在途物资		√			1	0	0	0	0	0	0	0											
	应付票据													√			1	0	0	0	0	0	0	0
合　计					¥	1	0	0	0	0	0	0	0			¥	1	0	0	0	0	0	0	0

附件　张

财务主管：王志　　记账：蔡婷　　出纳：王明　　审核：龚华　　制单：秋水

记账凭证

2013 年 12 月 17 日　　　　字第 44 号

摘 要	总账科目	明细科目	过账	借方金额										过账	贷方金额								
				千	百	十	万	千	百	十	元	角	分		千	百	十	万	千	百	十	元	角	分
支付票据	应付票据		√				7	0	0	0	0	0	0											
	银行存款													√				7	0	0	0	0	0	0
合　计						¥	7	0	0	0	0	0	0				¥	7	0	0	0	0	0	0

附件　张

财务主管：王志　　记账：蔡婷　　出纳：王明　　审核：龚华　　制单：秋水

记账凭证

2013 年 12 月 17 日　　　　字第 45 号

摘要	总账科目	明细科目	过账	借方金额										过账	贷方金额									
				千	百	十	万	千	百	十	元	角	分		千	百	十	万	千	百	十	元	角	分
付宏业账款	应付账款		√				4	5	0	0	0	0	0	√										
	应付票据																	4	5	0	0	0	0	0
合　计						¥	4	5	0	0	0	0	0				¥	4	5	0	0	0	0	0

附件　张

财务主管：王志　记账：蔡婷　出纳：王明　审核：龚华　制单：秋水

记账凭证

2013 年 12 月 17 日　　　　字第 46 号

摘要	总账科目	明细科目	过账	借方金额										过账	贷方金额									
				千	百	十	万	千	百	十	元	角	分		千	百	十	万	千	百	十	元	角	分
未支付票款	应付票据		√			3	5	0	0	0	0	0	0											
	应付账款													√			3	5	0	0	0	0	0	0
合　计					¥	3	5	0	0	0	0	0	0			¥	3	5	0	0	0	0	0	0

附件　张

财务主管：王志　记账：蔡婷　出纳：王明　审核：龚华　制单：秋水

记账凭证

2013年12月18日　　　　字第47号

摘要	总账科目	明细科目	过账	借方金额										过账	贷方金额								
				千	百	十	万	千	百	十	元	角	分		千	百	十	万	千	百	十	元	角	分
购材料	原材料		√			2	2	2	3	0	0	0	0											
	应付账款	中兴公司												√			2	2	2	3	0	0	0	0
合　计					¥	2	2	2	3	0	0	0	0			¥	2	2	2	3	0	0	0	0

附件　张

财务主管：王志　记账：蔡婷　出纳：王明　审核：龚华　制单：秋水

记账凭证

2013年12月18日　　　　字第48号

摘要	总账科目	明细科目	过账	借方金额										过账	贷方金额								
				千	百	十	万	千	百	十	元	角	分		千	百	十	万	千	百	十	元	角	分
付宏业账款	应付账款	宏业公司	√			1	3	0	0	0	0	0	0											
	银行存款													√			1	3	0	0	0	0	0	0
合　计					¥	1	3	0	0	0	0	0	0			¥	1	3	0	0	0	0	0	0

附件　张

财务主管：王志　记账：蔡婷　出纳：王明　审核：龚华　制单：秋水

记账凭证

2013 年 12 月 18 日　　　　字第 49 号

摘要	总账科目	明细科目	过账	借方金额										过账	贷方金额									
				千	百	十	万	千	百	十	元	角	分		千	百	十	万	千	百	十	元	角	分
转销应付款	应付账款		√					6	0	0	0	0	0											
	营业外收入	其他												√					6	0	0	0	0	0
合　计							¥	6	0	0	0	0	0					¥	6	0	0	0	0	0

附件　张

财务主管：王志　　记账：蔡婷　　出纳：王明　　审核：龚华　　制单：秋水

记账凭证

2013 年 12 月 19 日　　　　字第 50 号

摘要	总账科目	明细科目	过账	借方金额										过账	贷方金额									
				千	百	十	万	千	百	十	元	角	分		千	百	十	万	千	百	十	元	角	分
交 11 月增值税	应交税费	应交增值税	√				5	4	0	0	0	0	0											
	银行存款													√				5	4	0	0	0	0	0
合　计						¥	5	4	0	0	0	0	0				¥	5	4	0	0	0	0	0

附件　张

财务主管：王志　　记账：蔡婷　　出纳：王明　　审核：龚华　　制单：秋水

记账凭证

2013年12月19日　　字第51号

摘要	总账科目	明细科目	过账	借方金额										过账	贷方金额									
				千	百	十	万	千	百	十	元	角	分		千	百	十	万	千	百	十	元	角	分
交11月营业税	应交税费	应交营业税	√				9	0	0	0	0	0	0	√										
	银行存款																	9	0	0	0	0	0	0
合计						¥	9	0	0	0	0	0	0				¥	9	0	0	0	0	0	0

附件　张

财务主管：王志　　记账：蔡婷　　出纳：王明　　审核：龚华　　制单：秋水

记账凭证

2013年12月19日　　字第52号

摘要	总账科目	明细科目	过账	借方金额										过账	贷方金额									
				千	百	十	万	千	百	十	元	角	分		千	百	十	万	千	百	十	元	角	分
交11月城建税	应交税费	应交城建税	√				1	0	0	8	0	0	0											
	银行存款													√				1	0	0	8	0	0	0
合计						¥	1	0	0	8	0	0	0				¥	1	0	0	8	0	0	0

附件　张

财务主管：王志　　记账：蔡婷　　出纳：王明　　审核：龚华　　制单：秋水

记账凭证

2013年12月19日　　　　字第53号

摘要	总账科目	明细科目	过账	借方金额										过账	贷方金额								
				千	百	十	万	千	百	十	元	角	分		千	百	十	万	千	百	十	元	角	分
交11月教育费附加	应交税费	应交教育费附加	√					4	3	2	0	0	0										
	银行存款													√					4	3	2	0	0	0
合　计							¥	4	3	2	0	0	0					¥	4	3	2	0	0	0

附件　张

财务主管：王志　　记账：蔡婷　　出纳：王明　　审核：龚华　　制单：秋水

记账凭证

2013年12月19日　　　　字第54号

摘要	总账科目	明细科目	过账	借方金额										过账	贷方金额								
				千	百	十	万	千	百	十	元	角	分		千	百	十	万	千	百	十	元	角	分
交代扣代缴个税	应交税费	应交个人所得税	√				2	8	0	0	0	0	0										
	银行存款													√				2	8	0	0	0	0	0
合　计						¥	2	8	0	0	0	0	0				¥	2	8	0	0	0	0	0

附件　张

财务主管：王志　　记账：蔡婷　　出纳：王明　　审核：龚华　　制单：秋水

记账凭证

2013年12月19日　　　　字第55号

摘要	总账科目	明细科目	过账	借方金额										过账	贷方金额									
				千	百	十	万	千	百	十	元	角	分		千	百	十	万	千	百	十	元	角	分
交印花税	管理费用		√					8	6	6	7	0	0											
	银行存款													√					8	6	6	7	0	0
合计							¥	8	6	6	7	0	0					¥	8	6	6	7	0	0

附件　张

财务主管：王志　记账：蔡婷　出纳：王明　审核：龚华　制单：秋水

记账凭证

2013年12月19日　　　　字第56号

摘要	总账科目	明细科目	过账	借方金额										过账	贷方金额									
				千	百	十	万	千	百	十	元	角	分		千	百	十	万	千	百	十	元	角	分
交土地使用税	应交税费	应交土地使用税	√				8	2	5	0	0	0	0											
	银行存款													√				8	2	5	0	0	0	0
合计						¥	8	2	5	0	0	0	0				¥	8	2	5	0	0	0	0

附件　张

财务主管：王志　记账：蔡婷　出纳：王明　审核：龚华　制单：秋水

记账凭证

2013 年 12 月 19 日　　字第 57 号

摘 要	总账科目	明细科目	过账	借方金额										过账	贷方金额								
				千	百	十	万	千	百	十	元	角	分		千	百	十	万	千	百	十	元	角	分
交车船税	应交税费	应交车船税	√					7	5	0	0	0	0											
	银行存款													√					7	5	0	0	0	0
合 计							¥	7	5	0	0	0	0					¥	7	5	0	0	0	0

附件 张

财务主管：王志　　记账：蔡婷　　出纳：王明　　审核：龚华　　制单：秋水

记账凭证

2013 年 12 月 19 日　　字第 58 号

摘 要	总账科目	明细科目	过账	借方金额										过账	贷方金额								
				千	百	十	万	千	百	十	元	角	分		千	百	十	万	千	百	十	元	角	分
交房产税	应交税费	应交房产税	√			5	4	0	0	0	0	0	0											
	银行存款													√			5	4	0	0	0	0	0	0
合 计					¥	5	4	0	0	0	0	0	0			¥	5	4	0	0	0	0	0	0

附件 张

财务主管：王志　　记账：蔡婷　　出纳：王明　　审核：龚华　　制单：秋水

记账凭证

2013 年 12 月 20 日　　字第 59 号

摘要	总账科目	明细科目	过账	借方金额										过账	贷方金额									
				千	百	十	万	千	百	十	元	角	分		千	百	十	万	千	百	十	元	角	分
购材料	原材料		√			5	8	5	0	0	0	0	0											
	银行存款													√			5	8	5	0	0	0	0	0
合　计					¥	5	8	5	0	0	0	0	0			¥	5	8	5	0	0	0	0	0

附件　张

财务主管：王志　记账：蔡婷　出纳：王明　审核：龚华　制单：秋水

记账凭证

2013 年 12 月 20 日　　字第 60 号

摘要	总账科目	明细科目	过账	借方金额										过账	贷方金额									
				千	百	十	万	千	百	十	元	角	分		千	百	十	万	千	百	十	元	角	分
销售材料	应收账款		√			1	2	0	0	0	0	0	0											
	其他业务收入													√			1	1	6	5	0	4	8	5
	应交税费	应交增值税												√					3	4	9	5	1	5
合　计					¥	1	2	0	0	0	0	0	0			¥	1	2	0	0	0	0	0	0

附件　张

财务主管：王志　记账：蔡婷　出纳：王明　审核：龚华　制单：秋水

记账凭证

2013 年 12 月 20 日　　　　字第 61 号

摘 要	总账科目	明细科目	过账	借方金额										过账	贷方金额									
				千	百	十	万	千	百	十	元	角	分		千	百	十	万	千	百	十	元	角	分
预收货款	银行存款		√				3	0	0	0	0	0	0											
	预收账款													√				3	0	0	0	0	0	0
合 计						¥	3	0	0	0	0	0	0				¥	3	0	0	0	0	0	0

附件　张

财务主管：王志　　记账：蔡婷　　出纳：王明　　审核：龚华　　制单：秋水

记账凭证

2013 年 12 月 20 日　　　　字第 62 号

摘 要	总账科目	明细科目	过账	借方金额										过账	贷方金额									
				千	百	十	万	千	百	十	元	角	分		千	百	十	万	千	百	十	元	角	分
支付工程保证金	应收账款	澳大利亚驻华大使馆	√				5	0	0	0	0	0	0											
	银行存款													√				5	0	0	0	0	0	0
合 计						¥	5	0	0	0	0	0	0				¥	5	0	0	0	0	0	0

附件　张

财务主管：王志　　记账：蔡婷　　出纳：王明　　审核：龚华　　制单：秋水

记账凭证

2013年12月20日　　　　　　　　字第63号

摘要	总账科目	明细科目	过账	借方金额										过账	贷方金额								
				千	百	十	万	千	百	十	元	角	分		千	百	十	万	千	百	十	元	角	分
付标书设计、制作费	管理费用	2号公寓投标费用	√				1	0	0	0	0	0	0											
	银行存款													√				1	0	0	0	0	0	0
合　计						¥	1	0	0	0	0	0	0				¥	1	0	0	0	0	0	0

附件　张

财务主管：王志　记账：蔡婷　出纳：王明　审核：龚华　制单：秋水

记账凭证

2013年12月20日　　　　　　　　字第64号

摘要	总账科目	明细科目	过账	借方金额										过账	贷方金额								
				千	百	十	万	千	百	十	元	角	分		千	百	十	万	千	百	十	元	角	分
付印花税	管理费用		√					3	0	0	0	0	0											
	银行存款													√					3	0	0	0	0	0
合　计							¥	3	0	0	0	0	0					¥	3	0	0	0	0	0

附件　张

财务主管：王志　记账：蔡婷　出纳：王明　审核：龚华　制单：秋水

记账凭证

2013 年 12 月 20 日　　字第 65 号

摘 要	总账科目	明细科目	过账	借方金额										过账	贷方金额									
				千	百	十	万	千	百	十	元	角	分		千	百	十	万	千	百	十	元	角	分
投标费转入工程施工	工程施工	2 号公寓（间接费用）	√				1	0	0	0	0	0	0											
	管理费用	2 号公寓楼投标费用												√				1	0	0	0	0	0	0
合 计						¥	1	0	0	0	0	0	0				¥	1	0	0	0	0	0	0

附件 张

财务主管：王志　　记账：蔡婷　　出纳：王明　　审核：龚华　　制单：秋水

记账凭证

2013 年 12 月 20 日　　字第 66 号

摘 要	总账科目	明细科目	过账	借方金额										过账	贷方金额									
				千	百	十	万	千	百	十	元	角	分		千	百	十	万	千	百	十	元	角	分
1 号公寓领用材料	工程施工	1 号公寓（材料费）	√			1	4	9	5	4	4	4	8											
	原材料													√			1	4	9	5	4	4	4	8
合 计					¥	1	4	9	5	4	4	4	8			¥	1	4	9	5	4	4	4	8

附件 张

财务主管：王志　　记账：蔡婷　　出纳：王明　　审核：龚华　　制单：秋水

记账凭证

2013 年 12 月 21 日　　　　字第 67 号

摘要	总账科目	明细科目	过账	借方金额										过账	贷方金额									
				千	百	十	万	千	百	十	元	角	分		千	百	十	万	千	百	十	元	角	分
付 1 号公寓楼水、电费	工程施工	1 号公寓（其他直接费）	√				2	1	3	0	0	0	0											
	银行存款													√				2	1	3	0	0	0	0
合　计						¥	2	1	3	0	0	0	0				¥	2	1	3	0	0	0	0

附件　张

财务主管：王志　　记账：蔡婷　　出纳：王明　　审核：龚华　　制单：秋水

记账凭证

2013 年 12 月 21 日　　　　字第 $68^1/_2$ 号

摘要	总账科目	明细科目	过账	借方金额										过账	贷方金额									
				千	百	十	万	千	百	十	元	角	分		千	百	十	万	千	百	十	元	角	分
核算 1 号公寓楼机械作业费	工程施工	1 号公寓（机械使用费）	√				2	2	6	5	5	5	2											
	机械作业	搅拌机												√				2	2	6	5	5	5	2
合　计						¥	2	2	6	5	5	5	2				¥	2	2	6	5	5	5	2

附件　张

财务主管：王志　　记账：蔡婷　　出纳：王明　　审核：龚华　　制单：秋水

记账凭证

2013 年 12 月 21 日　　　　　　　　字第 $68^{2}/_{2}$ 号

摘要	总账科目	明细科目	过账	借方金额										过账	贷方金额									
				千	百	十	万	千	百	十	元	角	分		千	百	十	万	千	百	十	元	角	分
核算 1 号公寓楼机械作业费	机械作业	搅拌机	√				2	2	6	5	5	5	2											
	应付职工薪酬													√				1	8	3	0	0	0	0
	累计折旧																		2	2	1	3	1	7
	原材料																		2	1	4	2	3	5
合　计						¥	2	2	6	5	5	5	2				¥	2	2	6	5	5	5	2

附件　张

财务主管：王志　　记账：蔡婷　　出纳：王明　　审核：龚华　　制单：秋水

记账凭证

2013 年 12 月 21 日　　　　　　　　字第 $69^{1}/_{2}$ 号

摘要	总账科目	明细科目	过账	借方金额										过账	贷方金额									
				千	百	十	万	千	百	十	元	角	分		千	百	十	万	千	百	十	元	角	分
购工程物资	工程物资		√			1	8	7	8	6	0	0	0											
	银行存款													√			1	8	7	8	6	0	0	0
合　计					¥	1	8	7	8	6	0	0	0			¥	1	8	7	8	6	0	0	0

附件　张

财务主管：王志　　记账：蔡婷　　出纳：王明　　审核：龚华　　制单：秋水

记账凭证

2013 年 12 月 21 日　　　　字第 $69^{2}/_{2}$ 号

摘要	总账科目	明细科目	过账	借方金额										过账	贷方金额								
				千	百	十	万	千	百	十	元	角	分		千	百	十	万	千	百	十	元	角	分
领用工程物资	在建工程		√			1	8	7	8	6	0	0	0											
	工程物资													√			1	8	7	8	6	0	0	0
合　计					¥	1	8	7	8	6	0	0	0			¥	1	8	7	8	6	0	0	0

附件　张

财务主管：王志　　记账：蔡婷　　出纳：王明　　审核：龚华　　制单：秋水

记账凭证

2013 年 12 月 21 日　　　　字第 70 号

摘要	总账科目	明细科目	过账	借方金额										过账	贷方金额								
				千	百	十	万	千	百	十	元	角	分		千	百	十	万	千	百	十	元	角	分
核算 1 号公寓人工费	工程施工	1 号公寓（人工费）	√			1	2	9	0	0	0	0	0											
	应付职工薪酬	工资												√			1	2	9	0	0	0	0	0
合　计					¥	1	2	9	0	0	0	0	0			¥	1	2	9	0	0	0	0	0

附件　张

财务主管：王志　　记账：蔡婷　　出纳：王明　　审核：龚华　　制单：秋水

记账凭证

2013 年 12 月 22 日　　　　字第 71 号

摘要	总账科目	明细科目	过账	借方金额										过账	贷方金额								
				千	百	十	万	千	百	十	元	角	分		千	百	十	万	千	百	十	元	角	分
核算 1 号公寓管理人员工资	工程施工	1 号公寓（间接费用）	√				5	1	5	0	0	0	0										
	应付职工薪酬													√				5	0	0	0	0	0	0
	银行存款													√					1	5	0	0	0	0
合　计						¥	5	1	5	0	0	0	0				¥	5	1	5	0	0	0	0

附件　张

财务主管：王志　　记账：蔡婷　　出纳：王明　　审核：龚华　　制单：秋水

记账凭证

2013 年 12 月 22 日　　　　字第 72 号

摘要	总账科目	明细科目	过账	借方金额										过账	贷方金额								
				千	百	十	万	千	百	十	元	角	分		千	百	十	万	千	百	十	元	角	分
付职工困难补助	应付职工薪酬	职工福利	√					4	0	0	0	0	0										
	库存现金													√					4	0	0	0	0	0
合　计							¥	4	0	0	0	0	0					¥	4	0	0	0	0	0

附件　张

财务主管：王志　　记账：蔡婷　　出纳：王明　　审核：龚华　　制单：秋水

记账凭证

2013 年 12 月 22 日　　　　字第 73 号

摘 要	总账科目	明细科目	过账	借方金额 千	百	十	万	千	百	十	元	角	分	过账	贷方金额 千	百	十	万	千	百	十	元	角	分
交社会保险	应付职工薪酬	社保费	√				5	0	0	0	0	0	0											
	其他应收款	代交社会保险	√					4	6	8	0	0	0											
	银行存款													√				5	4	6	8	0	0	0
合　计						¥	5	4	6	8	0	0	0				¥	5	4	6	8	0	0	0

附件　张

财务主管：王志　　记账：蔡婷　　出纳：王明　　审核：龚华　　制单：秋水

记账凭证

2013 年 12 月 22 日　　　　字第 74 号

摘 要	总账科目	明细科目	过账	借方金额 千	百	十	万	千	百	十	元	角	分	过账	贷方金额 千	百	十	万	千	百	十	元	角	分
支付工会经费	应付职工薪酬	工会经费	√					4	5	4	9	5	6											
	银行存款													√					4	5	4	9	5	6
合　计							¥	4	5	4	9	5	6					¥	4	5	4	9	5	6

附件　张

财务主管：王志　　记账：蔡婷　　出纳：王明　　审核：龚华　　制单：秋水

记账凭证

2013 年 12 月 23 日　　　　字第 75 号

摘 要	总账科目	明细科目	过账	借方金额										过账	贷方金额									
				千	百	十	万	千	百	十	元	角	分		千	百	十	万	千	百	十	元	角	分
支付招待费	管理费用	业务招待费	√				7	0	0	0	0	0	0											
	银行存款													√				7	0	0	0	0	0	0
合 计						¥	7	0	0	0	0	0	0				¥	7	0	0	0	0	0	0

附件　张

财务主管：王志　　记账：蔡婷　　出纳：王明　　审核：龚华　　制单：秋水

记账凭证

2013 年 12 月 24 日　　　　字第 76 号

摘 要	总账科目	明细科目	过账	借方金额										过账	贷方金额									
				千	百	十	万	千	百	十	元	角	分		千	百	十	万	千	百	十	元	角	分
预收 2 号公寓备料款	银行存款		√		1	0	0	0	0	0	0	0	0											
	预收账款	2 号公寓备料款												√		1	0	0	0	0	0	0	0	0
合 计				¥	1	0	0	0	0	0	0	0	0		¥	1	0	0	0	0	0	0	0	0

附件　张

财务主管：王志　　记账：蔡婷　　出纳：王明　　审核：龚华　　制单：秋水

记账凭证

2013 年 12 月 24 日　　　　字第 77 号

摘 要	总账科目	明细科目	过账	借方金额										过账	贷方金额								
				千	百	十	万	千	百	十	元	角	分		千	百	十	万	千	百	十	元	角	分
收 1 号公寓工程进度款	银行存款		√			7	0	0	0	0	0	0	0											
	预收账款	1 号公寓												√			7	0	0	0	0	0	0	0
合 计					¥	7	0	0	0	0	0	0	0			¥	7	0	0	0	0	0	0	0

附件 张

财务主管：王志　　记账：蔡婷　　出纳：王明　　审核：龚华　　制单：秋水

记账凭证

2013 年 12 月 24 日　　　　字第 $78^1/_2$ 号

摘 要	总账科目	明细科目	过账	借方金额										过账	贷方金额								
				千	百	十	万	千	百	十	元	角	分		千	百	十	万	千	百	十	元	角	分
3 号公寓工程完工结款	应收账款	3 号公寓	√		5	0	0	0	0	0	0	0	0											
	工程结算	3 号公寓												√		5	0	0	0	0	0	0	0	0
合 计				¥	5	0	0	0	0	0	0	0	0		¥	5	0	0	0	0	0	0	0	0

附件 张

财务主管：王志　　记账：蔡婷　　出纳：王明　　审核：龚华　　制单：秋水

记账凭证

2013 年 12 月 24 日　　　　字第 $78^{2}/_{2}$号

摘要	总账科目	明细科目	过账	借方金额										过账	贷方金额								
				千	百	十	万	千	百	十	元	角	分		千	百	十	万	千	百	十	元	角	分
3 号公寓工程完工结算	预收账款	预收工程款	√		1	0	0	0	0	0	0	0	0											
	预收账款	预收备料款	√		2	0	0	0	0	0	0	0	0											
	应收账款	3 号公寓												√		3	0	0	0	0	0	0	0	0
合　计				¥	3	0	0	0	0	0	0	0	0		¥	3	0	0	0	0	0	0	0	0

附件　张

财务主管：王志　　记账：蔡婷　　出纳：王明　　审核：龚华　　制单：秋水

记账凭证

2013 年 12 月 25 日　　　　字第 79 号

摘要	总账科目	明细科目	过账	借方金额										过账	贷方金额								
				千	百	十	万	千	百	十	元	角	分		千	百	十	万	千	百	十	元	角	分
收 3 号公寓工程尾款	银行存款		√		1	7	5	0	0	0	0	0	0											
	应收账款	3 号公寓												√		1	7	5	0	0	0	0	0	0
合　计				¥	1	7	5	0	0	0	0	0	0		¥	1	7	5	0	0	0	0	0	0

附件　张

财务主管：王志　　记账：蔡婷　　出纳：王明　　审核：龚华　　制单：秋水

记账凭证

2013 年 12 月 25 日　　　　字第 80 号

摘 要	总账科目	明细科目	过账	借方金额										过账	贷方金额									
				千	百	十	万	千	百	十	元	角	分		千	百	十	万	千	百	十	元	角	分
3 号公寓工程结束	工程结算	3 号公寓	√		5	0	0	0	0	0	0	0	0											
	工程施工	3 号公寓（合同毛利）												√		1	5	5	6	0	0	0	0	0
		3 号公寓（合同成本）														3	4	4	4	0	0	0	0	0
合　计				¥	5	0	0	0	0	0	0	0	0		¥	5	0	0	0	0	0	0	0	0

附件　张

财务主管：王志　　记账：蔡婷　　出纳：王明　　审核：龚华　　制单：秋水

记账凭证

2013 年 12 月 25 日　　　　字第 81 号

摘 要	总账科目	明细科目	过账	借方金额										过账	贷方金额									
				千	百	十	万	千	百	十	元	角	分		千	百	十	万	千	百	十	元	角	分
3 号公寓工程结束	主营业务成本		√		3	4	4	4	0	0	0	0	0											
	工程施工	合同毛利			1	5	5	6	0	0	0	0	0											
	主营业务收入													√		5	0	0	0	0	0	0	0	0
合　计				¥	5	0	0	0	0	0	0	0	0		¥	5	0	0	0	0	0	0	0	0

附件　张

财务主管：王志　　记账：蔡婷　　出纳：王明　　审核：龚华　　制单：秋水

记账凭证

2013 年 12 月 26 日　　　　字第 82 号

摘 要	总账科目	明细科目	过账	借方金额										过账	贷方金额								
				千	百	十	万	千	百	十	元	角	分		千	百	十	万	千	百	十	元	角	分
计提本月营业税	营业税金及附加		√			1	5	0	0	0	0	0	0											
	应交税费	应交营业税												√			1	5	0	0	0	0	0	0
合 计					¥	1	5	0	0	0	0	0	0			¥	1	5	0	0	0	0	0	0

附件 张

财务主管：王志　　记账：蔡婷　　出纳：王明　　审核：龚华　　制单：秋水

记账凭证

2013 年 12 月 26 日　　　　字第 83 号

摘 要	总账科目	明细科目	过账	借方金额										过账	贷方金额								
				千	百	十	万	千	百	十	元	角	分		千	百	十	万	千	百	十	元	角	分
计提本月城建税	营业税金及附加		√				2	8	5	7	7	1	3											
	应交税费	应交城建税												√				2	8	5	7	7	1	3
合 计						¥	2	8	5	7	7	1	3				¥	2	8	5	7	7	1	3

附件 张

财务主管：王志　　记账：蔡婷　　出纳：王明　　审核：龚华　　制单：秋水

记账凭证

2013年12月26日　　　　字第84号

摘要	总账科目	明细科目	过账	借方金额										过账	贷方金额									
				千	百	十	万	千	百	十	元	角	分		千	百	十	万	千	百	十	元	角	分
计提本月教育费	营业税金及附加		√				1	2	2	4	7	3	4											
	应交税费	应交教育费附加												√				1	2	2	4	7	3	4
合计						¥	1	2	2	4	7	3	4				¥	1	2	1	4	7	3	4

附件　张

财务主管：王志　　记账：蔡婷　　出纳：王明　　审核：龚华　　制单：秋水

记账凭证

2013年12月26日　　　　字第85号

摘要	总账科目	明细科目	过账	借方金额										过账	贷方金额									
				千	百	十	万	千	百	十	元	角	分		千	百	十	万	千	百	十	元	角	分
计提地方教育费附加	营业税金及附加	工资	√					8	1	6	4	8	9											
	应交税费	应交地方教育费附加												√					8	1	6	4	8	9
合计							¥	8	1	6	4	8	9					¥	8	1	6	4	8	9

附件　张

财务主管：王志　　记账：蔡婷　　出纳：王明　　审核：龚华　　制单：秋水

记账凭证

2013 年 12 月 26 日　　字第 86 号

摘 要	总账科目	明细科目	过账	借方金额										过账	贷方金额									
				千	百	十	万	千	百	十	元	角	分		千	百	十	万	千	百	十	元	角	分
出售水泥	银行存款		√				1	2	0	0	0	0	0											
	其他业务收入													√				1	1	6	5	0	4	9
	应交税费	应交增值税												√						3	4	9	5	1
合　计						¥	1	2	0	0	0	0	0				¥	1	2	0	0	0	0	0

附件　张

财务主管：王志　　记账：蔡婷　　出纳：王明　　审核：龚华　　制单：秋水

记账凭证

2013 年 12 月 26 日　　字第 87 号

摘 要	总账科目	明细科目	过账	借方金额										过账	贷方金额									
				千	百	十	万	千	百	十	元	角	分		千	百	十	万	千	百	十	元	角	分
结转销售成本	其他业务成本		√					9	6	0	0	0	0											
	原材料													√					9	6	0	0	0	0
合　计							¥	9	6	0	0	0	0					¥	9	6	0	0	0	0

附件　张

财务主管：王志　　记账：蔡婷　　出纳：王明　　审核：龚华　　制单：秋水

记账凭证

2013 年 12 月 26 日　　　　字第 88 号

摘要	总账科目	明细科目	过账	借方金额										过账	贷方金额								
				千	百	十	万	千	百	十	元	角	分		千	百	十	万	千	百	十	元	角	分
商业汇票到期	银行存款		√				1	0	1	5	0	0	0										
	应收票据													√				1	0	0	0	0	0	0
	财务费用													√						1	5	0	0	0
合　计						¥	1	0	1	5	0	0	0				¥	1	0	1	5	0	0	0

附件　张

财务主管：王志　　记账：蔡婷　　出纳：王明　　审核：龚华　　制单：秋水

记账凭证

2013 年 12 月 26 日　　　　字第 89 号

摘要	总账科目	明细科目	过账	借方金额										过账	贷方金额								
				千	百	十	万	千	百	十	元	角	分		千	百	十	万	千	百	十	元	角	分
收到货款及代垫款	银行存款		√				8	4	2	0	0	0	0										
	应收账款													√				8	4	2	0	0	0	0
合　计						¥	8	4	2	0	0	0	0				¥	8	4	2	0	0	0	0

附件　张

财务主管：王志　　记账：蔡婷　　出纳：王明　　审核：龚华　　制单：秋水

记账凭证

2013年12月26日　　　　字第90号

摘要	总账科目	明细科目	过账	借方金额										过账	贷方金额								
				千	百	十	万	千	百	十	元	角	分		千	百	十	万	千	百	十	元	角	分
计提坏账	资产减值损失	计提坏账准备	√				2	0	0	0	0	0	0											
	坏账准备													√				2	0	0	0	0	0	0
合　计						¥	2	0	0	0	0	0	0				¥	2	0	0	0	0	0	0

附件　张

财务主管：王志　　记账：蔡婷　　出纳：王明　　审核：龚华　　制单：秋水

记账凭证

2013年12月26日　　　　字第91号

摘要	总账科目	明细科目	过账	借方金额										过账	贷方金额								
				千	百	十	万	千	百	十	元	角	分		千	百	十	万	千	百	十	元	角	分
预付货款	预付账款	元创建材公司	√				2	5	0	0	0	0	0											
	银行存款													√				2	5	0	0	0	0	0
合　计						¥	2	5	0	0	0	0	0				¥	2	5	0	0	0	0	0

附件　张

财务主管：王志　　记账：蔡婷　　出纳：王明　　审核：龚华　　制单：秋水

记账凭证

2013年12月27日　　　　　　　　字第92号

摘要	总账科目	明细科目	过账	借方金额										过账	贷方金额									
				千	百	十	万	千	百	十	元	角	分		千	百	十	万	千	百	十	元	角	分
购买股票	交易性金融资产	成本	√			2	0	0	0	0	0	0	0											
	投资收益		√					3	0	0	0	0	0											
	银行存款													√			2	0	3	0	0	0	0	0
合　计					¥	2	0	3	0	0	0	0	0			¥	2	0	3	0	0	0	0	0

附件　张

财务主管：王志　　记账：蔡婷　　出纳：王明　　审核：龚华　　制单：秋水

记账凭证

2013年12月27日　　　　　　　　字第93号

摘要	总账科目	明细科目	过账	借方金额										过账	贷方金额									
				千	百	十	万	千	百	十	元	角	分		千	百	十	万	千	百	十	元	角	分
确认收益	应收股利		√				2	0	0	0	0	0	0											
	投资收益													√				2	0	0	0	0	0	0
合　计						¥	2	0	0	0	0	0	0				¥	2	0	0	0	0	0	0

附件　张

财务主管：王志　　记账：蔡婷　　出纳：王明　　审核：龚华　　制单：秋水

记账凭证

2013 年 12 月 27 日　　字第 94 号

摘 要	总账科目	明细科目	过账	借方金额										过账	贷方金额									
				千	百	十	万	千	百	十	元	角	分		千	百	十	万	千	百	十	元	角	分
公允变动	交易性金融资产	公允价值变动	√			1	0	0	0	0	0	0	0											
	公允价值变动损益													√			1	0	0	0	0	0	0	0
合　计					¥	1	0	0	0	0	0	0	0			¥	1	0	0	0	0	0	0	0

附件　张

财务主管：王志　　记账：蔡婷　　出纳：王明　　审核：龚华　　制单：秋水

记账凭证

2013 年 12 月 27 日　　字第 $95^1/_2$ 号

摘 要	总账科目	明细科目	过账	借方金额										过账	贷方金额									
				千	百	十	万	千	百	十	元	角	分		千	百	十	万	千	百	十	元	角	分
出售债券	银行存款		√		3	7	5	0	0	0	0	0	0											
	交易性金融资产	成本												√		3	5	0	0	0	0	0	0	0
	交易性金融资产	公允价值变动												√			1	0	0	0	0	0	0	0
	投资收益													√			1	5	0	0	0	0	0	0
合　计				¥	3	7	5	0	0	0	0	0	0		¥	3	7	5	0	0	0	0	0	0

附件　张

财务主管：王志　　记账：蔡婷　　出纳：王明　　审核：龚华　　制单：秋水

记账凭证

2013年12月27日　　　　字第95$^{2}/_{2}$号

摘 要	总账科目	明细科目	过账	借方金额										过账	贷方金额									
				千	百	十	万	千	百	十	元	角	分		千	百	十	万	千	百	十	元	角	分
结转收益	公允价值变动损益		√			1	0	0	0	0	0	0	0											
	投资收益													√			1	0	0	0	0	0	0	
合　计					¥	1	0	0	0	0	0	0	0			¥	1	0	0	0	0	0	0	0

附件　张

财务主管：王志　　记账：蔡婷　　出纳：王明　　审核：龚华　　制单：秋水

记账凭证

2013年12月28日　　　　字第96号

摘 要	总账科目	明细科目	过账	借方金额										过账	贷方金额									
				千	百	十	万	千	百	十	元	角	分		千	百	十	万	千	百	十	元	角	分
购入写字楼	投资性房地产	写字楼（成本）	√			3	5	1	0	0	0	0	0											
	银行存款													√			3	5	1	0	0	0	0	0
合　计					¥	3	5	1	0	0	0	0	0			¥	3	5	1	0	0	0	0	0

附件　张

财务主管：王志　　记账：蔡婷　　出纳：王明　　审核：龚华　　制单：秋水

记账凭证

2013 年 12 月 28 日 字第 97 号

摘 要	总账科目	明细科目	过账	借方金额										过账	贷方金额									
				千	百	十	万	千	百	十	元	角	分		千	百	十	万	千	百	十	元	角	分
固定资产转租	投资性房地产		√		5	5	0	0	0	0	0	0	0											
	累计折旧		√			8	0	0	0	0	0	0	0											
	固定资产减值准备		√				6	0	0	0	0	0	0											
	固定资产													√		5	5	0	0	0	0	0	0	0
	投资性房地产累计折旧													√			8	0	0	0	0	0	0	0
	投资性房地产减值准备													√				6	0	0	0	0	0	0
合 计				¥	6	3	6	0	0	0	0	0	0		¥	6	3	6	0	0	0	0	0	0

附件 张

财务主管：王志 记账：蔡婷 出纳：王明 审核：龚华 制单：秋水

记账凭证

2013 年 12 月 28 日 字第 98 号

摘 要	总账科目	明细科目	过账	借方金额										过账	贷方金额									
				千	百	十	万	千	百	十	元	角	分		千	百	十	万	千	百	十	元	角	分
出租楼转自用	固定资产		√		6	0	0	0	0	0	0	0	0											
	投资性房地产累计折旧		√		2	6	0	0	0	0	0	0	0											
	投资性房地产													√		6	0	0	0	0	0	0	0	0
	累计折旧													√		2	6	0	0	0	0	0	0	0
合 计				¥	8	6	0	0	0	0	0	0	0		¥	8	6	0	0	0	0	0	0	0

附件 张

财务主管：王志 记账：蔡婷 出纳：王明 审核：龚华 制单：秋水

记账凭证

2013 年 12 月 28 日　　　　字第 $99^{1}/_{2}$ 号

摘 要	总账科目	明细科目	过账	借方金额										过账	贷方金额									
				千	百	十	万	千	百	十	元	角	分		千	百	十	万	千	百	十	元	角	分
出售写字楼	银行存款		√		5	0	0	0	0	0	0	0	0											
	其他业务收入													√		5	0	0	0	0	0	0	0	0
合 计				¥	5	0	0	0	0	0	0	0	0		¥	5	0	0	0	0	0	0	0	0

附件　张

财务主管：王志　　记账：蔡婷　　出纳：王明　　审核：龚华　　制单：秋水

记账凭证

2013 年 12 月 28 日　　　　字第 $99^{2}/_{2}$ 号

摘 要	总账科目	明细科目	过账	借方金额										过账	贷方金额									
				千	百	十	万	千	百	十	元	角	分		千	百	十	万	千	百	十	元	角	分
结转成本	其他业务成本		√		4	3	5	0	0	0	0	0	0											
	投资性房地产累计折旧		√			5	0	0	0	0	0	0	0											
	投资性房地产	写字楼												√		4	6	0	0	0	0	0	0	0
	应交税费	应交营业税												√			2	5	0	0	0	0	0	0
合 计				¥	4	8	5	0	0	0	0	0	0		¥	4	8	5	0	0	0	0	0	0

附件　张

财务主管：王志　　记账：蔡婷　　出纳：王明　　审核：龚华　　制单：秋水

记账凭证

2013 年 12 月 28 日　　字第 100 号

摘 要	总账科目	明细科目	过账	借方金额										过账	贷方金额								
				千	百	十	万	千	百	十	元	角	分		千	百	十	万	千	百	十	元	角	分
购入长期投资	长期股权投资	A 公司	√			2	0	0	0	0	0	0	0											
	银行存款													√			2	0	0	0	0	0	0	0
合　计					¥	2	0	0	0	0	0	0	0			¥	2	0	0	0	0	0	0	0

附件　张

财务主管：王志　　记账：蔡婷　　出纳：王明　　审核：龚华　　制单：秋水

记账凭证

2013 年 12 月 29 日　　字第 101 号

摘 要	总账科目	明细科目	过账	借方金额										过账	贷方金额								
				千	百	十	万	千	百	十	元	角	分		千	百	十	万	千	百	十	元	角	分
投资 B 公司	长期股权投资	B 公司（投资成本）	√			9	5	0	0	0	0	0	0											
	银行存款													√			9	5	0	0	0	0	0	0
合　计					¥	9	5	0	0	0	0	0	0			¥	9	5	0	0	0	0	0	0

附件　张

财务主管：王志　　记账：蔡婷　　出纳：王明　　审核：龚华　　制单：秋水

记账凭证

2013 年 12 月 29 日　　　　字第 102 号

摘要	总账科目	明细科目	过账	借方金额										过账	贷方金额								
				千	百	十	万	千	百	十	元	角	分		千	百	十	万	千	百	十	元	角	分
购入债券	持有至到期投资	成本	√			2	0	0	0	0	0	0	0											
	持有至到期投资	利息调整	√					7	5	0	0	0	0											
	银行存款													√			2	0	7	5	0	0	0	0
合　计					¥	2	0	7	5	0	0	0	0			¥	2	0	7	5	0	0	0	0

附件　张

财务主管：王志　　记账：蔡婷　　出纳：王明　　审核：龚华　　制单：秋水

记账凭证

2013 年 12 月 31 日　　　　字第 103 号

摘要	总账科目	明细科目	过账	借方金额										过账	贷方金额								
				千	百	十	万	千	百	十	元	角	分		千	百	十	万	千	百	十	元	角	分
转销应付款	应付账款		√					8	0	0	0	0	0											
	营业外收入	无法偿还款												√					8	0	0	0	0	0
合　计							¥	8	0	0	0	0	0					¥	8	0	0	0	0	0

附件　张

财务主管：王志　　记账：蔡婷　　出纳：王明　　审核：龚华　　制单：秋水

记账凭证

2013 年 12 月 31 日　　　　字第 104 号

摘要	总账科目	明细科目	过账	借方金额										过账	贷方金额									
				千	百	十	万	千	百	十	元	角	分		千	百	十	万	千	百	十	元	角	分
出售无形资产	银行存款		√				2	4	0	0	0	0	0											
	无形资产减值准备		√					1	6	0	0	0	0											
	无形资产													√				2	1	6	0	0	0	0
	营业外收入	出售无形资产净收益												√					2	8	0	0	0	0
	应交税费	应交营业税																	1	2	0	0	0	0
合　计						¥	2	5	6	0	0	0	0				¥	2	5	6	0	0	0	0

附件　张

财务主管：王志　　记账：蔡婷　　出纳：王明　　审核：龚华　　制单：秋水

记账凭证

2013 年 12 月 31 日　　　　字第 105 号

摘要	总账科目	明细科目	过账	借方金额										过账	贷方金额									
				千	百	十	万	千	百	十	元	角	分		千	百	十	万	千	百	十	元	角	分
收赔偿金	银行存款		√				1	4	5	0	0	0	0											
	营业外收入	赔偿金收入												√				1	4	5	0	0	0	0
合　计						¥	1	4	5	0	0	0	0				¥	1	4	5	0	0	0	0

附件　张

财务主管：王志　　记账：蔡婷　　出纳：王明　　审核：龚华　　制单：秋水

记账凭证

2013 年 12 月 31 日　　　　字第 106 号

摘要	总账科目	明细科目	过账	借方金额										过账	贷方金额								
				千	百	十	万	千	百	十	元	角	分		千	百	十	万	千	百	十	元	角	分
捐款	营业外支出	公益救济性捐款	√				4	0	0	0	0	0	0											
	银行存款													√				4	0	0	0	0	0	0
合计						¥	4	0	0	0	0	0	0				¥	4	0	0	0	0	0	0

附件　　张

财务主管：王志　　记账：蔡婷　　出纳：王明　　审核：龚华　　制单：秋水

记账凭证

2013 年 12 月 31 日　　　　字第 107 号

摘要	总账科目	明细科目	过账	借方金额										过账	贷方金额								
				千	百	十	万	千	百	十	元	角	分		千	百	十	万	千	百	十	元	角	分
支付违约金	营业外支出	罚款支出	√				1	0	0	0	0	0	0											
	银行存款													√				1	0	0	0	0	0	0
合计						¥	1	0	0	0	0	0	0				¥	1	0	0	0	0	0	0

附件　　张

财务主管：王志　　记账：蔡婷　　出纳：王明　　审核：龚华　　制单：秋水

记账凭证

2013 年 12 月 31 日　　字第 108 号

摘 要	总账科目	明细科目	过账	借方金额											过账	贷方金额										
				亿	千	百	十	万	千	百	十	元	角	分		亿	千	百	十	万	千	百	十	元	角	分
结转收入	主营业务收入		√			5	0	0	0	0	0	0	0	0												
	其他业务收入		√			5	1	2	8	1	5	5	3	4												
	投资收益		√				2	6	7	0	0	0	0	0												
	营业外收入		√					6	8	9	0	0	0	0												
	本年利润														√		1	0	4	6	4	0	5	5	3	4
合 计				¥	1	0	4	6	4	0	5	5	3	4		¥	1	0	4	6	4	0	5	5	3	4

附件　张

财务主管：王志　　记账：蔡婷　　出纳：王明　　审核：龚华　　制单：秋水

记账凭证

2013 年 12 月 31 日　　字第 $109^1/_2$ 号

摘 要	总账科目	明细科目	过账	借方金额										过账	贷方金额									
				千	百	十	万	千	百	十	元	角	分		千	百	十	万	千	百	十	元	角	分
结转成本	本年利润		√		8	1	9	7	2	5	6	3	6											
	主营业务成本													√		3	4	4	4	0	0	0	0	0
	营业税金及附加													√			1	9	8	9	8	9	3	6
	其他业务成本													√		4	3	5	9	6	0	0	0	0
	管理费用													√				9	3	0	1	7	0	0
合 计																								

附件　张

财务主管：王志　　记账：蔡婷　　出纳：王明　　审核：龚华　　制单：秋水

记账凭证

2013 年 12 月 31 日　　　　字第 $109^2/_2$ 号

摘 要	总账科目	明细科目	过账	借方金额 千	百	十	万	千	百	十	元	角	分	过账	贷方金额 千	百	十	万	千	百	十	元	角	分
	财务费用													√					1	6	5	0	0	0
	营业外支出													√				8	0	0	0	0	0	0
	资产减值损失													√				2	0	0	0	0	0	0
合 计				¥	8	1	9	7	2	5	6	3	6		¥	8	1	9	7	2	5	6	3	6

附件　张

财务主管：王志　　记账：蔡婷　　出纳：王明　　审核：龚华　　制单：秋水

记账凭证

2013 年 12 月 31 日　　　　字第 110 号

摘 要	总账科目	明细科目	过账	借方金额 千	百	十	万	千	百	十	元	角	分	过账	贷方金额 千	百	十	万	千	百	十	元	角	分
计提所得税	所得税费用		√			5	6	6	6	9	9	7	5											
	应交税费	应交所得税												√			5	6	6	6	9	9	7	5
合 计					¥	5	6	6	6	9	9	7	5			¥	5	6	6	6	9	9	7	5

附件　张

财务主管：王志　　记账：蔡婷　　出纳：王明　　审核：龚华　　制单：秋水

记账凭证

2013年12月31日　　　　字第111号

摘要	总账科目	明细科目	过账	借方金额										过账	贷方金额								
				千	百	十	万	千	百	十	元	角	分		千	百	十	万	千	百	十	元	角	分
结转所得税	本年利润		√			5	6	6	6	9	9	7	5											
	所得税费用													√			5	6	6	6	9	9	7	5
合　计					¥	5	6	6	6	9	9	7	5			¥	5	6	6	6	9	9	7	5

附件　张

财务主管：王志　　记账：蔡婷　　出纳：王明　　审核：龚华　　制单：秋水

记账凭证

2013年12月31日　　　　字第112号

摘要	总账科目	明细科目	过账	借方金额										过账	贷方金额								
				千	百	十	万	千	百	十	元	角	分		千	百	十	万	千	百	十	元	角	分
提取盈余公积	利润分配	提取法定盈余公积	√			1	7	0	0	0	9	9	2											
	盈余公积	法定盈余公积												√			1	7	0	0	0	9	9	2
合　计					¥	1	7	0	0	0	9	9	2			¥	1	7	0	0	0	9	9	2

附件　张

财务主管：王志　　记账：蔡婷　　出纳：王明　　审核：龚华　　制单：秋水

记账凭证

2013 年 12 月 31 日　　　　字第 113 号

摘 要	总账科目	明细科目	过账	借方金额										过账	贷方金额								
				千	百	十	万	千	百	十	元	角	分		千	百	十	万	千	百	十	元	角	分
结转本年利润	本年利润		√		1	7	0	0	0	9	9	2	3											
	利润分配	未分配利润												√		1	7	0	0	0	9	9	2	3
合 计				¥	1	7	0	0	0	9	9	2	3		¥	1	7	0	0	0	9	9	2	3

附件　张

财务主管：王志　　记账：蔡婷　　出纳：王明　　审核：龚华　　制单：秋水

记账凭证

2013 年 12 月 31 日　　　　字第 114 号

摘 要	总账科目	明细科目	过账	借方金额										过账	贷方金额								
				千	百	十	万	千	百	十	元	角	分		千	百	十	万	千	百	十	元	角	分
结转盈余公积	利润分配	未分配利润	√			1	7	0	0	0	9	9	2	√										
	利润分配	提取法定盈余公积															1	7	0	0	0	9	9	2
合 计					¥	1	7	0	0	0	9	9	2			¥	1	7	0	0	0	9	9	2

附件　张

财务主管：王志　　记账：蔡婷　　出纳：王明　　审核：龚华　　制单：秋水

二、登记明细分类账

（一）资产类明细账

现金日记账

2013年		凭证	摘要	对方科目	借方											核对	贷方											核对	借或贷	余额											核对
月	日	号数			亿	千	百	十	万	千	百	十	元	角	分		亿	千	百	十	万	千	百	十	元	角	分			亿	千	百	十	万	千	百	十	元	角	分	
			期初余额																										借					1	4	7	0	2	1	4	
12	1	1	提现						1	5	0	0	0	0	0																										
12	1	2	借差旅费																			1	0	0	0	0	0														
12	2	3	购办公用品																				5	0	0	0	0														
12	3	4	报销差旅费								2	5	0	0	0	0																									
12	3	5	现金盘亏																				2	0	0	0	0														
12	4	7	存现																		2	0	0	0	0	0	0														
12	22	72	支付职工困难补助																			4	0	0	0	0	0														
			本月合计						1	5	2	5	0	0	0						2	5	7	0	0	0	0		借						4	2	5	2	1	4	

银行存款日记账

2013年 月	日	凭证号数	摘要	对方科目	借方（亿千百十万千百十元角分）	核对	贷方（亿千百十万千百十元角分）	核对	借或贷	余额（亿千百十万千百十元角分）	核对
			期初余额						借	4000000000	
12	1	1	提现				1500000				
12	4	7	存现		2000000						
12	4	8	付电话费				700000				
12	5	9	收大华应收款		8800000						
12	6	10	向采购专户汇款				60000000				
12	8	12	收采购专户多余款		1500000						
12	8	13	接受B投资		2500000000						
12	9	16	借短期借款		250000000						
12	9	18	归还借款				15300000				
12	10	19	借长期借款		1800000000						
12	10	21	交手续费				400000				
12	10	22	利息收入		900000						
12	11	23	购固定资产				117600000				
12	11	$24^{1}/_{3}$	购机械设备				59970000				
12	12	26	支付修理费				300000				
12	12	$29^{2}/_{3}$	设备清理收入		164800000						
12	14	$33^{2}/_{3}$	收残值		2600000						
12	15	34	购木材				93600000				
12	15	35	购沙子				4680000				

（续表）

2013年 月	日	凭证号数	摘要	对方科目	借方	核对	贷方	核对	借或贷	余额	核对
12	17	43½	支付手续费				5000				
12	17	44	支付票据				7000000				
12	18	48	付宏业账款				13000000				
12	19	50	支付11月增值税				5400000				
12	19	51	支付11月营业税				9000000				
12	19	52	支付11月城建税				1008000				
12	19	53	支付11月教育费附加				432000				
12	19	54	支付11月个税				2800000				
12	19	55	交印花税				866700				
12	19	56	支付土地使用税				8250000				
12	19	57	支付车船税				750000				
12	19	58	支付房产税				54000000				
12	20	59	购材料				58500000				
12	20	61	预收货款		3000000						
12	20	62	支付工程保证金				5000000				
12	20	63	付标书设计、制作费				1000000				
12	20	64	付印花税				300000				
12	21	67	付1号公寓施工水电费				2130000				
12	21	69½	购工程物资				18786000				
12	22	71	付1号公寓管理人员工资				150000				
12	22	73	交社保				5468000				
12	22	74	支付工会经费				454956				

（续表）

2013年		凭证	摘要	对方科目	借方											核对	贷方											核对	借或贷	余额											核对
月	日	号数			亿	千	百	十	万	千	百	十	元	角	分		亿	千	百	十	万	千	百	十	元	角	分			亿	千	百	十	万	千	百	十	元	角	分	
12	23	75	支付招待费																		7	0	0	0	0	0	0														
12	24	76	预收2号公寓备料款				1	0	0	0	0	0	0	0	0																										
12	24	77	收1号公寓工程进度款					7	0	0	0	0	0	0	0																										
12	25	79	收3号公寓工程尾款				1	7	5	0	0	0	0	0	0																										
12	26	86	出售水泥						1	2	0	0	0	0	0																										
12	26	88	汇票到期						1	0	1	5	0	0	0																										
12	26	89	收到货款及代垫款						8	4	2	0	0	0	0																										
12	26	91	预付货款																		2	5	0	0	0	0	0														
12	27	92	购股票																	2	0	3	0	0	0	0	0														
12	27	95½	出售债券				3	7	5	0	0	0	0	0	0																										
12	28	96	购入写字楼																	3	5	1	0	0	0	0	0														
12	28	99½	出售写字楼				5	0	0	0	0	0	0	0	0																										
12	28	100	购长期投资																	2	0	0	0	0	0	0	0														
12	29	101	投资B公司																	9	5	0	0	0	0	0	0														
12	29	102	购债券																	2	0	7	5	0	0	0	0														
12	31	104	出售无形资产						2	4	0	0	0	0	0																										
12	31	105	收赔偿金						1	4	5	0	0	0	0																										
12	31	106	捐款																		4	0	0	0	0	0	0														
12	31	107	付违约金																		1	0	0	0	0	0	0														
			本月合计			3	9	7	4	7	6	5	0	0	0				7	5	4	0	0	0	6	5	6		借		7	2	2	0	7	6	4	3	4	4	
			过次页																																						

明细分类账

总账科目 其他货币资金

明细科目______________

2013年		记账凭证号数	摘要	借方										贷方										借或贷	余额									
月	日			千	百	十	万	千	百	十	元	角	分	千	百	十	万	千	百	十	元	角	分		千	百	十	万	千	百	十	元	角	分
12	6	10	向采购专户汇款			6	0	0	0	0	0	0	0																					
12	8	11	购物资													5	8	5	0	0	0	0	0											
12	8	12	收采购专户多余款														1	5	0	0	0	0	0											
			本月合计			6	0	0	0	0	0	0	0			6	0	0	0	0	0	0	0	平								0		

明细分类账

总账科目 待处理资产损溢

明细科目______________

2013年		记账凭证号数	摘要	借方										贷方										借或贷	余额									
月	日			千	百	十	万	千	百	十	元	角	分	千	百	十	万	千	百	十	元	角	分		千	百	十	万	千	百	十	元	角	分
12	3	5	现金盘亏						2	0	0	0	0																					
12	4	6	现金盘亏处理																2	0	0	0	0											
12	12	$28^1/_2$	固定资产盘亏				3	0	0	0	0	0	0																					
12	12	$28^2/_2$	转销														3	0	0	0	0	0	0											
			本月合计				3	0	2	0	0	0	0				3	0	2	0	0	0	0	平								0		

明细分类账

总账科目 应收账款

明细科目 ____________

2013年		记账凭证号数	摘要	借方										贷方										借或贷	余额									
月	日			千	百	十	万	千	百	十	元	角	分	千	百	十	万	千	百	十	元	角	分		千	百	十	万	千	百	十	元	角	分
			期初余额																					借		1	6	5	0	0	0	0	0	0
12	5	9	收大华应收款														8	8	0	0	0	0	0											
12	20	60	销售材料			1	2	0	0	0	0	0	0																					
12	20	62	支付工程保证金				5	0	0	0	0	0	0																					
12	24	78 1/2	工程结算		5	0	0	0	0	0	0	0	0																					
12	24	78 2/2	3号公寓工程结算												3	0	0	0	0	0	0	0	0											
12	25	79	收3号公寓尾款												1	7	5	0	0	0	0	0	0											
12	26	89	收到货款及代垫款														8	4	2	0	0	0	0											
			本月合计		5	1	7	0	0	0	0	0	0		4	9	2	2	2	0	0	0	0	借		1	8	9	7	8	0	0	0	0

明细分类账

总账科目 其他应收款

明细科目 ____________

2013年		记账凭证号数	摘要	借方										贷方									借或贷	余额									
月	日			千	百	十	万	千	百	十	元	角	分	百	十	万	千	百	十	元	角	分		千	百	十	万	千	百	十	元	角	分
			期初余额																				借				1	0	0	0	0	0	0
12	1	2	借差旅费					1	0	0	0	0	0																				
12	3	4	报销差旅费														1	0	0	0	0	0											
12	4	6	现金盘亏处理						1	0	0	0	0																				
12	22	73	代交社会保险					4	6	8	0	0	0																				
			本月合计					5	7	8	0	0	0				1	0	0	0	0	0	借				1	4	7	8	0	0	0

明细分类账

总账科目 工程物资

明细科目

2013年		记账凭证号数	摘要	借方										贷方										借或贷	余额									
月	日			千	百	十	万	千	百	十	元	角	分	千	百	十	万	千	百	十	元	角	分		千	百	十	万	千	百	十	元	角	分
12	8	11	购物资			5	8	5	0	0	0	0	0																					
12	21	$69^{1}/_{2}$	购物资			1	8	7	8	6	0	0	0																					
12	21	$69^{2}/_{2}$	领物资													1	8	7	8	6	0	0	0											
			本月合计			7	7	2	8	6	0	0	0			1	8	7	8	6	0	0	0	借			5	8	5	0	0	0	0	0

明细分类账

总账科目 在建工程

明细科目

2013年		记账凭证号数	摘要	借方										贷方										借或贷	余额									
月	日			千	百	十	万	千	百	十	元	角	分	千	百	十	万	千	百	十	元	角	分		千	百	十	万	千	百	十	元	角	分
12	11	$24^{1}/_{3}$	购机械设备			5	9	9	7	0	0	0	0																					
12	11	$24^{2}/_{3}$	领用材料等				4	3	0	0	0	0	0																					
12	11	$24^{3}/_{3}$	转入固定资产													6	4	2	7	0	0	0	0											
12	13	30	建临时仓库				5	0	4	6	0	0	0																					
12	14	31	转入临时仓库														5	0	4	6	0	0	0											
12	21	$69^{2}/_{2}$	领用物资			1	8	7	8	6	0	0	0																					
			本月合计			8	8	1	0	2	0	0	0			6	9	3	1	6	0	0	0	借			1	8	7	8	6	0	0	0

明细分类账

总账科目 无形资产

明细科目

2013年		记账凭证号数	摘要	借方										贷方										借或贷	余额									
月	日			千	百	十	万	千	百	十	元	角	分	千	百	十	万	千	百	十	元	角	分		千	百	十	万	千	百	十	元	角	分
			期初余额																					借			1	2	0	6	0	0	0	0
12	8	14	接受A投资		4	5	0	0	0	0	0	0	0																					
12	31	104	出售无形资产														2	1	6	0	0	0	0											
			本月合计		4	5	0	0	0	0	0	0	0				2	1	6	0	0	0	0	借		4	5	9	9	0	0	0	0	0

明细分类账

总账科目 应收票据

明细科目

2013年		记账凭证号数	摘要	借方										贷方										借或贷	余额									
月	日			千	百	十	万	千	百	十	元	角	分	千	百	十	万	千	百	十	元	角	分		千	百	十	万	千	百	十	元	角	分
			期初余额																					借				3	5	0	0	0	0	0
12	26	88	商业汇票到期														1	0	0	0	0	0	0											
			本月合计														1	0	0	0	0	0	0	借				2	5	0	0	0	0	0

明细分类账

总账科目 原材料

明细科目

2013年		记账凭证号数	摘要	借方										贷方										借或贷	余额									
月	日			千	百	十	万	千	百	十	元	角	分	千	百	十	万	千	百	十	元	角	分		千	百	十	万	千	百	十	元	角	分
			期初余额																					借			6	6	0	0	0	0	0	0
12	11	$24^{2}/_{3}$	领用材料														3	8	0	0	0	0	0											
12	13	30	建临时仓库														4	4	4	6	0	0	0											
12	15	34	购木材			9	3	6	0	0	0	0	0																					
12	15	36	购石灰				5	5	0	0	0	0	0																					
12	16	37	工程领用材料													2	6	4	5	0	0	0	0											
12	16	40	领木板														4	4	0	0	0	0	0											
12	17	42	报废安全网					3	0	0	0	0	0																					
12	18	47	购材料			2	2	2	3	0	0	0	0																					
12	20	59	购材料			5	8	5	0	0	0	0	0																					
12	20	66	领用材料													1	4	9	5	4	4	4	8											
12	21	$68^{2}/_{2}$	核算1号公寓机械作业费															2	1	4	2	3	5											
12	26	87	结转成本															9	6	0	0	0	0											
			本月合计		1	8	0	1	3	0	0	0	0			5	5	2	2	4	6	8	3	借		1	9	0	9	0	5	3	1	7

明细分类账

总账科目 固定资产

明细科目

2013年		记账凭证号数	摘要	借方										贷方										借或贷	余额									
月	日			千	百	十	万	千	百	十	元	角	分	千	百	十	万	千	百	十	元	角	分		千	百	十	万	千	百	十	元	角	分
			期初余额																					借	1	4	5	0	0	0	0	0	0	0
12	11	23	购固定资产		1	1	7	6	0	0	0	0	0																					
12	11	$24^{3}/_{3}$	转入固定资产			6	4	2	7	0	0	0	0																					
12	11	25	收凯胜投资			5	0	0	0	0	0	0	0																					
12	12	$27^{1}/_{3}$	盘盈固定资产				1	4	0	0	0	0	0																					

（续表）

2013年		记账凭证号数	摘要	借方										贷方										借或贷	余额									
月	日			千	百	十	万	千	百	十	元	角	分	千	百	十	万	千	百	十	元	角	分		千	百	十	万	千	百	十	元	角	分
12	12	$28^1/_2$	盘亏固定资产														5	0	0	0	0	0	0											
12	12	$29^1/_3$	销售设备													2	0	0	0	0	0	0	0											
12	28	97	资产转租												5	5	0	0	0	0	0	0	0											
12	28	98	出租转自用		6	0	0	0	0	0	0	0	0																					
			本月合计		8	3	3	2	7	0	0	0	0		5	7	5	0	0	0	0	0	0	借	1	7	0	8	2	7	0	0	0	0

明细分类账

总账科目 累计折旧

明细科目

2013年		记账凭证号数	摘要	借方										贷方										借或贷	余额									
月	日			千	百	十	万	千	百	十	元	角	分	千	百	十	万	千	百	十	元	角	分		千	百	十	万	千	百	十	元	角	分
			期初余额																					贷			5	2	0	0	0	0	0	0
12	12	$28^1/_2$	盘亏固定资产				1	5	0	0	0	0	0																					
12	12	$29^1/_3$	销售设备				6	0	0	0	0	0	0																					
12	21	$68^2/_2$	核算机械费用															2	2	1	3	1	7											
12	28	97	固定资产转租			8	0	0	0	0	0	0	0																					
12	28	98	出租转自用												2	6	0	0	0	0	0	0	0											
			本月合计			8	7	5	0	0	0	0	0		2	6	0	2	2	1	3	1	7	贷		2	2	4	7	2	1	3	1	7

明细分类账

总账科目 固定资产减值准备

明细科目

2013年		记账凭证号数	摘要	借方										贷方										借或贷	余额									
月	日			千	百	十	万	千	百	十	元	角	分	千	百	十	万	千	百	十	元	角	分		千	百	十	万	千	百	十	元	角	分
			期初余额																					贷			6	4	5	0	0	0	0	0
12	12	$28^1/_2$	盘亏固定资产					5	0	0	0	0	0																					
12	28	97	固定资产转租				6	0	0	0	0	0	0																					
			本月合计				6	5	0	0	0	0	0											贷			5	8	0	0	0	0	0	0

明细分类账

总账科目 固定资产清理

明细科目

2013年		记账凭证号数	摘要	借方										贷方										借或贷	余额									
月	日			千	百	十	万	千	百	十	元	角	分	千	百	十	万	千	百	十	元	角	分		千	百	十	万	千	百	十	元	角	分
12	12	$29^1/_3$	销售设备			1	4	0	0	0	0	0	0																					
12	12	$29^2/_3$	清理收入													1	6	1	6	0	0	0	0											
12	12	$29^3/_3$	结转损益				2	1	6	0	0	0	0																					
			本月合计			1	6	1	6	0	0	0	0			1	6	1	6	0	0	0	0	平								0		

明细分类账

总账科目 临时设施

明细科目

2013年		记账凭证	摘要	借方										贷方										借或贷	余额									
月	日	号数		千	百	十	万	千	百	十	元	角	分	千	百	十	万	千	百	十	元	角	分		千	百	十	万	千	百	十	元	角	分
			期初余额																					借			3	3	0	0	0	0	0	0
12	14	31	转入临时仓库				5	0	4	6	0	0	0																					
12	14	33 1/3	清理临时设施													1	2	0	0	0	0	0	0											
			本月合计				5	0	4	6	0	0	0			1	2	0	0	0	0	0	0	借			2	6	0	4	6	0	0	0

明细分类账

总账科目 工程施工

明细科目 1号公寓

2013年		记账凭证	摘要	借方										贷方										借或贷	余额									
月	日	号数		千	百	十	万	千	百	十	元	角	分	千	百	十	万	千	百	十	元	角	分		千	百	十	万	千	百	十	元	角	分
			期初余额																					借		1	0	7	0	0	0	0	0	0
12	14	32	计提摊销额					4	0	0	0	0	0																					
12	16	37	工程领用材料			2	6	4	5	0	0	0	0																					
12	16	38	领安全网				3	0	0	0	0	0	0																					
12	16	41	摊销周转材料				2	4	2	0	0	0	0																					
12	17	42	报废安全网															3	0	0	0	0	0											
12	20	66	工程领用材料			1	4	9	5	4	4	4	8																					
12	21	67	付水电费				2	1	3	0	0	0	0																					
12	21	68 1/2	机械使用费				2	2	6	5	5	5	2																					
12	21	70	计提工资			1	2	9	0	0	0	0	0																					
12	22	71	计提工资间接费用				5	1	5	0	0	0	0																					
			本月合计			6	9	6	7	0	0	0	0					3	0	0	0	0	0	借		1	7	6	3	7	0	0	0	0

明细分类账

总账科目 临时设施摊销

明细科目

2013年		记账凭证	摘要	借方										贷方										借或贷	余额									
月	日	号数		千	百	十	万	千	百	十	元	角	分	千	百	十	万	千	百	十	元	角	分		千	百	十	万	千	百	十	元	角	分
			期初余额																					贷			1	1	0	0	0	0	0	0
12	14	32	计提摊销额															4	0	0	0	0	0											
12	14	$33^{1}/_{3}$	清理临时设施			1	1	0	0	0	0	0	0																					
			本月合计			1	1	0	0	0	0	0	0					4	0	0	0	0	0	贷					4	0	0	0	0	0

明细分类账

总账科目 临时设施清理

明细科目

2013年		记账凭证	摘要	借方										贷方										借或贷	余额									
月	日	号数		千	百	十	万	千	百	十	元	角	分	千	百	十	万	千	百	十	元	角	分		千	百	十	万	千	百	十	元	角	分
12	14	$33^{1}/_{3}$	清理临时设施				1	0	0	0	0	0	0																					
12	14	$33^{2}/_{3}$	收残值														2	6	0	0	0	0	0											
12	14	$33^{3}/_{3}$	结转损益				1	6	0	0	0	0	0																					
			本月合计				2	6	0	0	0	0	0				2	6	0	0	0	0	0	平								0		

明细分类账

总账科目 在途物资

明细科目

2013年		记账凭证号数	摘要	借方										贷方										借或贷	余额									
月	日			千	百	十	万	千	百	十	元	角	分	千	百	十	万	千	百	十	元	角	分		千	百	十	万	千	百	十	元	角	分
12	15	35	购沙子				4	6	8	0	0	0	0																					
12	17	$43^2/_2$	购买材料			1	0	0	0	0	0	0	0																					
			本月合计			1	4	6	8	0	0	0	0											借			1	4	6	8	0	0	0	0

明细分类账

总账科目 周转材料

明细科目 在库周转材料

2013年		记账凭证号数	摘要	借方										贷方										借或贷	余额									
月	日			千	百	十	万	千	百	十	元	角	分	千	百	十	万	千	百	十	元	角	分		千	百	十	万	千	百	十	元	角	分
			期初余额																					借			.2	5	0	0	0	0	0	0
12	16	38	领用安全网														3	0	0	0	0	0	0											
12	16	39	领用脚手架														7	0	0	0	0	0	0											
			本月合计													1	0	0	0	0	0	0	0	借			1	5	0	0	0	0	0	0

明细分类账

总账科目 周转材料

明细科目 在用周转材料

2013年		记账凭证号数	摘要	借方										贷方										借或贷	余额									
月	日			千	百	十	万	千	百	十	元	角	分	千	百	十	万	千	百	十	元	角	分		千	百	十	万	千	百	十	元	角	分
12	16	39	领用脚手架				7	0	0	0	0	0	0																					
12	16	40	领用木板				4	4	0	0	0	0	0																					
			本月合计			1	1	4	0	0	0	0	0											借			1	1	4	0	0	0	0	0

明细分类账

总账科目 周转材料

明细科目 周转材料摊销

2013年		记账凭证号数	摘要	借方										贷方										借或贷	余额									
月	日			千	百	十	万	千	百	十	元	角	分	千	百	十	万	千	百	十	元	角	分		千	百	十	万	千	百	十	元	角	分
12	16	41	摊销周转材料														2	4	2	0	0	0	0											
			本月合计														2	4	2	0	0	0	0	贷				2	4	2	0	0	0	0

明细分类账

总账科目 资产减值损失

明细科目

2013年		记账凭证号数	摘要	借方										贷方										借或贷	余额									
月	日			千	百	十	万	千	百	十	元	角	分	千	百	十	万	千	百	十	元	角	分		千	百	十	万	千	百	十	元	角	分
12	26	90	计提坏账				2	0	0	0	0	0	0																					
12	31	$109^{2}/_{2}$	结转成本														2	0	0	0	0	0	0											
			本月合计				2	0	0	0	0	0	0				2	0	0	0	0	0	0	平								0		

明细分类账

总账科目 无形资产减值准备

明细科目

2013年		记账凭证号数	摘要	借方										贷方										借或贷	余额									
月	日			千	百	十	万	千	百	十	元	角	分	千	百	十	万	千	百	十	元	角	分		千	百	十	万	千	百	十	元	角	分
			期初余额																					贷				1	0	0	0	0	0	0
12	31	104	出售无形资产					1	6	0	0	0	0																					
			本月合计					1	6	0	0	0	0											贷					8	4	0	0	0	0

明细分类账

总账科目 坏账准备

明细科目

2013年		记账凭证号数	摘要	借方										贷方										借或贷	余额									
月	日			千	百	十	万	千	百	十	元	角	分	千	百	十	万	千	百	十	元	角	分		千	百	十	万	千	百	十	元	角	分
			期初余额																					贷				1	9	0	0	0	0	0
12	26	90	计提坏账														2	0	0	0	0	0	0											
			本月合计														2	0	0	0	0	0	0	贷				3	9	0	0	0	0	0

明细分类账

总账科目 预付账款

明细科目

2013年		记账凭证号数	摘要	借方										贷方										借或贷	余额									
月	日			千	百	十	万	千	百	十	元	角	分	千	百	十	万	千	百	十	元	角	分		千	百	十	万	千	百	十	元	角	分
12	26	91	预付货款				2	5	0	0	0	0	0																					
			本月合计				2	5	0	0	0	0	0											借				2	5	0	0	0	0	0

明细分类账

总账科目 交易性金融资产

明细科目

2013年		记账凭证号数	摘要	借方										贷方										借或贷	余额									
月	日			千	百	十	万	千	百	十	元	角	分	千	百	十	万	千	百	十	元	角	分		千	百	十	万	千	百	十	元	角	分
			期初余额																					借		4	0	0	0	0	0	0	0	0
12	27	92	购股票			2	0	0	0	0	0	0	0																					
12	27	94	公允变动			1	0	0	0	0	0	0	0																					
12	27	95 1/2	出售债券												3	6	0	0	0	0	0	0	0											
			本月合计			3	0	0	0	0	0	0	0		3	6	0	0	0	0	0	0	0	借			7	0	0	0	0	0	0	0

明细分类账

总账科目 应收股利

明细科目

2013年		记账凭证号数	摘要	借方										贷方										借或贷	余额									
月	日			千	百	十	万	千	百	十	元	角	分	千	百	十	万	千	百	十	元	角	分		千	百	十	万	千	百	十	元	角	分
12	27	93	确认收益				2	0	0	0	0	0	0																					
			本月合计				2	0	0	0	0	0	0											借				2	0	0	0	0	0	0

明细分类账

总账科目 投资性房地产

明细科目

2013年		记账凭证号数	摘要	借方										贷方										借或贷	余额									
月	日			千	百	十	万	千	百	十	元	角	分	千	百	十	万	千	百	十	元	角	分		千	百	十	万	千	百	十	元	角	分
			期初余额																					借	5	9	3	8	6	0	0	0	0	0
12	28	96	购入写字楼			3	5	1	0	0	0	0	0																					
12	28	97	固定资产转租		5	5	0	0	0	0	0	0	0																					
12	28	98	出租转自用												6	0	0	0	0	0	0	0	0											
12	28	99²⁄₂	结转成本												4	6	0	0	0	0	0	0	0											
			本月合计		5	8	5	1	0	0	0	0	0	1	0	6	0	0	0	0	0	0	0	借	5	4	6	3	7	0	0	0	0	0

明细分类账

总账科目 投资性房地产累计折旧

明细科目

2013年		记账凭证号数	摘要	借方										贷方										借或贷	余额									
月	日			千	百	十	万	千	百	十	元	角	分	千	百	十	万	千	百	十	元	角	分		千	百	十	万	千	百	十	元	角	分
			期初余额																					贷	2	5	0	0	0	0	0	0	0	0
12	28	97	固定资产转租													8	0	0	0	0	0	0	0											
12	28	98	出租转自用		2	6	0	0	0	0	0	0	0																					
12	28	99²⁄₂	结转成本			5	0	0	0	0	0	0	0																					
			本月合计		3	1	0	0	0	0	0	0	0			8	0	0	0	0	0	0	0	贷	2	2	7	0	0	0	0	0	0	0

明细分类账

总账科目 投资性房地产减值准备

明细科目

2013年		记账凭证号数	摘要	借方										贷方										借或贷	余额									
月	日			千	百	十	万	千	百	十	元	角	分	千	百	十	万	千	百	十	元	角	分		千	百	十	万	千	百	十	元	角	分
12	28	97	固定资产转租														6	0	0	0	0	0	0											
			本月合计														6	0	0	0	0	0	0	贷				6	0	0	0	0	0	0

明细分类账

总账科目 长期股权投资

明细科目

2013年		记账凭证号数	摘要	借方										贷方										借或贷	余额									
月	日			千	百	十	万	千	百	十	元	角	分	千	百	十	万	千	百	十	元	角	分		千	百	十	万	千	百	十	元	角	分
12	28	100	购入长期股权投资			2	0	0	0	0	0	0	0																					
12	29	101	投资B公司			9	5	0	0	0	0	0	0																					
			本月合计		1	1	5	0	0	0	0	0	0											借		1	1	5	0	0	0	0	0	0

明细分类账

总账科目 持有至到期投资

明细科目 成本

2013年		记账凭证号数	摘要	借方										贷方										借或贷	余额									
月	日			千	百	十	万	千	百	十	元	角	分	千	百	十	万	千	百	十	元	角	分		千	百	十	万	千	百	十	元	角	分
12	29	102	购入债券			2	0	0	0	0	0	0	0																					
			本月合计			2	0	0	0	0	0	0	0											借			2	0	0	0	0	0	0	0

明细分类账

总账科目 持有至到期投资

明细科目 利息调整

2013年		记账凭证号数	摘要	借方										贷方										借或贷	余额									
月	日			千	百	十	万	千	百	十	元	角	分	千	百	十	万	千	百	十	元	角	分		千	百	十	万	千	百	十	元	角	分
12	29	102	购入债券					7	5	0	0	0	0																					
			本月合计					7	5	0	0	0	0											借					7	5	0	0	0	0

（二）负债类明细账

明细分类账

总账科目 长期借款

明细科目 ______

2013年		记账凭证号数	摘要	借方										贷方										借或贷	余额									
月	日			千	百	十	万	千	百	十	元	角	分	千	百	十	万	千	百	十	元	角	分		千	百	十	万	千	百	十	元	角	分
			期初余额																					贷		6	0	0	0	0	0	0	0	0
12	10	19	借长期借款												1	8	0	0	0	0	0	0	0											
			本月合计												1	8	0	0	0	0	0	0	0	贷		7	8	0	0	0	0	0	0	0

明细分类账

总账科目 应交税费

明细科目 应交所得税

2013年		记账凭证号数	摘要	借方										贷方										借或贷	余额									
月	日			千	百	十	万	千	百	十	元	角	分	千	百	十	万	千	百	十	元	角	分		千	百	十	万	千	百	十	元	角	分
12	12	$27^{2}/_{3}$	确定应交所得税															3	5	0	0	0	0											
12	31	110	计提所得税													5	6	6	6	9	9	7	5											
			本月合计													5	7	0	1	9	9	7	5	贷			5	7	0	1	9	9	7	5

明细分类账

总账科目 应交税费

明细科目 应交教育费附加

2013年		记账凭证号数	摘要	借方										贷方										借或贷	余额									
月	日			千	百	十	万	千	百	十	元	角	分	千	百	十	万	千	百	十	元	角	分		千	百	十	万	千	百	十	元	角	分
			期初余额																					贷					4	3	2	0	0	0
12	19	53	交11月教育费附加					4	3	2	0	0	0																					
12	26	84	计提教育费														1	2	2	4	7	3	4											
			本月合计					4	3	2	0	0	0				1	2	2	4	7	3	4	贷				1	2	2	4	7	3	4

明细分类账

总账科目 应交税费

明细科目 应交地方教育费附加

2013年		记账凭证号数	摘要	借方										贷方										借或贷	余额									
月	日			千	百	十	万	千	百	十	元	角	分	千	百	十	万	千	百	十	元	角	分		千	百	十	万	千	百	十	元	角	分
12	26	85	计提地方教育费附加															8	1	6	4	8	9											
			本月合计															8	1	6	4	8	9	贷					8	1	6	4	8	9

明细分类账

总账科目 应交税费

明细科目 应交个人所得税

2013年		记账凭证号数	摘要	借方										贷方										借或贷	余额									
月	日			千	百	十	万	千	百	十	元	角	分	千	百	十	万	千	百	十	元	角	分		千	百	十	万	千	百	十	元	角	分
			期初余额																					贷				2	8	0	0	0	0	0
12	19	54	交11月个人所得税				2	8	0	0	0	0	0																					
			本月合计				2	8	0	0	0	0	0											平								0		

明细分类账

总账科目 应交税费

明细科目 应交土地使用税

2013年		记账凭证号数	摘要	借方										贷方										借或贷	余额									
月	日			千	百	十	万	千	百	十	元	角	分	千	百	十	万	千	百	十	元	角	分		千	百	十	万	千	百	十	元	角	分
			期初余额																					贷				8	2	5	0	0	0	0
12	19	56	交11月土地使用税				8	2	5	0	0	0	0																					
			本月合计				8	2	5	0	0	0	0											平								0		

明细分类账

总账科目 应交税费

明细科目 应交车船税

2013年		记账凭证号数	摘要	借方										贷方										借或贷	余额									
月	日			千	百	十	万	千	百	十	元	角	分	千	百	十	万	千	百	十	元	角	分		千	百	十	万	千	百	十	元	角	分
			期初余额																					贷					7	5	0	0	0	0
12	19	57	交车船税					7	5	0	0	0	0																					
			本月合计					7	5	0	0	0	0											平								0		

明细分类账

总账科目 应交税费

明细科目 应交房产税

2013年		记账凭证号数	摘要	借方										贷方										借或贷	余额									
月	日			千	百	十	万	千	百	十	元	角	分	千	百	十	万	千	百	十	元	角	分		千	百	十	万	千	百	十	元	角	分
			期初余额																					贷			5	4	0	0	0	0	0	0
12	19	58	交房产税			5	4	0	0	0	0	0	0																					
			本月合计			5	4	0	0	0	0	0	0											平								0		

明细分类账

总账科目 应交税费

明细科目 应交营业税

2013年		记账凭证号数	摘要	借方										贷方										借或贷	余额									
月	日			千	百	十	万	千	百	十	元	角	分	千	百	十	万	千	百	十	元	角	分		千	百	十	万	千	百	十	元	角	分
			期初余额																					贷				9	0	0	0	0	0	0
12	19	51	交11月营业税				9	0	0	0	0	0	0																					
12	26	82	计提营业税													1	5	0	0	0	0	0	0											
12	28	$99^{2}/_{2}$	结转成本													2	5	0	0	0	0	0	0											
12	31	104	出售无形资产															1	2	0	0	0	0											
			本月合计				9	0	0	0	0	0	0			4	0	1	2	0	0	0	0	贷			4	0	1	2	0	0	0	0

明细分类账

总账科目 应交税费

明细科目 应交城市维护建设税

2013年		记账凭证号数	摘要	借方										贷方										借或贷	余额									
月	日			千	百	十	万	千	百	十	元	角	分	千	百	十	万	千	百	十	元	角	分		千	百	十	万	千	百	十	元	角	分
			期初余额																					贷				1	0	0	8	0	0	0
12	19	52	交11月城建税				1	0	0	8	0	0	0																					
12	26	83	计提城建税														2	8	5	7	7	1	3											
			本月合计				1	0	0	8	0	0	0				2	8	5	7	7	1	3	贷				2	8	5	7	7	1	3

明细分类账

总账科目 应付票据

明细科目

2013年		记账凭证号数	摘要	借方										贷方										借或贷	余额									
月	日			千	百	十	万	千	百	十	元	角	分	千	百	十	万	千	百	十	元	角	分		千	百	十	万	千	百	十	元	角	分
			期初余额																					贷		3	3	1	8	9	7	5	0	0
12	17	$43^2/_2$	购买材料													1	0	0	0	0	0	0	0											
12	17	44	支付票据				7	0	0	0	0	0	0																					
12	17	45	付宏业账款														4	5	0	0	0	0	0											
12	17	46	未支付票款			3	5	0	0	0	0	0	0																					
			本月合计			4	2	0	0	0	0	0	0			1	4	5	0	0	0	0	0	贷		3	0	4	3	9	7	5	0	0

明细分类账

总账科目 应付账款

明细科目

2013年		记账凭证号数	摘要	借方										贷方										借或贷	余额									
月	日			千	百	十	万	千	百	十	元	角	分	千	百	十	万	千	百	十	元	角	分		千	百	十	万	千	百	十	元	角	分
			期初余额																					贷			3	2	0	0	0	0	0	0
12	15	36	购石灰														5	5	0	0	0	0	0											
12	17	45	付宏业账款				4	5	0	0	0	0	0																					
12	17	46	未支付票款													3	5	0	0	0	0	0	0											
12	18	47	购材料													2	2	2	3	0	0	0	0											
12	18	48	付宏业账款			1	3	0	0	0	0	0	0																					
12	18	49	转销应付款					6	0	0	0	0	0																					
12	31	103	转销应付款					8	0	0	0	0	0																					
			本月合计			1	8	9	0	0	0	0	0			6	2	7	3	0	0	0	0	贷			7	5	8	3	0	0	0	0

明细分类账

总账科目 短期借款

明细科目

2013年		记账凭证号数	摘要	借方										贷方										借或贷	余额									
月	日			千	百	十	万	千	百	十	元	角	分	千	百	十	万	千	百	十	元	角	分		千	百	十	万	千	百	十	元	角	分
			期初余额																					贷		6	9	7	5	0	0	0	0	0
12	9	16	借短期借款													2	5	0	0	0	0	0	0											
12	9	18	归还借款			1	5	0	0	0	0	0	0																					
			本月合计			1	5	0	0	0	0	0	0			2	5	0	0	0	0	0	0	贷		7	0	7	5	0	0	0	0	0

明细分类账

总账科目 应付利息

明细科目

2013年		记账凭证号数	摘要	借方										贷方										借或贷	余额									
月	日			千	百	十	万	千	百	十	元	角	分	千	百	十	万	千	百	十	元	角	分		千	百	十	万	千	百	十	元	角	分
			期初余额																					贷		3	8	1	8	9	7	6	1	4
12	9	17	计提利息															5	0	0	0	0	0											
12	9	18	归还借款					3	0	0	0	0	0																					
12	10	20	计提利息															1	7	5	0	0	0											
			本月合计					3	0	0	0	0	0					6	7	5	0	0	0	贷		3	8	2	2	7	2	6	1	4

明细分类账

总账科目 应付职工薪酬

明细科目

2013年		记账凭证	摘要	借方										贷方										借或贷	余额									
月	日	号数		千	百	十	万	千	百	十	元	角	分	千	百	十	万	千	百	十	元	角	分		千	百	十	万	千	百	十	元	角	分
12	11	24$^{2}/_{3}$	支付薪酬															5	0	0	0	0	0											
12	13	30	建临时仓库															6	0	0	0	0	0											
12	21	68$^{2}/_{2}$	核算机械费用														1	8	3	0	0	0	0											
12	21	70	1号公寓楼人工费													1	2	9	0	0	0	0	0											
12	22	71	计提工资														5	0	0	0	0	0	0											
12	22	72	付职工困难补助					4	0	0	0	0	0																					
12	22	73	交社保费				5	0	0	0	0	0	0																					
12	22	74	付工会经费					4	5	4	9	5	6																					
			本月合计				5	8	5	4	9	5	6			2	0	8	3	0	0	0	0	贷			1	4	9	7	5	0	4	4

明细分类账

总账科目 应交税费

明细科目 应交增值税

2013年		记账凭证	摘要	借方										贷方										借或贷	余额									
月	日	号数		千	百	十	万	千	百	十	元	角	分	千	百	十	万	千	百	十	元	角	分		千	百	十	万	千	百	十	元	角	分
			期初余额																					贷				5	4	0	0	0	0	0
12	12	29$^{2}/_{3}$	设备清理收入															3	2	0	0	0	0											
12	19	50	交11月增值税				5	4	0	0	0	0	0																					
12	20	60	销售材料															3	4	9	5	1	5											
12	26	86	销售水泥																3	4	9	5	1											
			本月合计				5	4	0	0	0	0	0					7	0	4	4	6	6	贷					7	0	4	4	6	6

明细分类账

总账科目 预收账款

明细科目 售材料

2013年		记账凭证号数	摘要	借方										贷方										借或贷	余额									
月	日			千	百	十	万	千	百	十	元	角	分	千	百	十	万	千	百	十	元	角	分		千	百	十	万	千	百	十	元	角	分
			期初余额																					贷		2	6	9	6	9	5	1	0	0
12	20	61	预付货款														3	0	0	0	0	0	0											
			本月合计														3	0	0	0	0	0	0	贷		2	7	2	6	9	5	1	0	0

明细分类账

总账科目 预收账款

明细科目 1号公寓

2013年		记账凭证号数	摘要	借方										贷方										借或贷	余额									
月	日			千	百	十	万	千	百	十	元	角	分	千	百	十	万	千	百	十	元	角	分		千	百	十	万	千	百	十	元	角	分
			期初余额																					贷		1	0	0	0	0	0	0	0	0
12	24	77	预收工程进度款													7	0	0	0	0	0	0	0											
			本月合计													7	0	0	0	0	0	0	0	贷		1	7	0	0	0	0	0	0	0

明细分类账

总账科目 预收账款

明细科目 2 号公寓

2013年		记账凭证号数	摘要	借方										贷方										借或贷	余额									
月	日			千	百	十	万	千	百	十	元	角	分	千	百	十	万	千	百	十	元	角	分		千	百	十	万	千	百	十	元	角	分
12	24	76	预收工程备料款												1	0	0	0	0	0	0	0	0											
			本月合计												1	0	0	0	0	0	0	0	0	贷		1	0	0	0	0	0	0	0	0

明细分类账

总账科目 预收账款

明细科目 3 号公寓

2013年		记账凭证号数	摘要	借方										贷方										借或贷	余额									
月	日			千	百	十	万	千	百	十	元	角	分	千	百	十	万	千	百	十	元	角	分		千	百	十	万	千	百	十	元	角	分
			期初余额																					贷		3	0	0	0	0	0	0	0	0
12	24	$78^2/_2$	工程完工结算		3	0	0	0	0	0	0	0	0																					
			本月合计		3	0	0	0	0	0	0	0	0											平								0		

（三）成本类明细账

明细分类账

总账科目 工程施工

明细科目 2号公寓

2013年		记账凭证	摘要	借方										贷方										借或贷	余额									
月	日	号数		千	百	十	万	千	百	十	元	角	分	千	百	十	万	千	百	十	元	角	分		千	百	十	万	千	百	十	元	角	分
12	20	65	投标费转入工程施工				1	0	0	0	0	0	0																					
			本月合计				1	0	0	0	0	0	0											借				1	0	0	0	0	0	0

明细分类账

总账科目 工程施工

明细科目 3号公寓

2013年		记账凭证	摘要	借方										贷方										借或贷	余额									
月	日	号数		千	百	十	万	千	百	十	元	角	分	千	百	十	万	千	百	十	元	角	分		千	百	十	万	千	百	十	元	角	分
			期初余额																					借		3	4	4	4	0	0	0	0	0
12	25	80	工程完工结算												5	0	0	0	0	0	0	0	0											
12	25	81	确认工程收入		1	5	5	6	0	0	0	0	0																					
			本月合计		1	5	5	6	0	0	0	0	0		5	0	0	0	0	0	0	0	0	平								0		

明细分类账

总账科目 工程结算

明细科目 3号公寓

2013年		记账凭证	摘要	借方										贷方										借或贷	余额									
月	日	号数		千	百	十	万	千	百	十	元	角	分	千	百	十	万	千	百	十	元	角	分		千	百	十	万	千	百	十	元	角	分
12	24	78¹⁄₂	3号公寓完工结算												5	0	0	0	0	0	0	0	0											
12	25	80	工程完工结算		5	0	0	0	0	0	0	0	0																					
			本月合计		5	0	0	0	0	0	0	0	0		5	0	0	0	0	0	0	0	0	平								0		

明细分类账

总账科目 机械作业

明细科目

2013年		记账凭证	摘要	借方										贷方										借或贷	余额									
月	日	号数		千	百	十	万	千	百	十	元	角	分	千	百	十	万	千	百	十	元	角	分		千	百	十	万	千	百	十	元	角	分
12	21	68¹⁄₂	发生施工成本														2	2	6	5	5	5	2											
12	21	68²⁄₂	发生机械费用				2	2	6	5	5	5	2																					
			本月合计				2	2	6	5	5	5	2				2	2	6	5	5	5	2	平								0		

（四）所有者权益类明细账

明细分类账

总账科目 实收资本

明细科目

2013年		记账凭证号数	摘要	借方										贷方										借或贷	余额									
月	日			千	百	十	万	千	百	十	元	角	分	千	百	十	万	千	百	十	元	角	分		千	百	十	万	千	百	十	元	角	分
			期初余额																					贷	4	5	0	0	0	0	0	0	0	0
12	8	13	接受B投资											2	5	0	0	0	0	0	0	0	0											
12	8	14	接受A投资												4	0	0	0	0	0	0	0	0											
12	9	15	转增资本												5	5	0	0	0	0	0	0	0											
12	11	25	收凯胜投资													5	0	0	0	0	0	0	0											
			本月合计											3	5	0	0	0	0	0	0	0	0	贷	8	0	0	0	0	0	0	0	0	0

明细分类账

总账科目 资本公积

明细科目

2013年		记账凭证号数	摘要	借方										贷方										借或贷	余额									
月	日			千	百	十	万	千	百	十	元	角	分	千	百	十	万	千	百	十	元	角	分		千	百	十	万	千	百	十	元	角	分
			期初余额																					贷	2	4	2	2	0	0	0	0	0	0
12	8	14	接受A投资													5	0	0	0	0	0	0	0											
12	9	15	转增资本		5	5	0	0	0	0	0	0	0																					
			本月合计		5	5	0	0	0	0	0	0	0			5	0	0	0	0	0	0	0	贷	1	9	2	2	0	0	0	0	0	0

明细分类账

总账科目 利润分配

明细科目 未分配利润

2013年		记账凭证号数	摘要	借方										贷方										借或贷	余额									
月	日			千	百	十	万	千	百	十	元	角	分	千	百	十	万	千	百	十	元	角	分		千	百	十	万	千	百	十	元	角	分
			期初余额																					贷		1	5	0	0	0	0	0	0	0
12	12	$27^{3}/_{3}$	结转为留存收益															9	4	5	0	0	0											
12	31	113	结转本年利润												1	7	0	0	0	9	9	2	3											
12	31	114	结转盈余公积			1	7	0	0	0	9	9	2																					
			本月合计			1	7	0	0	0	9	9	2		1	7	0	9	5	4	9	2	3	贷		3	0	3	9	5	3	9	3	1

明细分类账

总账科目 本年利润

明细科目

2013年		记账凭证号数	摘要	借方										贷方										借或贷	余额									
月	日			千	百	十	万	千	百	十	元	角	分	千	百	十	万	千	百	十	元	角	分		千	百	十	万	千	百	十	元	角	分
12	31	108	结转收入											1	0	4	6	4	0	5	5	3	4											
12	31	$109^{1}/_{2}$	结转成本		8	1	9	7	2	5	6	3	6																					
12	31	111	结转所得税			5	6	6	6	9	9	7	5																					
12	31	113	结转本年利润		1	7	0	0	0	9	9	2	3																					
			本月合计	1	0	4	6	4	0	5	5	3	4	1	0	4	6	4	0	5	5	3	4	平								0		

明细分类账

总账科目 利润分配

明细科目 提取法定盈余公积

2013年		记账凭证号数	摘要	借方										贷方										借或贷	余额									
月	日			千	百	十	万	千	百	十	元	角	分	千	百	十	万	千	百	十	元	角	分		千	百	十	万	千	百	十	元	角	分
12	31	112	提取盈余公积			1	7	0	0	0	9	9	2																					
12	31	114	结转盈余公积													1	7	0	0	0	9	9	2											
			本月合计			1	7	0	0	0	9	9	2			1	7	0	0	0	9	9	2	平								0		

明细分类账

总账科目 盈余公积

明细科目 法定盈余公积

2013年		记账凭证号数	摘要	借方										贷方										借或贷	余额									
月	日			千	百	十	万	千	百	十	元	角	分	千	百	十	万	千	百	十	元	角	分		千	百	十	万	千	百	十	元	角	分
			期初余额																					贷			5	0	0	0	0	0	0	0
12	12	27 3/3	结转为留存收益															1	0	5	0	0	0											
12	31	112	提取公积													1	7	0	0	0	9	9	2											
			本月合计													1	7	1	0	5	9	9	2	贷			6	7	1	0	5	9	9	2

（五）损益类明细账

明细分类账

总账科目 主营业务收入

明细科目

2013年		记账凭证	摘要	借方										贷方										借或贷	余额									
月	日	号数		千	百	十	万	千	百	十	元	角	分	千	百	十	万	千	百	十	元	角	分		千	百	十	万	千	百	十	元	角	分
12	25	81	确认收入成本												5	0	0	0	0	0	0	0	0											
12	31	108	结转收入		5	0	0	0	0	0	0	0	0																					
			本月合计		5	0	0	0	0	0	0	0	0		5	0	0	0	0	0	0	0	0	平								0		

明细分类账

总账科目 营业税金及附加

明细科目

2013年		记账凭证	摘要	借方										贷方										借或贷	余额									
月	日	号数		千	百	十	万	千	百	十	元	角	分	千	百	十	万	千	百	十	元	角	分		千	百	十	万	千	百	十	元	角	分
12	26	82	计提营业税			1	5	0	0	0	0	0	0																					
12	26	83	计提城建税				2	8	5	7	7	1	3																					
12	26	84	计提教育费				2	0	4	1	2	2	3																					
12	26	85	计提教育费					8	1	6	4	8	9																					
12	31	109$^{1}/_{2}$	结转成本													1	9	8	9	8	9	3	6											
			本月合计			1	9	8	9	8	9	3	6			1	9	8	9	8	9	3	6	平								0		

明细分类账

总账科目 主营业务成本

明细科目

2013年		记账凭证号数	摘要	借方										贷方										借或贷	余额									
月	日			千	百	十	万	千	百	十	元	角	分	千	百	十	万	千	百	十	元	角	分		千	百	十	万	千	百	十	元	角	分
12	25	81	确认收入费用		3	4	4	4	0	0	0	0	0																					
12	31	$109\,^{1}/_{2}$	结转成本												3	4	4	4	0	0	0	0	0											
			本月合计		3	4	4	4	0	0	0	0	0		3	4	4	4	0	0	0	0	0	平								0		

明细分类账

总账科目 其他业务成本

明细科目

2013年		记账凭证号数	摘要	借方										贷方										借或贷	余额									
月	日			千	百	十	万	千	百	十	元	角	分	千	百	十	万	千	百	十	元	角	分		千	百	十	万	千	百	十	元	角	分
12	26	87	结转成本					9	6	0	0	0	0																					
12	28	$99\,^{2}/_{2}$	结转成本		4	3	5	0	0	0	0	0	0																					
12	31	$109\,^{1}/_{2}$	结转成本												4	3	5	9	6	0	0	0	0											
			本月合计		4	3	5	9	6	0	0	0	0		4	3	5	9	6	0	0	0	0	平								0		

明细分类账

总账科目 营业外支出

明细科目

2013年		记账凭证号数	摘要	借方										贷方										借或贷	余额									
月	日			千	百	十	万	千	百	十	元	角	分	千	百	十	万	千	百	十	元	角	分		千	百	十	万	千	百	十	元	角	分
12	12	$28^{2}/_{2}$	转销固定资产				3	0	0	0	0	0	0																					
12	31	106	捐款				4	0	0	0	0	0	0																					
12	31	107	支付违约金				1	0	0	0	0	0	0																					
12	31	$109^{2}/_{2}$	结转成本														8	0	0	0	0	0	0											
			本月合计				8	0	0	0	0	0	0				8	0	0	0	0	0	0	平								0		

明细分类账

总账科目 所得税费用

明细科目

2013年		记账凭证号数	摘要	借方										贷方										借或贷	余额									
月	日			千	百	十	万	千	百	十	元	角	分	千	百	十	万	千	百	十	元	角	分		千	百	十	万	千	百	十	元	角	分
12	31	110	计提所得税			5	6	6	6	9	9	7	5																					
12	31	111	结转所得税													5	6	6	6	9	9	7	5											
			本月合计			5	6	6	6	9	9	7	5			5	6	6	6	9	9	7	5	平								0		

明细分类账

总账科目 管理费用

明细科目________

2013年		记账凭证号数	摘要	借方									贷方										借或贷	余额									
月	日			百	十	万	千	百	十	元	角	分	千	百	十	万	千	百	十	元	角	分		千	百	十	万	千	百	十	元	角	分
12	2	3	购办公用品					5	0	0	0	0																					
12	3	4	报销差旅费					7	5	0	0	0																					
12	4	6	现金盘亏处理					1	0	0	0	0																					
12	4	8	付电话费				7	0	0	0	0	0																					
12	12	26	付汽车修理费				3	0	0	0	0	0																					
12	19	55	交印花税				8	6	6	7	0	0																					
12	20	63	付标书设计、制作费			1	0	0	0	0	0	0																					
12	20	64	交印花税				3	0	0	0	0	0																					
12	20	65	投标费转入工程施工													1	0	0	0	0	0	0											
12	23	75	付招待费			7	0	0	0	0	0	0																					
12	31	$109^{1}/_{2}$	结转成本													9	3	0	1	7	0	0											
			本月合计		1	0	3	0	1	7	0	0			1	0	3	0	1	7	0	0	平								0		

明细分类账

总账科目 财务费用

明细科目________

2013年		记账凭证号数	摘要	借方										贷方										借或贷	余额									
月	日			千	百	十	万	千	百	十	元	角	分	千	百	十	万	千	百	十	元	角	分		千	百	十	万	千	百	十	元	角	分
12	9	17	计提利息					5	0	0	0	0	0																					
12	10	20	计提利息					1	7	5	0	0	0																					
12	10	21	交手续费					4	0	0	0	0	0																					
12	10	22	利息收入															9	0	0	0	0	0											
12	17	$43^{1}/_{2}$	支付手续费							5	0	0	0																					
12	26	88	汇票到期																1	5	0	0	0											
12	31	$109^{2}/_{2}$	结转成本															1	6	5	0	0	0											
			本月合计				1	0	8	0	0	0	0				1	0	8	0	0	0	0	平								0		

明细分类账

总账科目 投资收益

明细科目

2013年		记账凭证号数	摘要	借方										贷方										借或贷	余额									
月	日			千	百	十	万	千	百	十	元	角	分	千	百	十	万	千	百	十	元	角	分		千	百	十	万	千	百	十	元	角	分
12	27	92	购股票					3	0	0	0	0	0																					
12	27	93	确认收益														2	0	0	0	0	0	0											
12	27	$95^1/_2$	出售债券													1	5	0	0	0	0	0	0											
12	27	$95^2/_2$	结转收益													1	0	0	0	0	0	0	0											
12	31	108	结转收入			2	6	7	0	0	0	0	0																					
			本年合计			2	7	0	0	0	0	0	0			2	7	0	0	0	0	0	0	平								0		

明细分类账

总账科目 其他业务收入

明细科目

2013年		记账凭证号数	摘要	借方										贷方										借或贷	余额									
月	日			千	百	十	万	千	百	十	元	角	分	千	百	十	万	千	百	十	元	角	分		千	百	十	万	千	百	十	元	角	分
12	20	60	销售材料													1	1	6	5	0	4	8	5											
12	26	86	出售水泥														1	1	6	5	0	4	9											
12	28	$99^1/_2$	出售写字楼												5	0	0	0	0	0	0	0	0											
12	31	108	结转收入		5	1	2	8	1	5	5	3	4																					
			本月合计		5	1	2	8	1	5	5	3	4		5	1	2	8	1	5	5	3	4	平								0		

明细分类账

总账科目 营业外收入

明细科目

2013年		记账凭证号数	摘要	借方										贷方										借或贷	余额									
月	日			千	百	十	万	千	百	十	元	角	分	千	百	十	万	千	百	十	元	角	分		千	百	十	万	千	百	十	元	角	分
12	12	$29^{3}/_{3}$	结转损益														2	1	6	0	0	0	0											
12	14	$33^{3}/_{3}$	结转损益														1	6	0	0	0	0	0											
12	18	49	转销应付款															6	0	0	0	0	0											
12	31	103	转销应付款															8	0	0	0	0	0											
12	31	104	出售无形资产															2	8	0	0	0	0											
12	31	105	收赔偿金														1	4	5	0	0	0	0											
12	31	108	结转收入				6	8	9	0	0	0	0																					
			本月合计				6	8	9	0	0	0	0				6	8	9	0	0	0	0	平								0		

明细分类账

总账科目 公允价值变动损益

明细科目

2013年		记账凭证号数	摘要	借方										贷方										借或贷	余额									
月	日			千	百	十	万	千	百	十	元	角	分	千	百	十	万	千	百	十	元	角	分		千	百	十	万	千	百	十	元	角	分
12	27	94	公允变动													1	0	0	0	0	0	0	0											
12	27	$95^{2}/_{2}$	结转收益			1	0	0	0	0	0	0	0																					
			本月合计			1	0	0	0	0	0	0	0			1	0	0	0	0	0	0	0	平								0		

明细分类账

总账科目 以前年度损益调整

明细科目

2013年		记账凭证号数	摘要	借方										贷方										借或贷	余额									
月	日			千	百	十	万	千	百	十	元	角	分	千	百	十	万	千	百	十	元	角	分		千	百	十	万	千	百	十	元	角	分
12	12	27 1/3	盘盈固定资产														1	4	0	0	0	0	0											
12	12	27 2/3	确定应交所得税					3	5	0	0	0	0																					
12	12	27 3/3	结转为留存收益				1	0	5	0	0	0	0																					
			本月合计				1	4	0	0	0	0	0				1	4	0	0	0	0	0	平								0		

三、登记总分类账

（一）资产类总分类账

总 分 类 账

科目名称 库存现金

2013年		记账凭证号数	摘要	借方										贷方										借或贷	余额									
月	日			千	百	十	万	千	百	十	元	角	分	千	百	十	万	千	百	十	元	角	分		千	百	十	万	千	百	十	元	角	分
			期初余额																					借				1	4	7	0	2	1	4
12	31		汇 1-114 号凭证				1	5	2	5	0	0	0				2	5	7	0	0	0	0	借					4	2	5	2	1	4

总 分 类 账

科目名称 银行存款

2013年		记账凭证号数	摘 要	借 方										贷 方										借或贷	余 额									
月	日			千	百	十	万	千	百	十	元	角	分	千	百	十	万	千	百	十	元	角	分		千	百	十	万	千	百	十	元	角	分
			期初余额																					借	4	0	0	0	0	0	0	0	0	0
12	31		汇 1-114 号凭证	3	9	7	4	7	6	5	0	0	0		7	5	4	0	0	0	6	5	6	借	7	2	2	0	7	6	4	3	4	4

总 分 类 账

科目名称 其他货币资金

2013年		记账凭证号数	摘 要	借 方										贷 方										借或贷	余 额									
月	日			千	百	十	万	千	百	十	元	角	分	千	百	十	万	千	百	十	元	角	分		千	百	十	万	千	百	十	元	角	分
12	31		汇 1-114 号凭证			6	0	0	0	0	0	0	0			6	0	0	0	0	0	0	0	平								0		

总 分 类 账

科目名称 应收票据

2013年		记账凭证号数	摘要	借方										贷方										借或贷	余额									
月	日			千	百	十	万	千	百	十	元	角	分	千	百	十	万	千	百	十	元	角	分		千	百	十	万	千	百	十	元	角	分
			期初余额																					借				3	5	0	0	0	0	0
12	31		汇 1-114 号凭证														1	0	0	0	0	0	0	借				2	5	0	0	0	0	0

总 分 类 账

科目名称 其他应收款

2013年		记账凭证号数	摘要	借方										贷方										借或贷	余额									
月	日			千	百	十	万	千	百	十	元	角	分	千	百	十	万	千	百	十	元	角	分		千	百	十	万	千	百	十	元	角	分
			期初余额																					借				1	0	0	0	0	0	0
12	31		汇 1-114 号凭证					5	7	8	0	0	0					1	0	0	0	0	0	借				1	4	7	8	0	0	0

总 分 类 账

科目名称 工程物资

2013年		记账凭证号数	摘要	借方										贷方										借或贷	余额									
月	日			千	百	十	万	千	百	十	元	角	分	千	百	十	万	千	百	十	元	角	分		千	百	十	万	千	百	十	元	角	分
12	31		汇 1-114 号凭证			7	7	2	8	6	0	0	0			1	8	7	8	6	0	0	0	借			5	8	5	0	0	0	0	0

总 分 类 账

科目名称 待处理财产损溢

2013年		记账凭证号数	摘要	借方										贷方										借或贷	余额									
月	日			千	百	十	万	千	百	十	元	角	分	千	百	十	万	千	百	十	元	角	分		千	百	十	万	千	百	十	元	角	分
12	31		汇 1-114 号凭证				3	0	2	0	0	0	0				3	0	2	0	0	0	0	平								0		

总分类账

科目名称 应收账款

2013年		记账凭证号数	摘要	借方										贷方										借或贷	余额									
月	日			千	百	十	万	千	百	十	元	角	分	千	百	十	万	千	百	十	元	角	分		千	百	十	万	千	百	十	元	角	分
			期初余额																					借		1	6	5	0	0	0	0	0	0
12	31		汇1-114号凭证		5	1	7	0	0	0	0	0	0		4	9	2	2	2	0	0	0	0	借		1	8	9	7	8	0	0	0	0

总分类账

科目名称 原材料

2013年		记账凭证号数	摘要	借方										贷方										借或贷	余额									
月	日			千	百	十	万	千	百	十	元	角	分	千	百	十	万	千	百	十	元	角	分		千	百	十	万	千	百	十	元	角	分
			期初余额																					借			6	6	0	0	0	0	0	0
12	31		汇1-114号凭证		1	8	0	1	3	0	0	0	0			5	5	2	2	4	6	8	3	借		1	9	0	9	0	5	3	1	7

总 分 类 账

科目名称 无形资产

2013年		记账凭证号数	摘要	借方										贷方										借或贷	余额									
月	日			千	百	十	万	千	百	十	元	角	分	千	百	十	万	千	百	十	元	角	分		千	百	十	万	千	百	十	元	角	分
			期初余额																					借			1	2	0	6	0	0	0	0
12	31		汇 1-114 号凭证		4	5	0	0	0	0	0	0	0				2	1	6	0	0	0	0	借		4	5	9	9	0	0	0	0	0

总 分 类 账

科目名称 固定资产

2013年		记账凭证号数	摘要	借方										贷方										借或贷	余额									
月	日			千	百	十	万	千	百	十	元	角	分	千	百	十	万	千	百	十	元	角	分		千	百	十	万	千	百	十	元	角	分
			期初余额																					借	1	4	5	0	0	0	0	0	0	0
12	31		汇 1-114 号凭证		8	3	3	2	7	0	0	0	0		5	7	5	0	0	0	0	0	0	借	1	7	0	8	2	7	0	0	0	0

总 分 类 账

科目名称 累计折旧

2013年		记账凭证号数	摘要	借方										贷方										借或贷	余额									
月	日			千	百	十	万	千	百	十	元	角	分	千	百	十	万	千	百	十	元	角	分		千	百	十	万	千	百	十	元	角	分
			期初余额																					贷			5	2	0	0	0	0	0	0
12	31		汇 1-114 号凭证			8	7	5	0	0	0	0	0		2	6	0	2	2	1	3	1	7	贷		2	2	4	7	2	1	3	1	7

总 分 类 账

科目名称 在建工程

2013年		记账凭证号数	摘要	借方										贷方										借或贷	余额									
月	日			千	百	十	万	千	百	十	元	角	分	千	百	十	万	千	百	十	元	角	分		千	百	十	万	千	百	十	元	角	分
12	31		汇 1-114 号凭证			8	8	1	0	2	0	0	0			6	9	3	1	6	0	0	0	借			1	8	7	8	6	0	0	0

总分类账

科目名称 固定资产减值准备

2013年		记账凭证号数	摘要	借方										贷方										借或贷	余额									
月	日			千	百	十	万	千	百	十	元	角	分	千	百	十	万	千	百	十	元	角	分		千	百	十	万	千	百	十	元	角	分
			期初余额																					贷			6	4	5	0	0	0	0	0
12	31		汇 1-114 号凭证				6	5	0	0	0	0	0											贷			5	8	0	0	0	0	0	0

总分类账

科目名称 固定资产清理

2013年		记账凭证号数	摘要	借方										贷方										借或贷	余额									
月	日			千	百	十	万	千	百	十	元	角	分	千	百	十	万	千	百	十	元	角	分		千	百	十	万	千	百	十	元	角	分
12	31		汇 1-114 号凭证			1	6	1	6	0	0	0	0			1	6	1	6	0	0	0	0	平								0		

总 分 类 账

科目名称 临时设施

2013 年		记账凭证号数	摘 要	借 方										贷 方										借或贷	余 额									
月	日			千	百	十	万	千	百	十	元	角	分	千	百	十	万	千	百	十	元	角	分		千	百	十	万	千	百	十	元	角	分
			期初余额																					借			3	3	0	0	0	0	0	0
12	31		汇 1-114 号凭证				5	0	4	6	0	0	0			1	2	0	0	0	0	0	0	借			2	6	0	4	6	0	0	0

总 分 类 账

科目名称 临时设施摊销

2013 年		记账凭证号数	摘 要	借 方										贷 方										借或贷	余 额									
月	日			千	百	十	万	千	百	十	元	角	分	千	百	十	万	千	百	十	元	角	分		千	百	十	万	千	百	十	元	角	分
			期初余额																					贷			1	1	0	0	0	0	0	0
12	31		汇 1-114 号凭证			1	1	0	0	0	0	0	0					4	0	0	0	0	0	贷					4	0	0	0	0	0

总分类账

科目名称 在途物资

2013年		记账凭证号数	摘要	借方										贷方										借或贷	余额									
月	日			千	百	十	万	千	百	十	元	角	分	千	百	十	万	千	百	十	元	角	分		千	百	十	万	千	百	十	元	角	分
12	31		汇 1-114 号凭证			1	4	6	8	0	0	0	0											借			1	4	6	8	0	0	0	0

总分类账

科目名称 交易性金融资产

2013年		记账凭证号数	摘要	借方										贷方										借或贷	余额									
月	日			千	百	十	万	千	百	十	元	角	分	千	百	十	万	千	百	十	元	角	分		千	百	十	万	千	百	十	元	角	分
			期初余额																					借		4	0	0	0	0	0	0	0	0
12	31		汇 1-114 号凭证			3	0	0	0	0	0	0	0		3	6	0	0	0	0	0	0	0	借			7	0	0	0	0	0	0	0

总 分 类 账

科目名称 投资性房地产

2013年		记账凭证号数	摘要	借方										贷方										借或贷	余额									
月	日			千	百	十	万	千	百	十	元	角	分	千	百	十	万	千	百	十	元	角	分		千	百	十	万	千	百	十	元	角	分
			期初余额																					借	5	9	3	8	6	0	0	0	0	0
12	31		汇1-114号凭证		5	8	5	1	0	0	0	0	0	1	0	6	0	0	0	0	0	0	0	借	5	4	6	3	7	0	0	0	0	0

总 分 类 账

科目名称 投资性房地产累计折旧

2013年		记账凭证号数	摘要	借方										贷方										借或贷	余额									
月	日			千	百	十	万	千	百	十	元	角	分	千	百	十	万	千	百	十	元	角	分		千	百	十	万	千	百	十	元	角	分
			期初余额																					贷	2	5	0	0	0	0	0	0	0	0
12	31		汇1-114号凭证		3	1	0	0	0	0	0	0	0			8	0	0	0	0	0	0	0	贷	2	2	7	0	0	0	0	0	0	0

总 分 类 账

科目名称 投资性房地产减值准备

2013年		记账凭证号数	摘要	借方										贷方										借或贷	余额									
月	日			千	百	十	万	千	百	十	元	角	分	千	百	十	万	千	百	十	元	角	分		千	百	十	万	千	百	十	元	角	分
12	31		汇 1-114 号凭证														6	0	0	0	0	0	0	贷				6	0	0	0	0	0	0

总 分 类 账

科目名称 长期股权投资

2013年		记账凭证号数	摘要	借方										贷方										借或贷	余额									
月	日			千	百	十	万	千	百	十	元	角	分	千	百	十	万	千	百	十	元	角	分		千	百	十	万	千	百	十	元	角	分
12	31		汇 1-114 号凭证		1	1	5	0	0	0	0	0	0											借		1	1	5	0	0	0	0	0	0

总 分 类 账

科目名称 持有至到期投资

2013年		记账凭证号数	摘要	借方										贷方										借或贷	余额									
月	日			千	百	十	万	千	百	十	元	角	分	千	百	十	万	千	百	十	元	角	分		千	百	十	万	千	百	十	元	角	分
12	31		汇 1-114 号凭证			2	0	7	5	0	0	0	0											借			2	0	7	5	0	0	0	0

总 分 类 账

科目名称 无形资产减值准备

2013年		记账凭证号数	摘要	借方										贷方										借或贷	余额									
月	日			千	百	十	万	千	百	十	元	角	分	千	百	十	万	千	百	十	元	角	分		千	百	十	万	千	百	十	元	角	分
			期初余额																					贷				1	0	0	0	0	0	0
12	31		汇 1-114 号凭证					1	6	0	0	0	0											贷					8	4	0	0	0	0

总分类账

科目名称 周转材料

2013 年		记账凭证号数	摘 要	借 方										贷 方										借或贷	余 额									
月	日			千	百	十	万	千	百	十	元	角	分	千	百	十	万	千	百	十	元	角	分		千	百	十	万	千	百	十	元	角	分
			期初余额																					借			2	5	0	0	0	0	0	0
12	31		汇 1-114 号凭证			1	1	4	0	0	0	0	0			1	2	4	2	0	0	0	0	借			2	3	9	8	0	0	0	0

总分类账

科目名称 应收股利

2013 年		记账凭证号数	摘 要	借 方										贷 方										借或贷	余 额									
月	日			千	百	十	万	千	百	十	元	角	分	千	百	十	万	千	百	十	元	角	分		千	百	十	万	千	百	十	元	角	分
12	31		汇 1-114 号凭证				2	0	0	0	0	0	0											借				2	0	0	0	0	0	0

总分类账

科目名称 资产减值损失

2013年		记账凭证号数	摘要	借方										贷方										借或贷	余额									
月	日			千	百	十	万	千	百	十	元	角	分	千	百	十	万	千	百	十	元	角	分		千	百	十	万	千	百	十	元	角	分
12	31		汇 1-114 号凭证				2	0	0	0	0	0	0				2	0	0	0	0	0	0	平								0		

总分类账

科目名称 坏账准备

2013年		记账凭证号数	摘要	借方										贷方										借或贷	余额									
月	日			千	百	十	万	千	百	十	元	角	分	千	百	十	万	千	百	十	元	角	分		千	百	十	万	千	百	十	元	角	分
			期初余额																					贷				1	9	0	0	0	0	0
12	31		汇 1-114 号凭证														2	0	0	0	0	0	0	贷				3	9	0	0	0	0	0

总分类账

科目名称 预付账款

2013年		记账凭证号数	摘要	借方										贷方										借或贷	余额									
月	日			千	百	十	万	千	百	十	元	角	分	千	百	十	万	千	百	十	元	角	分		千	百	十	万	千	百	十	元	角	分
12	31		汇 1-114 号凭证				2	5	0	0	0	0	0											借				2	5	0	0	0	0	0

（二）负债类总分类账

总 分 类 账

科目名称 短期借款

2013年		记账凭证号数	摘要	借方										贷方										借或贷	余额									
月	日			千	百	十	万	千	百	十	元	角	分	千	百	十	万	千	百	十	元	角	分		千	百	十	万	千	百	十	元	角	分
			期初余额																					贷		6	9	7	5	0	0	0	0	0
12	31		汇 1-114 号凭证			1	5	0	0	0	0	0	0			1	5	0	0	0	0	0	0	贷		7	0	7	5	0	0	0	0	0

总 分 类 账

科目名称 应付利息

2013年		记账凭证号数	摘要	借方										贷方										借或贷	余额									
月	日			千	百	十	万	千	百	十	元	角	分	千	百	十	万	千	百	十	元	角	分	贷	千	百	十	万	千	百	十	元	角	分
			期初余额																					贷		3	8	1	8	9	7	6	1	4
12	31		汇 1-114 号凭证					3	0	0	0	0	0					6	7	5	0	0	0	贷		3	8	2	2	7	2	6	1	4

总 分 类 账

科目名称 长期借款

2013年		记账凭证号数	摘要	借方										贷方										借或贷	余额									
月	日			千	百	十	万	千	百	十	元	角	分	千	百	十	万	千	百	十	元	角	分	贷	千	百	十	万	千	百	十	元	角	分
			期初余额																					贷		6	0	0	0	0	0	0	0	0
12	31		汇 1-114 号凭证												1	8	0	0	0	0	0	0	0	贷		7	8	0	0	0	0	0	0	0

总 分 类 账

科目名称 应付票据

2013年		记账凭证号数	摘要	借方										贷方										借或贷	余额									
月	日			千	百	十	万	千	百	十	元	角	分	千	百	十	万	千	百	十	元	角	分		千	百	十	万	千	百	十	元	角	分
			期初余额																					贷		3	3	1	8	9	7	5	0	0
12	31		汇 1-114 号凭证			4	2	0	0	0	0	0	0			1	4	5	0	0	0	0	0	贷		3	0	4	3	9	7	5	0	0

总 分 类 账

科目名称 应付账款

2013年		记账凭证号数	摘要	借方										贷方										借或贷	余额									
月	日			千	百	十	万	千	百	十	元	角	分	千	百	十	万	千	百	十	元	角	分		千	百	十	万	千	百	十	元	角	分
			期初余额																					贷			3	2	0	0	0	0	0	0
12	31		汇 1-114 号凭证			1	8	9	0	0	0	0	0			6	2	7	3	0	0	0	0	贷			7	5	8	3	0	0	0	0

总分类账

科目名称 预收账款

2013年		记账凭证号数	摘要	借方										贷方										借或贷	余额									
月	日			千	百	十	万	千	百	十	元	角	分	千	百	十	万	千	百	十	元	角	分		千	百	十	万	千	百	十	元	角	分
			期初余额																					贷		6	6	9	6	9	5	1	0	0
12	31		汇 1-114 号凭证		3	0	0	0	0	0	0	0	0		1	7	3	0	0	0	0	0	0	贷		5	4	2	6	9	5	1	0	0

总分类账

科目名称 应付职工薪酬

2013年		记账凭证号数	摘要	借方										贷方										借或贷	余额									
月	日			千	百	十	万	千	百	十	元	角	分	千	百	十	万	千	百	十	元	角	分		千	百	十	万	千	百	十	元	角	分
12	31		汇 1-114 号凭证				5	8	5	4	9	5	6			2	0	8	3	0	0	0	0	贷			1	4	9	7	5	0	4	4

总分类账

科目名称 应交税费

2013年		记账凭证号数	摘要	借方										贷方										借或贷	余额									
月	日			千	百	十	万	千	百	十	元	角	分	千	百	十	万	千	百	十	元	角	分		千	百	十	万	千	百	十	元	角	分
			期初余额																					贷			8	1	6	4	0	0	0	0
12	31		汇 1-114 号凭证			8	1	6	4	0	0	0	0		1	0	2	7	4	3	3	7	7	贷		1	0	2	7	4	3	3	7	7

（三）成本类总分类账

总分类账

科目名称 工程施工

2013年		记账凭证号数	摘要	借方										贷方										借或贷	余额									
月	日			千	百	十	万	千	百	十	元	角	分	千	百	十	万	千	百	十	元	角	分		千	百	十	万	千	百	十	元	角	分
			期初余额																					借		4	5	1	4	0	0	0	0	0
12	31		汇 1-114 号凭证		2	2	6	2	7	0	0	0	0		5	0	0	3	0	0	0	0	0	借		1	7	7	3	7	0	0	0	0

总 分 类 账

科目名称 工程结算

2013年		记账凭证号数	摘要	借方										贷方										借或贷	余额									
月	日			千	百	十	万	千	百	十	元	角	分	千	百	十	万	千	百	十	元	角	分		千	百	十	万	千	百	十	元	角	分
12	31		汇 1–114 号凭证		5	0	0	0	0	0	0	0	0		5	0	0	0	0	0	0	0	0	平								0		

总 分 类 账

科目名称 机械作业

2013年		记账凭证号数	摘要	借方										贷方										借或贷	余额									
月	日			千	百	十	万	千	百	十	元	角	分	千	百	十	万	千	百	十	元	角	分		千	百	十	万	千	百	十	元	角	分
12	31		汇 1–114 号凭证				2	2	6	5	5	5	2				2	2	6	5	5	5	2	平								0		

（四）所有者权益类总分类账

总 分 类 账

科目名称 实收资本

2013年		记账凭证号数	摘要	借方										贷方										借或贷	余额									
月	日			千	百	十	万	千	百	十	元	角	分	千	百	十	万	千	百	十	元	角	分		千	百	十	万	千	百	十	元	角	分
			期初余额																					借	4	5	0	0	0	0	0	0	0	0
12	31		汇 1-114 号凭证											3	5	0	0	0	0	0	0	0	0	借	8	0	0	0	0	0	0	0	0	0

总 分 类 账

科目名称 资本公积

2013年		记账凭证号数	摘要	借方										贷方										借或贷	余额									
月	日			千	百	十	万	千	百	十	元	角	分	千	百	十	万	千	百	十	元	角	分		千	百	十	万	千	百	十	元	角	分
			期初余额																					借	2	4	2	2	0	0	0	0	0	0
12	31		汇 1-114 号凭证		5	5	0	0	0	0	0	0	0		5	0	0	0	0	0	0	0	0	借	1	9	2	2	0	0	0	0	0	0

总 分 类 账

科目名称 利润分配

2013 年		记账凭证号数	摘 要	借 方										贷 方										借或贷	余 额									
月	日			千	百	十	万	千	百	十	元	角	分	千	百	十	万	千	百	十	元	角	分		千	百	十	万	千	百	十	元	角	分
			期初余额																					贷		1	5	0	0	0	0	0	0	0
12	31		汇 1-114 号凭证			3	4	0	0	1	9	8	4		1	8	7	9	5	5	9	1	5	贷		3	0	3	9	5	3	9	3	1

总 分 类 账

科目名称 本年利润

2013 年		记账凭证号数	摘 要	借 方										贷 方										借或贷	余 额									
月	日			千	百	十	万	千	百	十	元	角	分	千	百	十	万	千	百	十	元	角	分		千	百	十	万	千	百	十	元	角	分
12	31		汇 1-114 号凭证	1	0	4	6	4	0	5	5	3	4	1	0	4	6	4	0	5	5	3	4	平								0		

总 分 类 账

科目名称 盈余公积

2013年		记账凭证号数	摘要	借方										贷方										借或贷	余额									
月	日			千	百	十	万	千	百	十	元	角	分	千	百	十	万	千	百	十	元	角	分		千	百	十	万	千	百	十	元	角	分
			期初余额																					贷			5	0	0	0	0	0	0	0
12	31		汇 1-114 号凭证													1	7	1	0	5	9	9	2	贷			6	7	1	0	5	9	9	2

（五）损益类总分类账

总 分 类 账

科目名称 主营业务收入

2013年		记账凭证号数	摘要	借方										贷方										借或贷	余额									
月	日			千	百	十	万	千	百	十	元	角	分	千	百	十	万	千	百	十	元	角	分		千	百	十	万	千	百	十	元	角	分
12	31		汇 1-114 号凭证		5	0	0	0	0	0	0	0	0		5	0	0	0	0	0	0	0	0	平								0		

总分类账

科目名称 主营业务成本

2013年		记账凭证号数	摘要	借方										贷方										借或贷	余额									
月	日			千	百	十	万	千	百	十	元	角	分	千	百	十	万	千	百	十	元	角	分		千	百	十	万	千	百	十	元	角	分
12	31		汇1-114号凭证		3	4	4	4	0	0	0	0	0		3	4	4	4	0	0	0	0	0	平								0		

总分类账

科目名称 其他业务收入

2013年		记账凭证号数	摘要	借方										贷方										借或贷	余额									
月	日			千	百	十	万	千	百	十	元	角	分	千	百	十	万	千	百	十	元	角	分		千	百	十	万	千	百	十	元	角	分
12	31		汇1-114号凭证		5	1	2	8	1	5	5	3	4		5	1	2	8	1	5	5	3	4	平								0		

总分类账

科目名称 营业税金及附加

2013年		记账凭证号数	摘要	借方										贷方										借或贷	余额									
月	日			千	百	十	万	千	百	十	元	角	分	千	百	十	万	千	百	十	元	角	分		千	百	十	万	千	百	十	元	角	分
12	31		汇1-114号凭证			1	9	8	9	8	9	3	6			1	9	8	9	8	9	3	6	平								0		

总分类账

科目名称 其他业务成本

2013年		记账凭证号数	摘要	借方										贷方										借或贷	余额									
月	日			千	百	十	万	千	百	十	元	角	分	千	百	十	万	千	百	十	元	角	分		千	百	十	万	千	百	十	元	角	分
12	31		汇1-114号凭证		4	3	5	9	6	0	0	0	0		4	3	5	9	6	0	0	0	0	平								0		

总分类账

科目名称 财务费用

2013年		记账凭证号数	摘要	借方										贷方										借或贷	余额									
月	日			千	百	十	万	千	百	十	元	角	分	千	百	十	万	千	百	十	元	角	分		千	百	十	万	千	百	十	元	角	分
12	31		汇 1-114 号凭证				1	0	8	0	0	0	0				1	0	8	0	0	0	0	平								0		

总分类账

科目名称 管理费用

2013年		记账凭证号数	摘要	借方										贷方										借或贷	余额									
月	日			千	百	十	万	千	百	十	元	角	分	千	百	十	万	千	百	十	元	角	分		千	百	十	万	千	百	十	元	角	分
12	31		汇 1-114 号凭证			1	0	3	0	1	7	0	0			1	0	3	0	1	7	0	0	平								0		

总分类账

科目名称 营业外收入

2013年		记账凭证号数	摘要	借方										贷方										借或贷	余额									
月	日			千	百	十	万	千	百	十	元	角	分	千	百	十	万	千	百	十	元	角	分		千	百	十	万	千	百	十	元	角	分
12	31		汇1-114号凭证				6	8	9	0	0	0	0				6	8	9	0	0	0	0	平								0		

总分类账

科目名称 营业外支出

2013年		记账凭证号数	摘要	借方										贷方										借或贷	余额									
月	日			千	百	十	万	千	百	十	元	角	分	千	百	十	万	千	百	十	元	角	分		千	百	十	万	千	百	十	元	角	分
12	31		汇1-114号凭证				8	0	0	0	0	0	0				8	0	0	0	0	0	0	平								0		

总分类账

科目名称 投资收益

2013年		记账凭证号数	摘要	借方										贷方										借或贷	余额									
月	日			千	百	十	万	千	百	十	元	角	分	千	百	十	万	千	百	十	元	角	分		千	百	十	万	千	百	十	元	角	分
12	31		汇 1-114 号凭证			2	7	0	0	0	0	0	0			2	7	0	0	0	0	0	0	平								0		

总 分 类 账

科目名称 所得税费用

2013年		记账凭证号数	摘要	借方										贷方										借或贷	余额									
月	日			千	百	十	万	千	百	十	元	角	分	千	百	十	万	千	百	十	元	角	分		千	百	十	万	千	百	十	元	角	分
12	31		汇 1-114 号凭证			5	6	6	6	9	9	7	5			5	6	6	6	9	9	7	5	平								0		

总 分 类 账

科目名称 公允价值变动损益

2013年		记账凭证号数	摘 要	借 方										贷 方										借或贷	余 额									
月	日			千	百	十	万	千	百	十	元	角	分	千	百	十	万	千	百	十	元	角	分		千	百	十	万	千	百	十	元	角	分
12	31		汇1-114号凭证			1	0	0	0	0	0	0	0			1	0	0	0	0	0	0	0	平								0		

总 分 类 账

科目名称 以前年度损益调整

2013年		记账凭证号数	摘 要	借 方										贷 方										借或贷	余 额									
月	日			千	百	十	万	千	百	十	元	角	分	千	百	十	万	千	百	十	元	角	分		千	百	十	万	千	百	十	元	角	分
12	31		汇1-114号凭证				1	4	0	0	0	0	0				1	4	0	0	0	0	0	平								0		

第九章 会计报表

一、资产负债表

（一）资产负债表的概念及结构

资产负债表是反映企业在某一特定日期所拥有或控制的经济资源、所承担的现时义务和所有者对净资产的要求权。

在我国，资产负债表采用账户式结构，报表分为左右两方，左方列示资产各项目，反映全部资产的分布及存在形态；右方列示负债和所有者权益各项目，反映全部负债和所有者权益的内容及构成情况。资产负债表左右双方平衡，即资产总计等于负债和所有者权益总计。

（二）资产负债表项目的列示

资产和负债应当分别以流动资产和非流动资产、流动负债和非流动负债列示。金融企业的各项资产或负债，按照流动性列示能够提供可靠且更相关信息的，可以按照其流动性顺序列示。

满足下列条件之一的资产，应当归类为流动资产：

（1）预计在一个正常营业周期中变现、出售或耗用；

（2）主要为交易目的而持有；

（3）预计在资产负债表日起一年内（含一年）变现；

（4）自资产负债表日起一年内，交换其他资产或清偿负债的能力不受限制的现金或现金等价物。

流动资产以外的资产应当归类为非流动资产。其中，正常营业周期，通常是指企业从购买用于加工的资产起至实现现金或现金等价物的期间。正常营业周期通常短于一年，在一年内有几个营业周期。但是，也存在正常营业周期长于一年的情况，如房地产开发企业开发用于出售的房地产开发产品、造船企业制造用于出售的大型船只等，往往超过一年才变现、出售或耗用，仍应划分为流动资产。正常营业周期不能确定的，应当以一年（12个月）作为正常营业周期。

满足下列条件之一的负债，应当归类为流动负债：

（1）预计在一个正常营业周期中清偿；

（2）主要为交易目的而持有；

（3）自资产负债表日起一年内到期应予清偿；

（4）企业无权自主地将清偿推迟至资产负债表日后一年以上。

流动负债以外的负债应当归类为非流动负债。

对于在资产负债表日起一年内到期的负债，企业预计能够自主地将清偿义务延期至资产负债表日后一年以上的，应当归类为非流动负债；不能自主地将清偿义务延期的，即使在资产负债表日后、财务报告批准报出日前签订了重新安排清偿计划协议，该项负债仍应归类为流动负债。

企业在资产负债表日或之前违反了长期借款协议，导致贷款人可随时要求清偿的负债，应当归类为流动负债。贷款人在资产负债表日或之前同意提供在资产负债表日后一年以上期限的，企业能够在此期限内改正违约行为，且贷款人不能要求随时清偿，该项负债应当归类为非流动负债。

（三）资产负债表的填列方法

1.“年初余额”的填列方法

“年初余额”栏内各项目数字，应根据上年末资产负债表“期末余额”栏内所列数字填列。如果本年度资产负债表规定的各个项目的名称和内容同上年度不相一致，应对上年年末资产负债表各项目的名称和数字按本年度的规定进行调整，按调整后的数字填入本表“年初余额”栏内。

2.“期末余额”的填列方法

（1）直接根据总账科目的余额填列。

例如，交易性金融资产、固定资产清理、长期待摊费用、递延所得税资产、短期借款、交易性金融负债、应付票据、应付职工薪酬、应交税费、应付利息、应付股利、其他应付款、递延所得税负债、实收资本、资本公积、库存股、盈余公积等项目，应当根据相关总账科目的余额直接填列。

（2）根据几个总账科目的余额计算填列。

例如，“货币资金”项目，应当根据“库存现金”“银行存款”“其他货币资金”等科目期末余额合计填列。

（3）根据有关明细科目的余额计算填列。

例如，“应付账款”项目，应当根据“应付账款”“预付账款”等科目所属明细科目期末贷方余额合计填列。

（4）根据总账科目和明细科目的余额分析计算填列。

例如，“长期应收款”项目，应当根据“长期应收款”总账科目余额，减去“未实现融资收益”总账科目余额，再减去所属相关明细科目中将于一年内到期的部分填列；“长期借款”项目，应当根据“长期借款”总账科目余额扣除“长期借款”科目所属明细科目中将于一年内到期的部分填列；“应付债券”项目，应当根据“应付债券”总账科目余额扣除“应付债券”科目所属明细科目中将于一年内到期的部分填列；“长期应付款”项目，应当根据“长期应付款”总账科目余额，减去“未确认融资费用”总账科目余额，再减去所属相关明细科目中将于一年内到期的部分填列。

（5）根据总账科目与其备抵科目抵销后的净额填列。

例如，“存货”项目，应当根据“原材料”“库存商品”“发出商品”“周转材料”等科目期末余额，减去“存货跌价准备”科目期末余额后的金额填列；“持有至到期投资”项目，应当根据“持有至到期投资”科目期末余额，减去“持有至到期投资减值准备”科目期末余额后的金额填列；“固定资产”项目，应当根据“固定资产”科目期末余额，减去“累计折旧”“固定资产减值准备”等科目期末余额后的金额填列。

（四）资产负债表的编制

资产负债表的具体格式如表 9-1 所示。

表 9-1　资产负债表

编制单位：北京大有建筑工程有限公司　　2013 年 12 月 31 日　　单位：元

资产	年初数	期末数	负债及所有者权益	年初数	期末数
流动资产：			流动负债：		
货币资金	40 014 702.14	72 211 895.58	短期借款	6 975 000.00	7 075 000.00
交易性金融资产	4 000 000.00	700 000.00	交易性金融负债		
应收票据	35 000.00	25 000.00	应付票据	3 318 975.00	3 043 975.00
应收账款	1 631 000.00	1 858 800.00	应付账款	320 000.00	758 300.00
预付账款		25 000.00	预收账款	6 696 951.00	5 426 951.00
应收利息			应付职工薪酬		149 750.44
应收股利		20 000.00	应交税费	816 400.00	1 027 433.77
其他应收款	10 000.00	14 780.00	应付利息	3 818 976.14	3 822 726.14
存货	5 424 000.00	4 069 353.17	应付股利		
一年内到期的非流动资产			其他应付款		
其他流动资产	–	–	一年内到期的非流动负债		
流动资产合计	51 114.00 702.14	78 924.00 828.75	其他流动负债		
非流动资产：			流动负债合计	21 946 302.14	21 304 136.35

（续表）

资产	年初数	期末数	负债及所有者权益	年初数	期末数
可供出售金融资产			非流动负债：		
持有至到期投资		207 500.00	长期借款	6 000 000.00	7 800 000.00
长期应收款			应付债券		
长期股权投资		1 150 000.00	长期应付款		
投资性房地产	34 386 000.00	31 877 000.00	专项应付款		
固定资产	13 555 000.00	14 511 946.83	预计负债		
在建工程		187 860.00	递延所得税负债		
工程物资		585 000.00	其他非流动负债		
固定资产清理			非流动负债合计	6 000 000.00	7 800 000.00
生产性生物资产			负债合计	27 946 302.14	29 104 136.35
油气资产			所有者权益：		
无形资产	110 600.00	4 590 600.00	实收资本	45 000 000.00	80 000 000.00
开发支出			资本公积	24 220 000.00	19 220 000.00
商誉			减：库存股		
长期待摊费用			盈余公积	500 000.00	671 059.92
递延所得税资产			未分配利润	1 500 000.00	3 039 539.31
其他非流动资产			所有者权益合计	71 220 000.00	102 930 599.23
非流动资产合计	48 051 600.00	53 109 906.83			
资产总计	99 166 302.14	132 034 735.58	负债和所有者权益总计	99 166 302.14	132 034 735.58

二、利润表

（一）利润表的内容

利润表是反映企业在一定会计期间的经营成果的会计报表。利润表的列报必须充分反映企业经营业绩的主要来源和构成，有助于使用者判断净利润的质量及其风险，有助于使用者预测净利润的持续性，从而做出正确的决策。通过利润表，可以反映企业一定会计期间的收入实现情况，如实现的营业收入有多少、实现的投资收益有多少、实现的营业外收入有多少；可以反映一定会计期间的费用耗费情况，如耗费的营业成本有多少、营业税费有多少、销售费用、管理费用、财务费用各有多少、营业外支出有多少；可以反映企业生产经营活动的成果，即净利润的实现情况，据以判断资本保值、增值情况，等等。将利润表中的信息与资产负债表中的信息相结合，还可以提供进行财务分析的基本资料，如将赊销收入净额与应收账款平均余额进行比较，计算出应收账款周转率；将销货成本与存货平均余额进行比较，计算出存货周转率；将净利润与资产总额进行比较，计算出资产收益率等，可以表现企业资金周转情况以及企业的盈利能力和水平，便于报表使用者判断企业未来的发展趋势，做出经济决策。

（二）利润表的结构

常见的利润表结构主要有单步式和多步式两种。在我国，企业利润表采用的基本上是多步式结构，即通过对当期的收入、费用、支出项目按性质加以归类，按利润形成的主要环节列示一些中间性利润指标，分步计算当期净损益。

利润表主要反映以下几方面的内容：

（1）营业收入，由主营业务收入和其他业务收入组成。

（2）营业利润，营业收入减去营业成本（主营业务成本、其他业务成本）、营业税金及附加、销售费用、管理费用、财务费用、资产减值损失，加上公允价值变动收益、投资收益，即为营业利润。

（3）利润总额，营业利润加上营业外收入，减去营业外支出，即为利润总额。

（4）净利润，利润总额减去所得税费用，即为净利润。

（5）每股收益，普通股或潜在普通股已公开交易的企业，以及正处于公开发行普通股或潜在普通股过程中的企业，还应当在利润表中列示每股收益信息，包括基本每股收益和稀释每股收益两项指标。

（6）综合收益，包括其他综合收益和综合收益总额。其中，其他综合收益反映企业根据企业会计准则规定未在损益中确认的各项利得和损失扣除所得税影响后的净额；综合收益总额是企业净利润与其他综合收益的合计金额。

此外，为了使报表使用者通过比较不同期间利润的实现情况，判断企业经营成果的未来发展趋势，企业需要提供比较利润表，利润表还就各项目再分为“本期金额”和“上期金额”两栏分别填列。

（三）利润表的填列方法

本表中的栏目分为“本期金额”栏和“上期金额”栏。“本期金额”栏根据“营业收入”“营业成本”“营业税金及附加”“销售费用”“管理费用”“财务费用”“资产减值损失”“公允价值变动损益”“营业外收入”“营业外支出”“所得税费用”等损益类科目的发生额分析填列。其中，“营业利润”“利润总额”“净利润”项目根据本表中相关项目计算填列。

本表中的“上期金额”栏应根据上年该期利润表“本期金额”栏内所列数字填列。如果上年该期利润表规定的各个项目的名称和内容同本期不相一致，应对上年该期利润表各项目的名称和数字按本期的规定进行调整，填入“上期金额”栏。

（四）利润表的编制

利润表的具体格式如表 9-2 所示。

表 9-2 利 润 表

编制单位：北京大有建筑工程有限公司　　2013 年 12 月　　单位：元

项目	本月数	本年累计数
一、营业收入	10 128 155.34	
减：营业成本	7 803 600.00	
营业税金及附加	198 989.36	
销售费用	–	
管理费用	93 017.00	
财务费用	1 650.00	
资产减值损失	20 000.00	
加：公允价值变动收益（损失以“–”号填列）		
投资收益（损失以“–”号填列）	267 000.00	
其中：对联营企业和合营企业的投资收益		
二、营业利润（亏损以“–”号填列）	2 277 898.98	
加：营业外收入	68 900.00	
减：营业外支出	80 000.00	
其中：非流动资产处置损失		
三、利润总额（亏损总额以“–”号填列）	2 266 798.98	
减：所得税费用	566 699.75	
四、净利润（净亏损以“–”号填列）	1 700 099.23	
五、每股收益		
（一）基本每股收益		
（二）稀释每股收益		

三、现金流量表

（一）现金流量表概述

现金流量表，是指反映企业在一定会计期间现金和现金等价物流入和流出的报表。

现金是指企业现金以及可以随时用于支付的存款，包括现金、银行存款和其他货币资金（如外埠存款、银行汇票存款、银行本票存款等）等。不能随时用于支付的存款不属于现金。现金等价物，是指企业持有的期限短、流动性强、易于转换为已知金额现金、价值变动风险很小的投资。期限短，一般是指从购买日起三个月内到期。现金等价物通常包括三个月内到期的债券投资等。权益性投资变现的金额通常不确定，因而不属于现金等价物。企业应当根据具体情况，确定现金等价物的范围，一经确定不得随意变更。

现金流量表，可以为报表使用者提供企业一定会计期间内现金和现金等价物流入和流出的信息，便于使用者了解和评价企业获取现金和现金等价物的能力，据以预测企业未来现金流量。

资产负债表、利润表和现金流量表分别从不同角度反映企业的财务状况、经营成果和现金流量。资产负债表说明某一特定日期资产和权益变动的结果，可以显示企业是否具有偿债能力，但它不能反映财务状况的变动。虽然通过两个或几个特定日期的资产负债表的比较，能够在一定程度上反映企业财务状况的变动，但不能说明变动的原因。利润表表明企业运用所拥有的资产的获利能力，但它不能说明企业从营业活动、筹资活动和投资活动中获得了多少可供周转使用的资金。至于那些不涉及损益问题的重要理财业务，利润表根本不予反映。资产负债表和利润表虽然具有重要的作用，能够为报表使用者提供有用的会计信息，但它们还不能满足报表使用者的需要。现金流量表可以弥补这两张会计报表的不足。

（二）现金流量表的内容

库存现金流量表将企业一定期间内产生的现金流量归为经营活动产生的现金流量、投资活动产生的现金流量和筹资活动产生的现金流量三类：

（1）经营活动产生的现金流量。

经营活动是指企业投资活动和筹资活动以外的所有交易和事项。经营活动产生的现金流量主要包括销售商品或提供劳务、购买商品、接受劳务、支付工资和交纳税款等流入和流出的现金和现金等价物。通过现金流量表中所反映的经营活动产生的现金流量，可以说明企业经营活动对现金流入和流出净额的影响程度。

（2）投资活动产生的现金流量。

投资活动是指企业长期资产的购建和不包括在现金等价物范围内的投资及其处置活动。投资活动产生的现金流量主要包括购建固定资产、无形资产和其他长期资产所支付的现金，以及处置子公司及其他营业单位等流入和流出的现金和现金等价物。这里要注意，由于“现金等价物”已视同现金，因此投资活动产生的现金流量中不包括将现金转换现金等价物这类投资产生的现金流量。通过现金流量表中所反映的投资活动所产生的现金流量，可以分析企业投资活动获取现金流量的能力，以及投资产生的现金流量对企业现金流量净额的影响程度。

（3）筹资活动产生的现金流量。

筹资活动是指导致企业资本及债务规模和构成发生变化的活动。筹资活动产生的现金流量主要包括吸收投资、发行股票、分配利润、发行债券、偿还债务等流入和流出的现金和现金等价物。偿付应付账款、应付票据等商业应付款等属于经营活动，不属于筹资活动。通过现金流量表中所反映的筹资活动产生的现金流量，可以分析企业筹资的能力，以及筹资产生的现金流量对企业现金流量净额的影响程度。

（三）现金流量表的结构

现金流量表分为表头、正表和补充资料三部分。表头列示报表名称、编制单位、编制日期、报表编号、货币单位、计量单位。

正表包括以下内容：

（1）经营活动产生的现金流量；

（2）投资活动产生的现金流量；

（3）筹资活动产生的现金流量；

（4）汇率变动对现金等影响；

（5）现金及现金等价物净增加额；

（6）期末现金及现金等价物余额。

补充资料包括以下内容：

（1）将净利润调节为经营活动产生的现金流量；

（2）不涉及现金收支的重大投资和筹资活动；

（3）现金及现金等价物的变动情况。

（四）现金流量表的编制

财政部于 2006 年 2 月 15 日对原 2001 年 1 月 1 日颁布并施行的《企业会计准则——现金流量表》进行了全面修订。

现金流量表及补充资料的具体格式如表 9-3 和表 9-4 所示。

表 9-3 现金流量

编制单位： （2013 年度） 单位：元

项目	本期金额	上期金额
一、经营活动产生的现金流量		
销售商品、提供劳务收到的现金		
收到的税费返还		
收到其他与经营活动有关的现金		
经营活动现金流入小计		
购买商品、接受劳务支付的现金		
支付给职工以及为职工支付的现金		
支付的各项税费		
支付其他与经营活动有关的现金		
经营活动现金流出小计		
经营活动产生的现金流量净额		
二、投资活动产生的现金流量		
收回投资收到的现金		
取得投资收益收到的现金		
处置固定资产、无形资产和其他长期资产收回的现金净额		
处置子公司及其他营业单位收到的现金净额		
收到其他与投资活动有关的现金		
投资活动现金流入小计		
购建固定资产、无形资产和其他长期资产支付的现金		

（续表）

项目	本期金额	上期金额
投资支付的现金		
取得子公司及其他营业单位支付的现金净额		
支付其他与投资活动有关的现金		
投资活动现金流出小计		
投资活动产生的现金流量净额		
三、筹资活动产生的现金流量		
吸收投资收到的现金		
取得借款收到的现金		
收到其他与筹资活动有关的现金		
筹资活动现金流入小计		
偿还债务支付的现金		
分配股利、利润或偿付利息支付的现金		
支付其他与筹资活动有关的现金		
筹资活动现金流出小计		
筹资活动产生的现金流量净额		
四、汇率变动对现金及现金等价物的影响		
五、现金及现金等价物净增加额		
加：期初现金及现金等价物余额		
六、期末现金及现金等价物余额		

表 9-4 现金流量表补充资料

单位：元

补充资料	本期金额	上期金额
1．将净利润调节为经营活动现金流量		
净利润		
加：资产减值准备		
固定资产折旧、油气资产折耗、生产性生物资产折旧		
无形资产摊销		
长期待摊费用摊销		
处置固定资产、无形资产和其他长期资产的损失（收益以“-”号填列）		
固定资产报废损失（收益以“-”号）填列		
公允价值变动损失（收益以“-”号填列）		
财务费用（收益以“-”号填列）		
投资损失（收益以“-”号填列）		
递延所得税资产减少（增加以“-”号填列）		
递延所得税负债增加（减少以“-”号填列）		
存货的减少（增加以“-”号填列）		
经营性应收项目的减少（增加以“-”号填列）		
经营性应付项目的增加（减少以“-”号填列）		
其他		
经营活动产生的现金流量净额		
2．不涉及现金收支的重大投资和筹资活动		
债务转为资本		
一年内到期的可转换债券		

（续表）

补充资料	本期金额	上期金额
融资租入固定资产		
3．现金及现金等价物净变动情况		
现金的期末余额		
减：现金的期初余额		
加：现金等价物的期末余额		
减：现金等价物的期初余额		
现金及现金等价物净增加额		